辽金史论集

第十五辑

刘　宁　齐　伟　主编

科　学　出　版　社
北　京

内 容 简 介

《辽金史论集》是历年最权威的辽金史研究成果汇编。2015年在辽宁康平召开中国辽金契丹女真史学术研讨会，从会议论文中精选出来26篇论文，组成《辽金史论集》（第十五辑）。文集的内容包括对辽建国国号及帝后的考证，东丹遗民的流向，契丹文的研究及金代墓志、墓碑、石像生、摩崖题记等的考述，多为我国辽金史专家对辽金时期历史及文物的最新研究成果，其出版将进一步推进辽金历史时期相关问题的研究和探讨，全书对我国辽金史研究具有重要史料价值及研究价值。

本书可供历史学、考古学、人类学及相关学术领域的研究者和辽金历史爱好者阅读参考。

图书在版编目（CIP）数据

辽金史论集. 第十五辑 / 刘宁，齐伟主编. —北京：科学出版社，2017.9

ISBN 978-7-03-054374-5

Ⅰ. ①辽…　Ⅱ. ①刘…　②齐…　Ⅲ. ①中国历史-辽金时代-文集
Ⅳ. ①K246.07-53

中国版本图书馆CIP数据核字（2017）第216581号

责任编辑：王琳玮 / 责任校对：邹慧卿

责任印制：徐晓晨/ 封面设计：北京美光制版有限公司

科学出版社出版

北京东黄城根北街16号

邮政编码：100717

http://www.sciencep.com

北京教图印刷有限公司 印刷

科学出版社发行　各地新华书店经销

*

2017年9月第　一　版　　开本：720×1000　1/16

2018年5月第二次印刷　　印张：18 1/2

字数：380 000

定价：158.00元

（如有印装质量问题，我社负责调换）

前　　言

《辽金史论集》是从20世纪开始编辑出版，一直延续至今的辽金史研究成果汇编，2015年在辽宁康平召开中国辽金契丹女真史学术研讨会，此次会议是由辽宁省博物馆主办的辽宁省契丹女真史研究会与中国民族史学会暨辽金契丹女真史分会、中国民族古文字研究会联合主办的，是辽金史学界规格较高的学术会议。从会议论文中精选出26篇，组成了《辽金史论集》（第十五集）。

辽宁地区是辽金政权统治的重要区域，文物遗存丰富。辽宁省辽金契丹女真史研究会一直将组织各方面力量对辽金历史与考古及契丹族、女真族历史进行研究作为学会的重点工作。本次会议选择在康平召开，有其历史渊源，唐宋时期康平均属契丹地，辽为东京道之北境，金为北京开元路之西北境，明为蒙古游牧之地，清为科尔沁、达尔罕、宾图三王旗地。悠久的历史和灿烂的文明，为康平积淀了深厚的文化底蕴，康平地区的考古发掘显示，其青铜时代是一个考古学文化遗存非常有特色、有内涵的时期。辽金时期，是康平历史上继青铜时代之后，文化发展的第二个高峰，所发现的历史遗存也是最丰富的时期。在辽宁地区众多辽金时期的考古发现中，康平虽不占优，但有其特色，经过第三次全国文物普查，共发现康平143处辽金时期遗址。康平的辽墓，如沙金张家窑林场、小城子后刘东屯、海州窝堡等地发掘的辽代墓葬，其墓室结构及形态，均显示出墓葬所处阶段的早期形制；张家窑林场10号辽墓出土了金面具及完整的银丝网络，这在辽宁地区辽墓考古中也是非常罕见的发现。康平的辽金城址较多，祺州城城墙及城中的辽塔，至今保存完好，这种城塔合一，保存至今的情况也是不多见的。东升星星沟发现有金代石经幢，小塔子祺州古城、西关屯边台子有两处金代窖藏铜钱。金代王寂提点辽东刑狱时，曾出巡祺州，将所获双鱼放生辽河。这些金代康平的史迹也是其独具特色的历史。

康平县委县政府非常重视历史文化的弘扬与传承，兴建了占地1万平方米、建筑面积6619平方米的康平县博物馆，为辽宁省县域单体面积最大的博物馆。基本陈列《康平千秋》以康平地区出土文物为依托，展示本地区的历史与人文。其中第三部分“辽东沙洲荡骑风——辽金元时期”，生动体现了康平作为辽金故地，处蒙边地区，在漫长的历史进程中，农耕文化、渔猎文化、游牧文化在这里相互交融，得到很好的传承和发展。2015年8月，康平县博物馆依托“2015康平·首届中国辽金契丹女真史学术研讨会”的东风对外开放，不仅提升了自身的学术地位，也为康平经济社会持续发展提供了不竭动力和力量源泉。不仅如此，得益于这些考古发现与历史研究，近年来康平地区的辽金史研究工作也开展得有声有色。2014年11月成立了康平县辽金文化研究会，研究会成立伊始，就积极与辽宁省辽金契丹女真史研究会及有关学会合作，开展辽金文化的学术研究活动。本次会议的召开体现了康平县委县政府对进一步深入挖掘整理全县辽金文化历史和人文风情、填补康平县辽金历史研究空白点、打造地域文化特色，为加快建设富庶和谐秀美康平注入了新的文化活力的支持与鼓励。

文集的内容包括对辽建国国号及帝后的考证，东丹遗民的流向，辽代道路里长的考证，辽代印经院及契丹文的研究等；金史部分有关于金朝建国时间的考辨，金朝行政区划研究，金代水灾及食盐生产技术等，以及有关金代墓志、墓碑、石像生、摩崖题记等的考述，多为我国辽金史专家对辽金时期历史及文物的最新研究成果，其出版将进一步推进辽金历史时期相关问题的研究和探讨，也将会使辽宁省的辽金历史与考古研究水平迈向一个新的阶段！

刘　宁　齐　伟

2016年12月

目 录

辽朝的建国和国号

刘凤翥

目前辽史学界对于一些基本问题的认识非常混乱，例如辽朝何时建立？辽朝共存续多少年？辽朝的国号是否称过辽？耶律阿保机何时称皇帝？等等。都有必要根据翔实的史料做出正确的答复，以免再以讹传讹。

一　契丹王朝何时建立以及存续的时间

辽史学界关于辽代始建国于916年之说甚为盛行。例如："契丹首领耶律阿保机统一各部，日渐强大，于907年即可汗位，916年称皇帝，年号神册，国号契丹。"[①]"契丹族可能于神册元年（916）建国，其国号汉语称辽。"[②]"916年，耶律阿保机称帝建国。"[③]我自己以前也曾采用过契丹916年始建国之说。[④]至于辽朝存续的时间有211年、210年、209年、200余年等说，真可谓五花八门。

细究起来，辽代于916年始建国之说并非没有值得商榷之处。此说滥觞于《契丹国志》下列记载："神册元年，梁均王贞明二年，是年，阿保机始自称皇帝，国人谓之'天皇王'，以妻述律氏为皇后，置百官，建元

---

① 《大百科全书》民族卷"契丹"条，中国大百科全书出版社1986年版，第368页。

② 王曾瑜：《辽金军制》，河北大学出版社2011年版，第5页。

③ 刘浦江：《松漠之间——辽金契丹女真史研究》，中华书局2008年版，第29页。

④ 刘凤翥：《二十五史新编 辽史 金史 西夏史》，上海古籍出版社1997年版，第3、12页。

曰神册，国号契丹。”[①]关键是其中的“始”字，一般认为称皇帝、建元和建国都被这个“始”字管住。其实这个“始”字仅仅管住“建元”二字，即这一年契丹王朝始有年号。至于建国、称帝并不始于此年。

《辽史》虽然没有关于辽代建国的明确记载，但《辽史》撰修者对这一问题是明确的。《辽史》撰修者在《进辽史表》中说：“（辽朝）享国二百一十九载。”[②]辽朝亡于保大五年（1125），“享国二百一十九载”，就不可能在916年始建国。只能得出辽朝始建于907年的结论。耶律阿保机“于907年即可汗位”仅仅是近代史家的一种观点，并没有任何史料依据。《辽史》谓：“元年（907）春正月庚寅，命有司设坛于如迂王集会埚，燔柴告天，即皇帝位。”[③]明明是“即皇帝位”，被任意说成“即可汗位”。既然907年是“即皇帝位”，不是“即可汗位”，皇帝是一国之主，必然是有国才有皇帝。《辽史》撰者心目中就是认为契丹在辽太祖元年（907）建国，所以才“享国二百一十九载”。一开始的契丹国号《辽史》失载，《契丹国志》虽然把“国号契丹”记载于神册五年，但可以推知907年始建国时，就以民族名称契丹作为国号。

二　辽代是否称国号为辽

会同元年（938）“是年，改元会同，国号大辽”[④]。“统和元年（983），（辽圣宗）帝即位，复号大契丹。”[⑤]“咸雍二年（1066）……是岁，复改号大辽。”[⑥]至于“大同元年……二月丁巳朔，建国号大辽”[⑦]。是指辽太宗灭后晋之后，把后晋的地盘并入辽朝之内。并不是辽朝在大同元年“建国号大辽”。《契丹国志》“以晋国称大辽”[⑧]的叙述

① （宋）叶隆礼：《契丹国志》卷1，上海古籍出版社1985年点校本，第2页。
② （元）脱脱：《辽史·进辽史表》，中华书局1974年点校本，第1555页。
③ （元）脱脱：《辽史》卷1《太祖本纪上》，第3页。
④ （宋）叶隆礼：《契丹国志》卷2，第20页。
⑤ （宋）叶隆礼：《契丹国志》卷7，第63页。
⑥ （宋）叶隆礼：《契丹国志》卷9，第89页。
⑦ （元）脱脱：《辽史》卷4《太宗本纪下》，第59页。
⑧ （宋）叶隆礼：《契丹国志》卷3，第37页。

比较精确。辽代两次称契丹、两次称辽本来是非常明确的事实。但也有不同声音。

最早质疑辽代有“大辽”国号者是前辈辽史专家冯家昇先生。他说：“余以辽与契丹之分，犹元与蒙兀之别也。‘元’指蒙古洽下之中国本部，‘蒙兀’则兼含东亚一大国，……太宗灭晋建号辽，盖指治下之晋土也。后弃晋北去，中道而殂，嗣主遂以‘辽’施于南京路，而‘契丹’为漠北诸族所称，自若也。”[①]冯家昇先生“以‘辽’施于南京路”而不是施于整个辽朝的观点仅仅是一种主观臆测，并没有任何史料给予支撑。

已故的北京大学辽金史专家刘浦江教授继承了冯家昇先生的观点并加以发挥。他说：“我的初步结论是：916年辽太祖耶律阿保机建国时，辽朝的统治区域还局限于塞北，是一个以契丹人为主的游牧国家，故号其国为‘大契丹’。938年，石晋将燕云十六州正式割让给辽朝，于是辽太宗便在燕云汉地创立一个新国号——大辽；947年，辽灭石晋，太宗在汴京宣布将晋国改称大辽，亦即把大辽这个汉地的国号扩展到中原，但太宗北归后，中原旋即易主，此后大辽国号仍只施用于燕云汉地。”[②]

国号是一个国家通行全国的名号，不可能一个国内不同地区使用不同的国号。这本是常识性的道理，但冯家昇先生是前辈辽史权威专家，他首倡“‘辽’施于南京路”之后，姚从吾、刘浦江等人都跳不出冯先生的窠臼。

刘浦江先生往往紧跟契丹文字的研究前沿，例如他对契丹文字解读成果“哈喇契丹”的认同。他的《契丹国号考释》最初发表在《历史研究》2001年第6期。当时契丹文字的解读水平还没有解读出契丹语的国号“辽”字。所以他不认为“辽”是契丹王朝通行全国的国号。2006年，契丹大字和契丹小字中的国号“辽”均被解读了出来，但当时契丹文字研究的进展非常快，刘浦江先生在这个问题上没有及时跟上契丹文字的解读前沿，所以他2008年把文章收入《松漠之间——辽金契丹女真史研究》时没

---

① 冯家昇：《契丹名号考释》，《冯家昇论著辑粹》，中华书局1987年版，第9页。

② 刘浦江：《契丹国号考释》，《松漠之间——辽金契丹女真史研究》，第38页。

有对文章进行修订，留下了遗憾。

冯家昇先生和刘浦江先生受学术进展的局限提出“辽”仅仅施用于“南京路”或“燕云汉地”的错误见解如果说情有可原，那么林鹄先生在新近发表的《大辽本非契丹国号说》一文中提出：“契丹君主耶律德光灭后晋所建之‘大辽’，本非契丹国号，实系汉地新朝、国中之国。德光北归后，中原旋即易主，‘大辽’名存实亡，方施于燕云十六州，成为契丹专用于汉地的国号。”[①]除了重复冯、刘二先生的一些意见外，没有任何新意。

三　哈喇契丹和一国两号

20世纪80年代就已经解读出契丹小字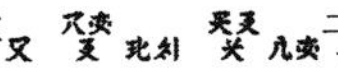于义为“大中央哈喇契丹国”。[②]2003年解读出契丹大字于义为“大哈喇契丹国”。[③]契丹大字《耶律祺墓志》一开始的四个字为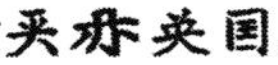，照以前的解读，应为“大哈喇国”。原来理解为“哈喇”是“契丹”的修饰语。“哈喇”夹在“大”和“国”之间，它应当是国号，而不是“契丹”的修饰语。辽代的国号只有“契丹”和“辽”两个，契丹小字和契丹大字中的“契丹”一词均已释出，则“哈喇”舍“辽”莫属。契丹语的亲属语言蒙古语“辽”作。[④]该蒙古语单词读xola，也有“远”的意思。[⑤]在汉语中，“辽”也有“遥远”和“久远”的意思。[⑥]xola的读音与“哈喇”极为相近。所以，我们把音译“哈喇”的契丹大字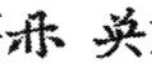意释为“辽”。与此对应的契丹小字也应释作“辽”。

终于发现以前所释读的“哈喇契丹”和“契丹哈喇”原来都是

① 林鹄：《大辽本非契丹国号说》，《中华文史论丛》2014年第4期。

② 刘凤翥：《契丹小字解读再探》，《考古学报》1983年第2期。

③ 刘凤翥、唐彩兰：《辽〈萧兴言墓志铭〉和〈永宁郡公主墓志〉考释》，《燕京学报》2003年新14期，北京大学出版社2003年版，第76页。

④ 内蒙古自治区社会科学院蒙古语言文字研究所编：《汉蒙词典》（增订本），内蒙古人民出版社1983年版，第962页。

⑤ 内蒙古大学蒙古学研究院蒙古语文研究所编：《蒙汉词典》（增订本），内蒙古大学出版社1999年版，第653页。

⑥ 《辞源》（修正本），商务印书馆1983年版，第3087页。

“辽·契丹”和“契丹·辽”。从而得出结论：在使用契丹文字的范围内，辽代实行“辽·契丹”或“契丹·辽”的双国号制。在什么情况下使用“契丹·辽”，又在什么情况下使用“辽·契丹”是有规律可循的。在汉文文献中称国号为“契丹”的时候，在契丹文字中称国号为“契丹·辽”，即把双国号中的“契丹”置于“辽”之前。在汉文文献中称国号为“辽”的时候，在契丹文字中称国号为“辽·契丹”，即把双国号中的“辽”置于“契丹”之前。

统和元年（983）至咸雍二年（1066）期间，在汉文文献是称“契丹”的时期。在这期间的契丹文字资料例如重熙二十二年（1053）的《耶律宗教墓志铭》中称国号为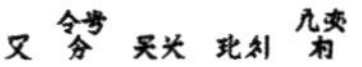（大中央契丹辽国之），咸雍二年之后契丹文字数据除了《耶律习涅墓志铭》之外，一律把辽代国号写作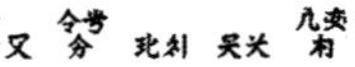（大中央辽契丹国之）。契丹大字《耶律习涅墓志铭》称国号为（大中央契丹国），仅仅用了双国号的“契丹”。因为实行双国号，仅仅举出一个只能说不完备，但并不错。

四 结 束 语

907年，辽太祖耶律阿保机建国号契丹。938年，由于燕云十六州的割入，辽太宗耶律德光为了笼络燕云十六州的汉人，把民族色彩浓厚的契丹国号改为“辽”，把年号改为会同。在契丹语中为“辽·契丹”双国号，正因为是双国号，会同五年（942）的《耶律羽之墓志铭》和保宁二年（970）的《耿崇美墓志铭》等汉字墓志称国号为“大契丹国”也不算错。统和元年（983），辽圣宗把国号改为“契丹”，在契丹文字中作“契丹·辽”。

《耶律宗愿墓志铭》等汉字墓志关于“大辽国”的记载都说明“大辽非契丹国号”的观点是错误的，说“大辽”仅仅施于“南京路”或燕云十六州汉地也是不对的。大辽和大契丹都是通行于辽朝全境的国号。说辽朝建立于916年仅仅是当今史学家的一种不正确的观点，并没有可靠的史料支撑。

辽朝从907年建国至1125年被金灭亡，共“享国二百一十九载”。

辽代碑刻中“文成皇帝”与宋人所记辽“文成皇帝”辨析*

肖爱民

由于史料极端匮乏，在辽史及契丹史研究中，碑刻成为珍贵的资料。在这方面，新中国成立前缪荃孙、王仁俊、黄仁恒、罗福颐等先贤曾做了收集和整理，新中国成立后陈述先生在1953年和1982年先后出版了《辽文汇》[①]和《全辽文》[②]，向南等先生于1995年和2010年先后编辑和出版了《辽代石刻文编》[③]和《辽代石刻文续编》[④]，极大地推进了辽史及契丹史的研究。另一方面，在辽史及契丹史研究中，宋人的记载也是不可或缺的资料。在辽代碑刻和宋人的记载中，辽朝有位“文成皇帝”，可《辽史》中未见有此称号的皇帝，学者们对此认识也不一。下面试对此问题作一辨析。

在《辽代石刻文续编》中收录有《郑颉墓志》一篇，该墓志出土于北京市通州区天桥湾，现藏于北京市通州区文物管理所，由墓主人郑颉的季弟郑硕撰写于辽道宗大安元年（1085）正月。墓志中记载：“当大辽文成

---

* 本文为2014年度国家社会科学基金项目“中国古代北方行国君主继承制度研究”（14BMZ018）的阶段性成果。

① 陈述：《辽文汇》，中国科学出版社1953年版。

② 陈述辑校：《全辽文》，中华书局1982年版。

③ 向南：《辽代石刻文编》，河北教育出版社1995年版。

④ 向南、张国庆、李宇峰辑注：《辽代石刻文续编》，辽宁人民出版社2010年版。

皇帝之在位也，……夏六月驻跸于永安山之凉陉，兄举进士赴行在。”[①]关于其中尊号为“文成皇帝”的辽朝皇帝，向南等先生在注文中通过对永安山于辽圣宗太平元年（1021）由缅山改名以及辽朝皇帝的夏捺钵多在永安山，且永安山上有凉陉的考证，认为进行殿试的“文成皇帝”乃辽圣宗耶律隆绪，此尊号为其太平元年“睿文英武遵道至德崇仁广孝功成治定昭圣神赞天辅皇帝”尊号的略称。[②]

在宋人的典籍中，有很多关于辽朝“文成皇帝”的记载。如《续资治通鉴长编》中载：“契丹主宗真卒。立凡二十五年，年四十一，谥文成皇帝，庙号兴宗。”[③]《东都事略》中载：“宗真立凡二十五年，年四十三，谥曰文成皇帝，庙号兴宗。”[④]《契丹国志》[⑤]中载：“国主崩，在位二十五年，年四十一，庙号兴宗，谥文成皇帝。”[⑥]《宋会要辑稿》中载：至和二年（1055）八月二十六日，宋仁宗赵祯得知耶律宗真病逝消息，发布诏书曰：“北朝差告哀使耶律元亨赴阙，朕以大契丹文成皇帝讲修前世之好，继息两朝之民，信币交持，使轺相聘，憧憧道路，垂五十年，……忽聆哀讣，良用震怀。”[⑦]《宋大诏令集》所载宋仁宗在得知耶律宗真死讯后所发布的“回谢契丹告哀书”中称“特枉使轺，遽

---

① 向南、张国庆、李宇峰辑注：《辽代石刻文续编》，辽宁人民出版社2010年版，第179—180页。

② 同上书，第180页的注文第⑤、⑥。

③ （宋）李焘：《续资治通鉴长编》卷180，仁宗至和二年八月乙丑，上海师范大学古籍整理研究所、华东师范大学古籍整理研究所点校，中华书局1992年标点本，第7册，第4363页。

④ （宋）王称：《东都事略》卷123《附录一》，孙言诚、崔国光点校，齐鲁书社2000年标点本，第1074页。

⑤ 据刘浦江先生研究，《契丹国志》虽然是元朝前期江南地区的某一家书坊所为，但基本上是取材于宋人著作，故这里把《契丹国志》中的记载，视为宋人的观点。参见刘浦江《关于〈契丹国志〉的若干问题》，载氏著《辽金史论》，辽宁大学出版社1999年版，第323—334页。原载《史学史研究》1992年第2期。

⑥ （宋）叶隆礼：《契丹国志》卷8《兴宗文成皇帝》，贾敬颜、林荣贵点校，中华书局2014年标点本，第94页。

⑦ （清）徐松辑：《宋会要辑稿》蕃夷二之辽下，刘琳、刁忠民、舒大刚等校点，上海古籍出版社2014年标点本，第16册，第9748页。

驰国讣，不意凶变，文成皇帝上仙”[①]；在“回谢契丹皇太后书”中亦称“不意凶变，文成皇帝上仙”[②]。宋末元初人马端临的《文献通考》中也载：“其年八月，宗真卒，立二十五年，年四十一，谥文成皇帝，庙号兴宗。”[③]上述记载的“文成皇帝”均非辽圣宗耶律隆绪，而是其子辽兴宗耶律宗真。除了《宋会要辑稿》和《宋大诏令集》外，宋人的典籍还记载“文成皇帝”是辽兴宗的谥号。

从上引碑刻和宋人的记载来看，尽管在《辽史》中没有尊号或谥号为“文成皇帝”的皇帝，但碑刻为当时人所篆刻，致误的可能性很小。而在宋人的记载中，因辽宋之间自“澶渊之盟”后实现了和平，两国年年互派使节，吉庆凶吊，贺生辰、正旦，互致国书，宋朝方面的记载尤其是《宋大诏令集》和《宋会要辑稿》中所载的为北宋皇帝所发布的诏书，应该不会有误。那么，辽代碑刻中的“文成皇帝”与宋人所记的“文成皇帝”是同一个人吗?

根据《辽史》的记载：辽圣宗耶律隆绪在位期间的尊号，乾亨四年（982）十月上尊号“昭圣皇帝”[④]，统和元年（983）六月上尊号“天辅皇帝”[⑤]，统和五年（987）四月上尊号“至德广孝昭圣天辅皇帝”[⑥]，统和二十四年（1006）十月上尊号“至德广孝昭圣天辅皇帝”[⑦]，开泰元年（1012）十一月上尊号“弘文宣武尊道至德崇仁广孝聪睿昭圣神赞天辅皇帝”[⑧]，太平元年（1021）十一月上尊号“睿文英武遵道至德崇仁广孝功

① 《宋大诏令集》卷229，政事八十二·四裔二·契丹二，中华书局1962年影印本，第887页。

② 同上。

③ （元）马端临：《文献通考》卷346，四裔考二十三·契丹下，中华书局1986年影印本，下册，第2711页。

④ 《辽史》卷10《圣宗纪一》，中华书局1974年标点本，第107页。

⑤ 同上。

⑥ 《辽史》卷12《圣宗纪三》，第129页。中华书局标点本校勘记认为统和五年与统和二十四年的尊号相同，考卷71《后妃传》，事在二十四年，五年无此事，疑此系重出。见《辽史》第136页校勘记［1］。

⑦ 《辽史》卷14《圣宗纪五》，第162页。

⑧ 《辽史》卷15《圣宗纪六》，第171页。

成治定昭圣神赞天辅皇帝”[①]，其死后的谥号是“文武大孝宣皇帝”[②]，为其子辽兴宗于景福元年（1031）十月所上。向南等先生认为《郑颉墓志》中的“文成皇帝”是辽圣宗太平元年尊号“睿文英武遵道至德崇仁广孝功成治定昭圣神赞天辅皇帝”的略称，但从所取其中的“文成”二字组成一个词来看，不符合略称的习惯。因为在太平元年尊号中“睿文”是一个词，“功成”是一个词，两者隔着“英武遵道至德崇仁广孝”十个字五个词，不大可能从前面“睿文”中取一个字和再从中间“功成”中取一个字组成一个新词作为尊号，所以从尊号的略称来看，“文成”应该不是圣宗的尊号略称。在《宋大诏令集》中的宋真宗“与契丹遗书”所记辽圣宗尊号为“睿文英武宗道至德崇仁广孝功成治定启元昭圣神赞天辅皇帝”，与《辽史》所载太平元年尊号稍异，却与《圣宗哀册》中所记圣宗去世前的尊号相同，[③]说明《辽史》中所记太平元年的尊号有误，而宋人诏书中所记无误。在《宋大诏令集》中宋仁宗“吊慰契丹国主书”“皇太后吊慰契丹国主书”“吊慰契丹国母书”“皇太后吊慰契丹国母书”还称辽圣宗为“昭圣皇帝”[④]，所用是其乾亨四年即位时的尊号，与《辽史》所记相同。

关于辽兴宗耶律宗真的尊号和谥号，《辽史》中记载：其在位期间曾三次上尊号，分别为重熙元年（1032）十一月上“文武仁圣昭孝皇帝”[⑤]，十一年十一月上“聪文圣武英略神功睿哲仁孝皇帝”[⑥]，二十三年十一月上“钦天奉道祐世兴历武定文成圣神仁孝皇帝”[⑦]。其死后所上的谥号，非宋人所记的“文成皇帝”，而是“神圣孝章皇帝”，为其子辽道宗耶律洪基于清宁元年（1055）十月所上。[⑧]《东都事略》中关于辽兴宗的尊号记载：兴宗在使母钦哀皇太后萧耨斤守圣宗陵墓的次年，“加号

① 《辽史》卷16《圣宗纪七》，中华书局1974年点校本，第189页。
② 《辽史》卷17《圣宗纪八》，第206页。
③ 向南：《辽代石刻文编》，第193—195页。
④ 《宋大诏令集》卷228，政事八十一·四裔一·契丹一，第883页。
⑤ 《辽史》卷18《兴宗纪一》，第214页。
⑥ 《辽史》卷19《兴宗纪二》，第228页。
⑦ 《辽史》卷20《兴宗纪三》，第247页。
⑧ 同上书，第248页。

文武仁圣昭孝皇帝”。宋仁宗赵祯庆历三年（1043），加号“聪文圣武英略睿哲仁孝皇帝”①。除了时间与《辽史》所记略有不同和漏载了重熙二十三年的尊号外，第一次所上尊号与《辽史》所载相同，第二次在“英略”和“睿哲”之间漏掉了“神功”二字。而在《宋大诏令集》所载的宋仁宗“贺契丹生辰国书”“问候契丹皇太后书”“回谢契丹皇帝书”三件诏书中均称耶律宗真为“聪文圣武英略神功睿哲仁孝皇帝”②，为其重熙十一年的尊号，准确无误。刘浦江先生在研究《契丹国志》时，指出该书是由元朝人抄撮宋人记载而成的，结合《辽史·兴宗纪》中的记载，他认为《契丹国志》把兴宗的尊号“文成皇帝”误为谥号，且又误“文武”为“文成”，是兴宗重熙元年尊号“文武仁圣昭孝皇帝”略称。③

看来要想确定“文成皇帝”到底是辽圣宗还是辽兴宗，是哪个尊号的略称，还需要对《郑颉墓志》中的相关记载，结合《辽史》进行解读。《郑颉墓志》中载：

> 当大辽文成皇帝之在位也，与邻宋交欢，为义兹久，无戟而偃武，乘玉以省一。夏六月驻跸于永安山之凉陉，兄举进士赴行在。……有故枢密副使、同中书门下平章王棠，时新预计阶同在选中，历府省皆得首荐。当涂者不可以有之长而加于上，遂降兄于乙。王氏复冠其榜，于时屈声闻于天下。④

在上引墓志的内容中，对于考证“文成皇帝”最重要的信息是墓主郑颉与王棠同时参加了在永安山凉陉举行的殿试，由于王棠“历府省皆得首荐”，故当权者擢王棠“复冠其榜”，“遂降兄（即郑硕的长兄墓主人郑颉——引者注）于乙”。而据《辽史·王棠传》记载：其乃“重熙十五

① （宋）王称：《东都事略》卷123《附录一》，第1074页。

② 《宋大诏令集》卷228，政事八十一·四裔一·契丹一，第884、885、886页。

③ 刘浦江：《关于〈契丹国志〉的若干问题》，载氏著《辽金史论》，第323—334页。原载《史学史研究》1992年第2期。

④ 向南、张国庆、李宇峰辑注：《辽代石刻文续编》，第179—180页。

年擢进士。乡贡、礼部、廷试对皆第一”[①]，经历与此墓志中所记完全一致。说明此次殿试应该是在重熙十五年（1046）由辽兴宗主持进行的，非圣宗时。另据《辽史·兴宗纪》记载：重熙十五年四月甲子至七月丁酉，兴宗“清暑永安山”。六月戊辰，“御清凉殿，放进士王寔等六十八人”[②]。也与墓志中所记的时间、地点相符，证明墓志中的“文成皇帝”不是辽圣宗，而是辽兴宗，宋人的记载正确。

既然“文成皇帝”是辽兴宗，那么是其哪个尊号的略称呢？其重熙元年（1032）的“文武仁圣昭孝皇帝”和十一年（1042）的“聪文圣武英略神功睿哲仁孝皇帝”尊号中没有“文成”一词，因此刘浦江先生认为“文成”乃重熙元年尊号中“文武”之误，向南等先生可能因为此次殿试是由“文成皇帝”主持进行的，而辽兴宗在重熙十五年之前的尊号中无“文成”一词，而圣宗太平元年尊号“睿文英武遵道至德崇仁广孝功成治定昭圣神赞天辅皇帝”中勉强可以析出“文成”二字，且永安山是圣宗时由缅山改名，故认为“文成皇帝”是圣宗，非兴宗。实际上，郑颉的墓志并非撰写于辽兴宗重熙十五年（1046），而是由其三弟郑硕撰写于辽道宗大安元年（1085）正月，此时辽兴宗已经离世30年，郑硕在墓志中所用的尊号乃是其重熙二十三年尊号“钦天奉道祐世兴历武定文成圣神仁孝皇帝”的略称。只要对比其重熙二十三年（1054）的尊号，就可以发现原来“文成皇帝”是此尊号的略称，既不是“文武”之误，也不是圣宗尊号的略称。因为当时辽朝人在兴宗死后，还习惯用其生前尊号略称“文成皇帝”，所以传到宋境以后，被宋朝人误以为是谥号而记载下来。

---

① 《辽史》卷105《能吏·王棠传》，第1464页。

② 《辽史》卷19《兴宗纪二》，第233页。

辽太祖淳钦皇后兄弟姊妹考

史风春　王晓宁

辽太祖淳钦皇后即应天太后，又称述律氏或述律平。其兄弟姊妹几人？长幼次序怎样？学界一直没有统一认识。冯永谦先生认为“淳钦皇后‘母前夫族’有姊弟三人，即耶律老古母、欲稳和敌鲁”，他们是“淳钦皇后的同母异父兄弟”。“淳钦皇后同父姊弟亦三人，即淳钦皇后、室鲁和阿古只。”[①]随着考古工作的发展和契丹小字研究取得的新成果，不少学者对这一结论提出了不同的看法，下面谈谈个人对这一问题的认识。

一　敌鲁是淳钦皇后之兄还是之弟

《辽史·萧敌鲁传》：“萧敌鲁，字敌辇，其母为德祖女弟，而淳钦皇后又其女兄也。”[②]据此淳钦皇后为敌鲁“女兄”，即淳钦皇后为敌鲁之姊，敌鲁为淳钦皇后之弟。而《契丹国志·外戚传·述律鲁速》：“述律鲁速，太祖皇后兄也，蕃部人，世为酋长。少壮武有胆略，部人惮之。从太祖平奚有功，授统军使。卢文进自新州来奔，太祖岁入燕塞，鲁速以兵从。又从围周德威于幽州，机巧善智，城几克，会救至，退师。改授奚王府监军、东路兵马都统军。”[③]此载述律鲁速“少壮武有胆略，部人惮之”与《辽史·萧敌鲁传》所载萧敌鲁“有胆略”“膂力绝人、习军

① 冯永谦：《辽史外戚表补正》，《社会科学辑刊》1979年第3期。

② 《辽史》卷73《萧敌鲁传》，中华书局1974年点校本，第1222—1223页。

③ （宋）叶隆礼：《契丹国志》卷15《外戚传·述律鲁速》，上海古籍出版社1985年点校本，第156页。

旅事”[①]基本一致；此载述律鲁速“从太祖平奚有功，授统军使”与《辽史·萧敌鲁传》所载萧敌鲁从“太祖征奚及讨刘守光，敌鲁略地海滨，杀获甚众”[②]基本吻合。故述律鲁速应即萧敌鲁。然此载述律鲁速为“太祖皇后兄”，与《辽史·萧敌鲁传》载淳钦皇后为敌鲁“女兄”不同。

查《辽史·太祖纪上》：太祖四年秋七月，“戊子朔，以后兄萧敌鲁为北府宰相；后族为相自此始”[③]。“后”即淳钦皇后，此载敌鲁为淳钦皇后之兄。

《萧义墓志》：“公讳义，字子常。……其先迪烈宁，太祖姑表弟，应天皇后之长兄也。”[④]迪烈宁即敌鲁，学界上基本没有争议。应天皇后即淳钦皇后。此记敌鲁为淳钦皇后之“长兄”。

综合上述记载，墓志及当时宋人记述比较准确，故应以《萧义墓志》《契丹国志·外戚传·述律鲁速》和《辽史·太祖纪上》的记载为确，即敌鲁为淳钦皇后之兄。而《辽史·萧敌鲁传》载淳钦皇后为敌鲁之“女兄”即敌鲁为淳钦皇后之弟有误。

当然，敌鲁并非淳钦皇后亲兄。据《辽史·外戚表》，敌鲁五世祖为胡母里[⑤]。而《辽史·后妃传·太祖淳钦皇后述律氏》载：“太祖淳钦皇后述律氏，讳平，小字月理朵。其先回鹘人糯思，生魏宁舍利，魏宁生慎思梅里，慎思生婆姑梅里，婆姑娶匀德恝王女，生后于契丹右大部。婆姑名月椀，仕遥辇氏为阿扎割只。”[⑥]此载淳钦皇后的五世祖为糯思。那么，胡母里与糯思是什么关系？《辽史·太宗上》：太宗天显十年四月，“丙戌，皇太后父族及母前夫之族二帐并为国舅，以萧缅思为尚父领之。”[⑦]冯永谦先生据此认为“‘糯思’为淳钦皇后父族，而‘胡母里’则为淳钦皇后‘母前夫之族’”，“糯思和胡母里分别为淳钦皇后‘父

① 《辽史》卷73《萧敌鲁传》，第1222—1223页。

② 《辽史》卷73《萧敌鲁传》，第1222—1223页。

③ 《辽史》卷1《太祖纪上》，第4页。

④ 《萧义墓志》，见向南《辽代石刻文编》，河北教育出版社1995年版，第622—623页。

⑤ 《辽史》卷67《外戚表》，第1028页。

⑥ 《辽史》卷71《后妃传·太祖淳钦皇后述律氏》，第1199页。

⑦ 《辽史》卷3《太宗纪上》，第36页。

族'及'母前夫之族'的'五世祖'"[①]。此说甚确，敌鲁为前夫之族即胡母里之族，其母再嫁之后生淳钦皇后，即糯思之族。可知敌鲁为淳钦皇后同母异父之兄。

二 忽没里是否为淳钦皇后家族成员

《辽史·萧思温传》："萧思温，小字寅古，宰相敌鲁之族弟忽没里之子。"[②]据此忽没里为敌鲁"族弟"。冯永谦对此认为忽没里、萧思温一族"不是淳钦皇后同母异父族人，而应是胡母里后裔的另一族支"[③]，因而将该族作为淳钦皇后母前夫之族的一个分支列在敌鲁旁系。至于忽没里与敌鲁的血脉亲疏程度则未作说明。

蔡美彪先生则认为《辽史·萧思温传》记载有误，他说："思温父与敌鲁五世祖同名，思温传编者遂误认为'敌鲁之族'，又臆增'弟'字，于史事多有不合，未可信据。"[④]《辽史·萧思温传》将忽没里"误作萧敌鲁之族，又衍出'弟'字，作'萧敌鲁之族弟忽没里之子'，牵合混误"[⑤]。

实际上敌鲁与忽没里可能有共同的曾祖父胡母里，忽没里可能是敌鲁的堂弟[⑥]，该问题已在另文阐述，此不再赘述。他们的关系见图示：

胡母里{ □□□——拔里谐里——敌鲁
　　　　尤鲁古——□□□□——忽没里

因此，忽没里也应属于前夫之族，但不是淳钦皇后同母异父之兄。

① 冯永谦：《辽史外戚表补正》，《社会科学辑刊》1979年第3期。
② 《辽史》卷78《萧思温传》，第1267页。
③ 冯永谦：《辽史外戚表补证》（续），《社会科学辑刊》1979年第4期。
④ 蔡美彪：《辽代后族与辽季后妃三案》，《历史研究》1994年第2期。
⑤ 蔡美彪：《辽史外戚表新编》，《社会科学战线》1994年第2期。
⑥ 史风春：《辽朝后族萧挞凛身世考》，《北方文物》2013年第4期。

三 室鲁为淳钦皇后之兄还是之弟

关于室鲁的身世学界有多种不同观点，概括起来主要有：爱宕松男转引桥口兼夫的观点认为室鲁与敌鲁是同一人[①]；室鲁即萧延思；室鲁是萧仅高祖萧撒剌；室鲁是忽没里等几种观点。但这几种观点说服力都不很充分[②]，因此不能用其他人身世来确定室鲁的身世。

《辽史·公主表》："太祖一女。名质古。下嫁淳钦皇后弟萧室鲁。"[③]《辽史·后妃传·太宗靖安皇后萧氏》："太宗靖安皇后萧氏，小字温，淳钦皇后弟室鲁之女。"[④]据此二载室鲁为淳钦皇后之弟。

《旧五代史·晋书》："萧翰者，契丹诸部之酋长也。父曰阿巴（旧作阿钵，今改正）。……其（阿钵）妹为案巴坚（旧作阿保机，今改正）妻，则德光之母也。翰有妹，亦嫁于德光。"[⑤]此载萧翰与其妹之父为阿钵，而阿钵之妹为阿保机之妻即淳钦皇后，也就是说阿钵为淳钦皇后之兄。《资治通鉴》卷264："契丹王邪（耶）律阿保机遣其妻兄述律阿钵将万骑寇渝关。"[⑥]《资治通鉴》卷266：阿保机"妻兄述律阿钵"[⑦]，此也载阿保机妻即淳钦皇后之兄为阿钵。也就是说《旧五代史》《资治通鉴》均载阿钵为淳钦皇后之兄。爱新觉罗·乌拉熙春解读契丹小字《夺里懒太山将军妻永清郡主二人之墓志》，称缅思[⑧]有字曰阿钵堇[⑨]，萧翰与

① 〔日〕爱宕松男：《契丹古代社会研究》，邢复礼译，内蒙古人民出版社1988年版，第47页。

② 史风春：《关于辽朝后族室鲁的几个问题》，《内蒙古社会科学》2014年第9期。

③ 《辽史》卷65《公主表》，第999—1000页。

④ 《辽史》卷71《后妃传·太宗靖安皇后萧氏》，第1200页。

⑤ 《旧五代史》卷98《晋书》24，中华书局1976年版，第1316页。

⑥ 《资治通鉴》卷264，中华书局1956年版，第8623页。

⑦ 《资治通鉴》卷266，第8678页。

⑧ 爱新觉罗·乌拉熙春认为缅思与勉思、延思均为一人，参见爱新觉罗·乌拉熙春《敌辇岩木古与室鲁子嗣新考》，《北方文物》2010年第3期。

⑨ 爱新觉罗·乌拉熙春：《爱新觉罗·乌拉熙春女真契丹学研究》，京都：松香堂书店2009年版，第152页。

太宗皇后之父缅思的字是汉文史料音译的阿钵[①]，即认为阿钵为室鲁汉文音译的字。倘契丹小字解读无误的话则阿钵即室鲁。根据《旧五代史》《资治通鉴》阿钵为淳钦皇后之兄，故室鲁为淳钦皇后之兄。

乌拉熙春又对契丹小字《永清郡主墓志铭》解读为：墓志的第三行记有德祖的女儿与前夫拔里谐里郎君生有二子，长子的名字叫迪辇迪里古，次子的名字叫××缅思。墓志的第二行记有德祖的女儿和她后夫拔懒月椀生了五个孩子，长女是淳钦皇后[②]。在《敌辇岩木古与室鲁子嗣新考》中重申了上述解读：德祖之女与其前夫拔里谐里郎君生二子，长子名迪辇迪里古；次子名阿钵堇缅思。德祖之女与其后夫拔懒月椀生有五子，长女即淳钦皇后[③]。室鲁既然为德祖之女与其前夫拔里谐里郎君生的第二子，而淳钦皇后是德祖之女和她的后夫拔懒月椀生的长女，故室鲁为淳钦皇后之兄。

《萧义墓志》："其先迪烈宁，太祖姑表弟，应天皇后之长兄也。"[④]迪烈宁即敌鲁，他即为应天皇后之"长兄"，表明应天皇后应该至少还有"仲兄"。也可推测室鲁为应天皇后即淳钦皇后之兄。

另外，《辽史·萧翰传》："太后问翰曰：'汝何怨而叛？'对曰：'臣母无罪，太后杀之，以此不能无憾。'"[⑤]《辽史·太祖上》：太祖八年春正月，"北宰相实鲁妻余卢睹姑于国至亲，一旦负朕，从于叛逆，未置之法而病死，此天诛也。"[⑥]二载所指实为一人，即萧翰之母、实鲁之妻余卢睹姑。由此可知萧翰可能是室鲁（实鲁）之子。《旧五代史·晋书》《新五代史》卷72、《资治通鉴》卷286、《契丹国志·太宗嗣圣皇帝下》《契丹国志·萧翰传》《辽史·国语解》等均载萧翰是述律太后之

---

① 爱新觉罗·乌拉熙春：《爱新觉罗·乌拉熙春女真契丹学研究》，京都：松香堂书店2009年版，第209—210页。

② 爱新觉罗·乌拉熙春：《契丹文墓誌より見た遼史》，京都：松香堂书店2006年版，第219页。

③ 爱新觉罗·乌拉熙春：《敌辇岩木古与室鲁子嗣新考》，《北方文物》2010年第3期。

④ 《萧义墓志》，向南《辽代石刻文编》，第622—623页。

⑤ 《辽史》卷113《萧翰传》，第1506页。

⑥ 《辽史》卷1《太祖纪上》，第9页。

兄子，故室鲁是述律太后即淳钦皇后之兄。

综上所述，室鲁应为淳钦皇后同母异父之兄，属于淳钦皇后母前夫之族。《辽史·后妃传·太宗靖安皇后萧氏》和《辽史·公主表》所载室鲁是淳钦皇后“之弟”有误。

四 耶律老古之母及欲稳

关于耶律老古之母，《辽史·老古传》载：“老古，字撒懒，其母淳钦皇后姊也。……剌葛之乱也，……太祖将纳之，命老古、耶律欲稳严号令，勒士卒，控辔以防其变。”[①]此载老古之母为淳钦皇后之姊。老古又见《辽史·耶律斜涅赤传》，其载：“姪老古、颇德。”[②]《辽史·太祖纪上》：“七年春正月甲辰朔，以用兵免朝。晋王李存勖拔幽州，擒刘守光。甲寅，王师次赤水城，弟剌葛等乞降。上素服，乘赭白马，以将军耶律乐姑、辖剌仅阿钵为御，解兵器、肃侍卫以受之，因加慰谕。剌葛等引退，上复数遣使抚慰。”[③]此耶律乐姑当即老古。

老古之母究竟属于前夫之族还是后夫之族？乌拉熙春解读契丹文《夺里懒太山将军妻永清郡主二人之墓志》，先认为：“德祖之女（应为之妹——引者注）与其后夫拔懒月椀生有五子，长女即淳钦皇后。”[④]后在同一文中又说：“撒葛只迷己与拔懒月椀阿主共生育五子，见于汉文史料的有：撒懒老古之母淳钦皇后姊、淳钦皇后与其弟撒懒阿古只三人。”[⑤]若淳钦皇后是月椀的长女，则老古之母为前夫之族，她俩为同母异父姊妹；若按后一种说法，则老古之母为后夫之族，与淳钦皇后为同胞姊妹。从老古事迹时间来看，其母当属前夫之族。

关于欲稳，《辽史·韩知古传》载：“韩知古，蓟州玉田人。善谋，

---

① 《辽史》卷73《老古传》，第1224—1225页。

② 《辽史》卷73《耶律斜涅赤传》，第1224页。

③ 《辽史》卷1《太祖纪上》，第6页。

④ 爱新觉罗·乌拉熙春：《敌辇岩木古与室鲁子嗣新考》，《北方文物》2010年第3期。

⑤ 同上。

有识量。太祖平蓟时，知古六岁，为淳钦皇后兄欲稳所得。”[①]据此，欲稳为淳钦皇后之兄。前述淳钦皇后为后夫之族中最长的，欲稳即为其兄，当属前夫之族。但由于欲稳的资料记载有限，《辽史》仅此一载，关于他的真实身份学界有种种说法，下面仅举几例。

冯永谦先生将《辽史·耶律斜涅赤传》的附传《老古传》[②]与《辽史·太祖纪上》[③]的有关内容进行对比，得出“辖剌仅阿钵也即欲稳”[④]的结论，认为欲稳即《辽史·太祖纪上》的辖剌仅阿钵，而《老古传》中的耶律欲稳有误，应写为欲稳。

嵇训杰先生在冯永谦先生认为的欲稳就是“辖剌仅阿钵”的基础上，进一步认为“辖剌仅阿钵”就是“辖剌钵”，即《契丹国志》中之解里钵，而解里钵就是萧思温之父忽里没，忽里没又是忽没里倒误。故欲稳即忽没里[⑤]。

乌拉熙春教授曾经认为，欲稳“抑或是敌鲁另一个名字（从欲稳之音来看，当是其人之字而非名）”[⑥]，但后来又认为“仅《辽史·韩知古传》卷74的‘欲稳’，实与‘月椀’皆为契丹语joón的同音异译，因此其人并非‘淳钦皇后兄’，而是‘淳钦皇后父’，《辽史》记述有误”[⑦]。

因此，由于资料有限，欲稳其人身份扑朔迷离，他究竟是忽里没、敌鲁、月椀，还是确有其人，仍需进一步研究。

五　关于阿古只

《辽史·外戚表》：太祖淳钦皇后父月椀之系，“一世阿扎豁只月

---

① 《辽史》卷74《韩知古传》，第1233页。

② 《辽史》卷73《耶律斜涅赤传·老古》，第1224—1225页。

③ 《辽史》卷1《太祖纪上》，第6页。

④ 冯永谦：《辽史外戚表补正》，《社会科学辑刊》1979年第3期。

⑤ 嵇训杰：《辽睿智萧后族属考》，《民族研究》1987年第6期。

⑥ 爱新觉罗·乌拉熙春：《遼金史與契丹、女真文》，京都：东亚历史文化研究会，2004年，第11页。

⑦ 爱新觉罗·乌拉熙春：《敌辇岩木古与室鲁子嗣新考》，《北方文物》2010年第3期。

椀。二世北府宰相阿古只。”[①]即淳钦皇后与阿古只均为月椀之子女。《辽史·后妃·世宗怀节皇后萧氏》载：“世宗怀节皇后萧氏，小字撒葛只，淳钦皇后弟阿古只之女。”[②]《辽史·太祖纪上》载：太祖神册二年，“以后弟阿骨只为统军，实鲁为先锋，东出关略燕、赵，不遇敌而还。”[③]后即淳钦皇后，阿骨只即阿古只。据此二载，阿古只为淳钦皇后之弟。

《辽史·萧敌鲁传》：“敌鲁与弟阿古只、耶律释鲁、耶律曷鲁偕总宿卫。……弟阿古只。”[④]《辽史·太祖纪上》：太祖七年四月，“命北宰相迪里古为先锋进击之。剌葛率兵逆战，迪里古以轻兵薄之。其弟遏古只临阵，射数十人毙，众莫敢前。”[⑤]敌鲁即迪里古，阿古只即遏古只，据此二载阿古只为敌鲁之弟，当为同母异父之弟。

契丹小字《梁国王墓志铭》第2行记述了墓主人第七、六代先祖的名讳，乌拉熙春译为：“国王名术里者字石鲁隐。第七代之先祖拔懒月椀竹，子撒懒阿古只宰相。”[⑥]同一墓志万雄飞先生译为：“国王讳术里者，第二个名石鲁隐。第七代之祖宗婆姑·月椀，儿子撒本·阿古只宰相。”[⑦]二者译文内容基本一致，其内容当是可靠的，此记阿古只为月椀之子。

至于爱新觉罗·乌拉熙春认为的“撒葛只迷已与拔懒月椀阿主共生育五子，见于汉文史料的有：撒懒老古之母淳钦皇后姊、淳钦皇后与其弟撒懒阿古只三人；见于契丹文墓志的有淳钦皇后同胞姐妹迪里古娘子。另外一子待考”[⑧]。由于其说法前后不一，且缺乏相关证据证明，暂不采纳。

---

① 《辽史》卷67《外戚表》，第1029页。

② 《辽史》卷71《后妃·世宗怀节皇后萧氏》，第1201页。

③ 《辽史》卷1《太祖纪上》，第12页。

④ 《辽史》卷73《萧敌鲁传》，第1222—1223页。

⑤ 《辽史》卷1《太祖纪上》，第7页。

⑥ 爱新觉罗·乌拉熙春、王禹浪：《契丹小字〈梁国王墓志铭〉考》，《辽东史地》创刊号，2006年9月，第10页。

⑦ 万雄飞、韩世明、刘凤翥：《契丹小字〈梁国王墓志铭〉考释》，《燕京学报》2008年新25期，第27页。

⑧ 爱新觉罗·乌拉熙春：《敌辇岩木古与室鲁子嗣新考》，《北方文物》2010年第3期。

综上所述，淳钦皇后同母异父兄弟姊妹有：老古之母、欲稳、敌鲁、室鲁，旁系有忽没里。同胞之弟有阿古只等。暂且将淳钦皇后同母异父和同胞兄弟姊妹排序如下。见图示：

胡母里——□——□——□——
- 老古之母
- 欲稳
- 敌鲁
- 室鲁

糯思—魏宁舍利—慎思梅里—婆姑梅里—敌鲁异父同母之弟妹
- 淳钦皇后
- 阿古只

东丹遗民流向考

都兴智

从926年到982年，东丹国在历史上存续57年之久。东丹国号被取消后，其遗民都到哪里去了，其最后的归属如何？这也是东丹国史研究的重要课题。

东丹国初建之时到底有多少人口？这个问题与渤海晚期的人口数量直接有关。有学者认为，渤海国全盛时期的总人数约300万。[①]有的学者经过统计认为，渤海国灭亡后，被南迁到辽地的渤海遗民约9.4万户，投奔朝鲜半岛者约3万户，留居故地者约2万户，三者共计15万户。[②]如按每户5人计，则渤海晚期的总人数只有75万人左右。后者数字的估计，显然有些保守，与历史记载差距较大。史料上虽然没有渤海国全盛时期或晚期人口数量的确切记载，但《辽史·地理志二》东京辽阳府条称渤海国吞并海北诸部之后，疆土扩大，“地方五千里，兵数十万”。既称“兵数十万”，则其总兵力至少当在三四十万。若一户出一兵，则当有户三四十万。《五代会要》则更具体地记为“渤海胜兵丁户四十余万”。证明渤海强盛之时其户数确达四十余万之多。若以每户5人计，则总人口应为200万左右。有学者认为应以每户6人计，故得出总人数为200万—240万的结论。[③]东丹国建立之初其国民的总人口数大概与此不相上下，为200万左右。在东丹国举国南迁之后，有部分国民被迁到辽的上京道和中京道，还有一部分被拨到头下军州或斡鲁朵所领的州县当中去了，这些东丹国民实际上已经不在东

---

① 魏国忠等：《渤海国史》，中国社会科学出版社2006年，第195—197页。

② 王承礼：《渤海史》第8章，黑龙江人民出版社1983年，第77页。

③ 武玉环：《渤海国人口考述》，《辽金史论集》第十一辑，内蒙古大学出版社2009年版，第39—47页。

丹国的领辖范围之内。与此同时，还有许多国民逃往朝鲜半岛投奔高丽，还有一部分投奔其他周边的少数民族部落，也有少数留在故地。而绝大多数国民都随同东丹国一起迁到了辽后来所设的东京道境内。总的来说，东丹国民的流向大体上有五个去向：一是迁居辽东、辽西、内蒙古、河北等地，与契丹和汉族杂居，其后裔基本上都融入北方的汉族之中去了；二是留居渤海故地，其后裔多与女真族融和；三是逃往朝鲜半岛投奔高丽，后来融入朝鲜族之中；四是少数人投奔后周和宋朝，后来融入中原的汉族之中；五是也有极少数东丹遗民融入契丹族之中。

一 融入汉族、契丹族之中的东丹国民

据《辽史·地理志二》的记载，辽燕京道由渤海遗民徙置的府、州、县大体上可分两部分：一部分是辽太祖时期所迁，另一部分为东丹国时期所迁。实际上辽志上的说法并不十分准确，如辽州，“始平军，下，节度。本拂涅国城，渤海为东平府。……太祖伐渤海，先破东平府，迁民实之。故东平府都督伊、蒙、陀、黑、北五州”。渤海的东平府在其上京龙泉东北，太祖在攻下龙泉府之前是不可能越境而破东平府的。实际上是辽志的作者把渤海的东平府与辽初所设的东平郡（辽阳）混为一谈。故辽州之民也应该是东丹国时所徙。金毓黻曾把辽朝东丹国民迁徙到东京道所设置的府、州列成一个表，即《渤海诸州迁徙表》。[①]经仔细核对史料，发现金先生所列的表中仍有遗漏，而且所列表中的州县还有的所辖之民为汉民，所以笔者又进行了重新统计，认为以南迁的东丹国民在东京道徙置的府有辽阳府和海州南海府；州有广、辽、银、同、归、开、辰、卢、铁、兴、汤、崇、渌、沈、显、集、通、韩、龙、渤、郢、铜、涑、东、尚、麓、复（扶）、苏、祺、遂、双、信等，共32州；属州（县级的州）则有盐、穆、贺、耀、嫔、桓、丰、正、慕、岩10州；所徙置的县有辽阳府所领的辽阳、仙乡、鹤野、析木、紫蒙、兴辽、肃慎7县，开州开远县，乾州司农县，贵德州贵德县，集州奉集县，遂州册河县，通州通远、安远、

① 金毓黻：《东北通史》上编，《社会科学战线》杂志社1980年翻印本，第319—323页。

归仁、渔谷4县，韩州柳河县，信州武昌、定武县，黄龙府黄龙、迁民、永丰县，渤州贡珍县，共计划内3县。统计之，为67个府州县。由于《辽史·地理志二》中许多州、县之下的户口数失载，故只能根据有户口记载的州县进行大致推算。据蒋金玲博士统计，认为辽太宗时东丹国南迁至辽东的渤海遗民总数为46500户，232500口。①辽志记东京辽阳府所领的总户数为“四万六百四”（40604），比蒋金玲统计的数字还要少一些，而且辽志的户数还包括了非东丹国民南迁所置的州县。这看起来似乎蒋的统计数字偏高，其实不然。我认为蒋的统计数字还比较保守，当年南迁辽东的东丹国民实际上可能超过23万人。辽志所记的户数为辽中期以后东京道的统计数字，因为圣宗太平九年发生大延琳之乱，叛乱平定后，辽东大量东丹遗民被辽朝政府迁往上京之地，毫无疑问，同时也有许多东丹遗民逃往别处。所以至辽末，辽东地区的东丹遗民数量及其他居民的数量肯定比东丹国南迁时要少得多。辽代宗室贵族所建的头下军州中，其居民也有东丹国民及遗民，由于《辽史》记载较略，故暂不论及。

据《辽史·地理志一》记载，上京道由南迁的东丹国民徙置的州县有：临潢府所领的长泰（户4000）、定霸（户2000）、保和（户4000）、潞（户3000）、易俗（户1000）、迁辽（户1000）、渤海、宣化（户4000）县，其中长泰、定霸、潞三县为汉民与东丹国民杂居之地，假定二者各居其半，则三县之东丹国民户数应分别为2000、1000、1500，渤海县所领户数失载，取其他7县平均数，为2500户。小计之，则临潢府所领8县之东丹南徙之民共17000户。其中易俗、迁辽、渤海三县之民系大延琳之乱后由辽东迁来；祖州长霸（户2000）、咸宁县（户1000），小计共3000户；怀州扶余（户1500）、显理县（户1000），小计共2500户；庆州富义县，领户不详，假定为2500户；永州长宁（户4500）、义丰县（户1500），小计之，共6000户；降圣州永安县（户800）；饶州长乐（户4000）、临河（户1000）、安民县（户1000），小计之，共6000户；统计之，则徙至上京道的东丹国民及遗民总共为37800户，若以每户5人计，总人数为183000口。另外，在上京道的九边防城中的镇州境内，也有少量东

① 蒋金玲：《辽代渤海遗民的治理与归属研究》第二章，硕士学位论文，吉林大学，2004年。

丹国民或遗民。镇州是辽代最北部的一个边防城，其治所在今蒙古人民共和国境内的青托罗盖城。“渤海、女直、汉人配流之家七百余户，分居镇、防、维三州，东南至上京三千余里。”[①]由此可知，镇州境内的东丹遗民为辽朝流放的罪犯。

《辽史·地理志三》记载了迁至中京道的东丹国民和遗民的情况。与上京道和东京道相比，中京道的东丹国民和遗民数量较少。如：“恩州，怀德军，下，刺史。本汉新安平县地，太宗建州。开泰中，以渤海户实之。初隶永兴宫，后属中京。统县一，恩化县开泰中渤海人户置。”说明这一部分东丹遗民是辽朝政府在大延琳之乱前徙来的，但不知其具体来自何处，也不详具体人口数；迁州盛吉县，是原渤海兴州盛吉县遗民南迁后所置，仍其旧县名；锦州下领的属州严州境内也有一部分东丹国民，南迁后与汉民杂居；迁州迁民县，是辽朝平定大延琳之乱后，将辽东归州的东丹遗民徙至此所置；润州海阳县，为东京城内的东丹遗民，因叛乱被徙至中京道，置润州。大概也与大延琳叛乱有关。迁至中京道的东丹遗民具体有多少？辽志没有数字记载，蒋金玲博士估计为2974户，14870口。[②]暂取此说，综计之，则辽代迁至上京和中京道的东丹国民和遗民总数为197870人，估计实际数量应在20万以上。辽代皇帝和皇后及特殊人物韩德让所建的宫卫（斡鲁朵，共十二宫一府）中也有许多东丹国民与遗民，由于宫卫所领州县经常发生变动，而且多数后来都划归地方五京所领，故不再重复叙述。

由以上论述可知，辽代被迁到上京、中京、东京三道的东丹国民和遗民总数至少在43万人以上，这些人南徙之后，与契丹、汉人、女真人杂居，有的东丹贵族与契丹上层联姻，其少数人最后必然融入契丹族之中。另外当东丹国民南迁之时，有许多贫困的下层国民无财力南迁，辽朝政府“因诏困乏不能迁者，许上国富民给赡而隶属之”。[③]所谓上国富民，当指契丹贵族。那些贫困的东丹国民因此而变为契丹贵族的部曲或家庭奴隶，他们当中有些人后来很可能也融入契丹族之中。其他绝大多数遗民在

① 《辽史》卷37《地理志一·边防城》，中华书局1974年点校本，第451页。

② 蒋金玲：《辽代渤海遗民与归属研究》第二章。

③ 《辽史》卷3《太宗纪上》，第30页。

辽金时期一直被称之为渤海人，至元代，他们则融入了北方的汉族之中，渤海人的称呼遂不再见于史籍。

东丹国二十九年（后周显德元年，954），东丹乌思罗（亦作乌斯罗、崔乌思罗）率三十余人投奔后周；东丹五十四年（宋太宗太平兴国四年，979）四月，宋军破晋阳（今山西太原），灭北汉。五月，乘胜伐辽，进攻燕京。东丹国酋帅大鸾河率小校李勋等16人、部族三百骑降于宋。宋以大鸾河指挥为渤海都指挥使。九年春，“（宋太宗）宴于大明殿，因召大鸾河慰抚久之，上谓殿前都校刘延翰曰：‘鸾河，渤海豪帅，束身归我，嘉其忠顺。夫夷落之俗，以驰骋为乐。俟高秋戒候，当与骏马数十匹，令出郊游猎，以遂其性’。因以钱十万并酒赐之”。①大鸾河无疑是渤海王族之裔，其所领部众与投奔后周的乌思罗之众，还有耶律倍当年投奔后唐所率领的部下40余人，后来当融入中原或南方的汉族之中。

二　融入女真族之中的东丹国民和遗民

契丹政权出于政治统治的需要，强行迁徙渤海遗民的做法，使东丹国民背井离乡，颠沛流离，苦不堪言，因而必然遭到不同程度和不同形式的反抗。面对契丹的强制迁徙政策，一部分东丹国民不愿离开故土，采取了投奔女真、逃进深山、据险自卫等方式进行抵抗。在这部分东丹国民中，有资料可考的为兀惹人、燕颇部渤海人、蒲卢毛朵部中渤海人等。

兀惹，又作乌惹、乌舍、屋惹、温热、恶弱、兀儿等，皆为同音异译。“黑水为恶弱国土”②，兀惹为隋唐时期黑水靺鞨诸部之一，早期贡于大唐，后被渤海所并，“渤海盛强，黑水役属之，朝贡遂绝”。③在渤海国强大之时，兀惹被纳入其直接管辖之下，但其始终以一个部族的形式存在。渤海灭亡、东丹建立，原渤海国的定理、安边两府遗民反抗契丹统治的斗争尤为激烈，在旧贵族的领导下，两府东丹国民多次举行叛乱活动。叛乱被平定之后，其余部即聚集在兀惹部的统治中心，后来建立了定

---

① 《宋史》卷491《渤海传》，中华书局1977年点校本，第14130页。

② （宋）李焘：《续资治通鉴长编》卷71，中华书局2004年版，第1606页。

③ 《金史》卷1《本纪一·世纪》，中华书局1975年点校本，第1页。

安国，并越海与北宋政权取得联系，长期坚持抗辽。据学者考证，兀惹部的统治中心就在今黑龙江省同江县秦德利古城。[①]兀惹部人对辽朝时附时叛，自立国号为定安国。定安国见诸《宋史》，但《辽史》上不见定安国之名，辽朝政府视兀惹部为属国，故列入《辽史·属国表》。

兀惹人与辽朝抗争多年，虽然也曾几次在辽强大的军事力量打击下被迫投降，但一有机会立即举旗复叛。一直到辽圣宗开泰六年（1017）前后，才最后被镇压下去。在这一过程中，兀惹人被迁散逃离，分居各地。统和十七年（999），辽朝将被征服的一部分兀惹贵族迁至鸭子、混同二水之间，置宾州[②]，这部分人被称为宾州兀惹。辽代的鸭子河为东流松花江西段，混同江为第二松花江。洪皓《松漠纪闻》："温热者，国最小。不知其始所居，后为契丹徙置黄龙府南百余里，曰宾州。州近混同江，即古之粟末河黑水也。"统和十七年"六月，兀惹乌昭庆来"。[③]乌昭庆可能就是宾州兀惹人的首领。此后，宾州成了辽朝安置兀惹降户的地方。辽圣宗开泰元年（1012），"铁骊那沙等送兀惹百余户"[④]。太平二年（1022），铁骊遣使献兀惹十六户。[⑤]兀惹人自称定安国，其首领乌玄明在给宋朝的上表中称"臣本以高丽旧壤、渤海遗黎，保据方隅，涉历星纪"[⑥]。说明兀惹部的主体部民无疑是渤海遗民。其首领乌玄明、乌昭庆姓乌氏，乌姓为渤海右姓之一。据文献记载，兀惹部当中还有李、张等姓氏。辽天祚帝天庆四年（1114），兀惹人归顺女真人，其贵族后来与金朝皇室联姻。《松漠纪闻》又记："部落杂处，其族类之长为千户，统之契丹。……族多李姓，予顷与其千户李靖相知。靖两二子亦习进士举。其侄女嫁为悟室子妇。靖之妹曰金哥，为金主之伯固磕侧室。其嫡无子，金哥所生，今年约二十余，颇好延接儒士，亦读儒书，以光禄大夫为吏部尚书。"所谓千户，即猛安，兀惹人归顺女真之后，也按女真人的社会组织形式编为猛安谋克。悟室指完颜希尹，洪皓所说的金主，指金熙宗完颜

① 张泰湘：《兀惹丛考》，《北方文物》1993年第3期。
② 《辽史》卷38《地理志二》，第470页。
③ 《辽史》卷14《圣宗纪五》，第154页。
④ 《辽史》卷15《圣宗纪六》，第171页。
⑤ 《辽史》卷16《圣宗纪七》，第190页。
⑥ 《宋史》卷491《定安国传》，中华书局1977年点校本，第14128页。

亶。金主之伯即指金太祖庶长子完颜宗干。李靖侄女嫁与完颜希尹之子为妻，妹金哥为宗干侧室，金哥与宗干所生之子即完颜充。这说明至金代，南迁这部分兀惹人已经融入女真族中去了。南迁的兀惹人汉文化水平较高，故李靖“二子亦习进士举”。此部兀惹人到元代以后在史籍中消失，说明他们也和进入中原的女真人一样被元统治者视为汉人，最后可能也都逐渐融入汉族。留在松花江下游和黑龙江流域的兀惹人，则与当地的女真部落融合。元代有吾者野人部，可能就是辽代兀惹人的后裔。另外东丹国南迁后，在东流松花江和黑龙江流域，从今黑龙江省依兰县以东到俄境之伯力（今哈巴罗夫斯克），又能形成了“越里吉、越里笃、盆奴里、奥里米、剖阿里”等五国部女真部落，在兀惹部之西还有铁骊部，在东流松花江支流阿什河流域及其以东地区有生女真部，其中应该都有渤海遗民，但由于文献记载的缺失，使我们今天已经无法确知到底有多少东丹国民加入到了各女真部落之中。据《契丹国志》记载，辽代五国部每部约有一万余户。从兀惹部敢于长期与辽朝抗争并自建国号来看，其领户数量肯定超过五国部的任何一部。《辽史》记载，蒲卢毛朵女真部中也有兀惹人。辽圣宗太平六年（1026），“蒲卢毛朵部多兀惹户，诏索之”。[①]“大康乂，渤海人。开泰间，累官南府宰相，出知黄龙府，善绥抚，东部怀服。榆里底乃部长伯阴与榆烈比来附，送于朝。且言蒲卢毛朵界多渤海人，乞取之。诏从其请。（大）康乂领兵至大石河驼准城，掠数百户以归。”[②]说的蒲卢毛朵界渤海人，可能指的就是兀惹人。辽代的蒲卢毛朵女真部分布于今吉林珲春境内图们江支流海兰河流域及朝鲜半岛咸兴平野之间。[③]太平六年兀惹部（定安国）早已经被肢解，故蒲卢毛朵部当中的兀惹户应当是定安国失败后分散逃离的一部分。辽帝颁诏索之，可能都被强迁到辽内地去了。留在蒲卢毛朵部之中兀惹人，最后应该融入女真人之中。兀惹人也有融入高丽民族者。如《高丽史》中有1018年定安国人骨须投奔高丽的记事。《元史》记载，兀惹还有张氏。“张孔孙字梦符，其先，出辽之乌

① 《辽史》卷17《圣宗纪八》，第199页。

② 《辽史》卷88《大康乂传》，第1347页。

③ 中央民族学院编辑组：《〈中国历史地图集〉东北地区资料汇编》，1979年铅印本，第157页。

若部。”[①]乌若即兀惹。

燕颇，渤海遗民，辽景宗时任辽黄龙府卫将。东丹国五十年（辽保宁七年，975）七月，他杀死都监张琚，以黄龙府为根据地，率部举兵反辽，得到周边府州县渤海遗民的支持，声势浩大。黄龙府即原渤海扶余府，在今吉林农安县，那里的东丹国民是东丹国南迁时从原渤海的上京龙泉府徙来。当年九月，辽朝派敞史耶律曷鲁必（亦作曷鲁不）率兵讨之，败燕颇于治河。燕颇率余部向东退却，投奔兀惹部。曷鲁必令其弟安搏率兵追击，无功而返。燕颇与兀惹部二股势力合在一起，使辽军无可奈何。曷鲁必因没有亲自统领主力追击燕颇，贻误战机，最后受到处分。燕颇率部投奔了兀惹人的定安国，与兀惹人一道坚持抗辽。宋太宗太平兴国六年（辽景宗乾亨三年，981），定安国乌玄明在给宋太宗的上表中说："臣祖考守节不降，与众避地，仅存生聚，以迄于今。而又扶余府昨背契丹，并归本国。"[②]谓"扶余府昨背契丹，并归本国"，就是指燕颇投奔兀惹部之事。宋太宗《赐乌舍城浮渝府渤海琰府王诏》，[③]意欲联合兀惹和燕颇这两股反辽力量，南北夹击辽朝。"乌舍"，即兀惹。"浮渝"与扶余为同音字。浮渝府渤海琰府王无疑就是指燕颇。20年后，即辽圣宗统和十三年（995）七月，兀惹部乌昭度、燕颇两部联军进攻铁骊，铁骊向辽朝求救，辽遣奚王和朔奴统兵讨之。十月，兀惹部归降。统和十四年夏四月，兀惹复叛，乾廷命奚王和朔奴、东京留守萧恒德等五人率兵讨之。结果损兵折将，和朔奴等受到降职处分。《辽史》卷92《耶律古昱传》记载，开泰年间"上亲征渤海"。对于这个渤海，中华书局点校本《辽史》注为高丽，认为即是开泰四年（1015）伐高丽事。梁玉多先生则认为就是燕颇部。[④]开泰四年之后，燕颇从史籍中消失了，燕颇军可能就是在辽圣宗这次亲征中被消灭。燕颇部的余众失败后当是散奔周边的各女真部落，最后融入了女真各部之中。历史上的民族融合是一个十分复杂的问题，要清楚其源流也是很困难的事情。1985年，笔者在今辽东半岛南部大连地区

① 《元史》卷174《张孔孙传》，中华书局1976年点校本，第4066页。

② 《宋史》卷491《定安国传》，第14128页。

③ 《宋史》卷491《渤海传》，第14130页。

④ 梁玉多：《渤海遗民的流向——以未迁到辽内地和辽东的渤海遗民为中心的考察》，《学习与探索》2010年第2期。

进行民族调查过程中发现，瓦房店市三台满族乡三台村满族西林觉罗氏（赵姓）一支，其家谱序言中自称其先祖出自渤海国。[①]这说明清代的满族当中也有东丹遗民的后裔。

三 逃往朝鲜半岛的东丹国民与遗民

渤海国与位于朝鲜半岛上的王氏高丽政权在地理上南北毗邻，两个政权之间及民间多有经济和文化上的往来。早在渤海国灭亡之前，就有在内争中失利的渤海人亡入高丽。渤海国灭亡后，一些不甘接受辽朝统治和不愿随东丹国南迁的渤海人选择了亡命朝鲜半岛、投奔高丽的途径，历次东丹国民及遗民反辽斗争失败后也有不少人亡命高丽。而这一时期高丽建国未久，朝鲜半岛经过后三国时代多年的战乱和其他灾害，导致人口锐减、土地荒芜、经济残破，东丹国民的到来为重振朝鲜半岛经济、发展当地农业和手工业生产注入了新的活力，所以对东丹国人的来投，高丽方面是持欢迎态度的，凡自愿投充者一律接纳。在东丹国存续期间及东丹国号被取消之后，辽代东丹国民和遗民到底有多少人投奔了朝鲜半岛？根据《高丽史》的记载，逃往朝鲜半岛的东丹国民和遗民数量比较多的至少有以下几批：甘露元年，渤海灭亡、东丹国建立，渤海世子大光显、将军申德等率遗民数万户先后奔高丽。既称数万户，则至少在3万户以上，总人数当在15万甚至更多；甘露二年，东丹国工部卿吴兴率50人、僧载雄率60人先后亡命高丽；甘露三年，金神率60户，洪见以船20艘载人口、用具投高丽。大儒范、隐继宗、各率户数不详，亦投高丽；甘露四年，正近领300余人奔高丽；甘露九年，陈林领160余人奔高丽；东丹国十三年，朴升率3000余户投奔高丽；东丹国五十四年（辽景宗乾亨元年），有数万东丹国民逃往高丽；辽圣宗太平十年（1030年），时东丹国号早已取消，东丹遗民奚哥于东京大延琳之叛后率500余人投高丽。其他小股不计，仅以上所引，其总数当在17万—20万人。关于逃到朝鲜半岛的渤海遗民的总数，学术界有过几种不同的说法：朝鲜李朝时期的学者柳得恭和韩国当代学者徐炳国

① 大连市史志办公室：《大连市志·民族宗教》，辽宁民族出版社2002年版，第125页。

认为有十余万人；[①]我国学者杨保隆认为在10万—20万之间；[②]王承礼先生认为至少有3万余户，约15万人；[③]魏国忠等认为有数十万人；[④]梁玉多认为至少在20万以上。[⑤]笔者赞同梁玉多先生的说法，认为总数应在20万以上。需要说明的是，逃往朝鲜半岛的东丹国民在辽圣宗征高丽时有一部分又被辽军掳获，再次迁回辽东，重建辽南的宁州和归州，而留在朝鲜半岛上的东丹遗民后来都融入朝鲜民族当中去了。

① 〔朝〕柳得恭：《渤海考》，首尔兴益出版社1987年版，第37页；〔韩〕徐秉国：《高句丽研究》第25辑，首尔学研文化社2006年版，第35页。

② 杨保隆：《辽代渤海人的逃亡与迁徙》，《民族研究》1990年第4期。

③ 王承礼：《渤海史》第8章，黑龙江人民出版社1983年版，第77页。

④ 魏国忠等：《渤海国史》，中国社会科学出版社2006年版，第579页。

⑤ 王承礼：《渤海史》第8章，黑龙江人民出版社1983年版，第77页。

古代道路计步测里与辽代里长新考

李俊义　胡廷荣

中国古代道路的“计步测里”（以下简称“步里”），自周代始，至少沿用到近代初。让人难解的是，古文献中不见“计步测里”简介，诸正史对其里长也极少提及。部分历史专家经过百余年探索，直到2000年，才在权威工具书《中国历史大辞典·附录》中公布《中国历代亩积、里长表》[①]（下简称《里长表》）。但其中并无辽、金、元三代的里长，且此表所列北魏、隋代的测里步幅竟然达1.7米左右，殊不知如此长的步幅只能用在测量小块土地面积或城墙长度上，在道路的“计步测里”中是行不通的。此表所列历朝里长，实质上是历朝规定的每里的步数与步尺数的乘积，且精确到0.1米，这就与古代实际实行的道路计步测里的低精度里长及特点不符。故此《里长表》并不能反映历代道路步里的真实里长。本文试从“计步测里”的低精度及常态步幅和步幅受限等方面对计步测里作新的探索，并兼作辽代里长的考证。

一　道路计步测里的基本特点

计步测里如果自战国算起（实际更早些）至民国初，也沿用了2300余年。其基本特征和操作要领与古代实际里长直接相关，这在研究计步测里中不容忽视。然而学术界及古文献对此都极少提及乃至缺记（或许古人认为这是常识），故笔者在此探讨之。

---

① 《中国历代亩积、里长表》，《中国历史大辞典·附录五》，上海辞书出版社2000年版。

（一）对古代里长定义的新解读

古文献中，无论唐以前尺较短时“一步六尺，三百步一里”，还是唐以后至清末，尺稍变长期间改为“一步五尺，三百六十步一里”（下文有详述），在道路里程的实施测量中都是用步来测量里长，这在学术界是没有疑义的，问题是如何理解步尺长。如果按照《里长表》给出的历代里长数据，是以“一步六尺，三百步一里”，即一里等于1800尺来计算的，折合成今里长又精确到十分之一米（如秦一里417.6米），如此理解古代实际里长和计算都是不妥的。要是那样的话，古人就直接定义为1800尺一里，岂不更精准？问题的关键是，古代并不需要高精度的道路里长，也从未用尺去度量道路里长。古代道路里长与百姓生活关系不大，用步量里的低精度（精确到米亦困难）足已够用。

（二）计步测里的基本特点

我们从现代野外地理科考和军人野外军训科目中可以看到与之极相似的测距方法，当不要求高精度的距离数据时，常采用“计步草测距离”的方法来量算长度。其具体方法是：测量者事前先测量出自己常态下的平均步幅（此指“双步”幅，即古代所称“举双足为步”），再以此步幅乘自己行走的步数（心计或读取腰挎计步器上的步数）即得出距离。这种测距方法似应来源于古代的计步测里，二者的原理相同，方法极相似。

普通身高（1.7米左右）的人，常态下行走的平均步幅在1.4—1.45米。用于短距离计步草测时，部分测量者标定自己平均步长，为了方便计算，有人将步幅微调增至1.5米（测距误差会增大）。而古代十数里以上较长距离或更长的驿间里程（中原多为50里）步测中，步幅若稍增就费力，很难操作。若步幅稍减（稍慢些行走即可）即可省力，易被采用。笔者推断，道路计步测里很可能采用多人分段步测，这样便于计数，也有利于减轻测量者的负担。

古代对于步尺数的规定，只是要求测量者的步幅不能太“离谱”，如果让测量者准确走出规定步幅是很难的，也无多大意义。对步长以尺数来粗略限定，这对所测里程能被社会认可有一定作用。

兹对计步测里基本特点概括如下：

（1）受限于古代科技和测量工具的水平，计步测里是当时测量道路里程相对省力和成本较低并能满足社会需求的实用方法，因此能沿用2300余年。

（2）由于古代道路里程的准确程度与百姓生活关系不大，故道路计步测里精度低。不同人的步幅和测量结果有差异，是允许的，只要不是太“离谱”就行。

（3）为使计步测里者省力，测量者的步幅可适当缩减。

（4）计步测里通常应由官方管理交通的部门指派人员（含驿站人员）操作。

（5）道路计步初次测里后，通常后世很少重测，多为此后历朝沿用。

（6）即使新朝代对尺长作微调，计步测里步幅并无随之调整的必要，且步幅也难以随之微调（此条详见下文）。

二 对古代道路实际使用里长演变的诠释

（一）战国至唐初以前道路实行300步一里

学术界公认，先秦时期的度量衡，大多出于后世的回忆，实际情况不大清楚。战国至唐初一直使用“一步六尺，三百步一里”的里法[①]。兹据《里长表》，战国、秦、西汉间尺长合今23.2厘米，“一步六尺”的步长合今1.39米，近似值1.4米，这正是当时数十里的驿间里程普通人适用（或稍缩减）的步幅（当时人身高和步幅稍小于今人），一里长合今近420米，并维持了近五百年。其后400年尺长微增到东晋时的24.5厘米（从23.2厘米到24.5厘米，也是古代尺长由百个黍粒的横长转到纵长的演变）。此间，东汉晚期至魏（三国）尺长增幅最大为6毫米，“理论”上的里长由此增10米（即只增2.4％）。若因此改变低精度的旧里长显然意义不大。更何况曹魏只存在46年，不大可能改动步幅。同理，《里长表》所列存

① 陈梦家：《亩制与里制》，《考古》1966年第1期。

世14年的新莽时的里长（比前朝只短2米）则是多余的。但随着尺长的微增，西晋至东晋时“理论”上的一步幅六尺合今1.45—1.47米，如果当时的部分计步测里者使用这种步幅（以多人分段步测的情况下），其实际里长最大可达约441米。

到了南北朝时期，各国尺长增长不一，有的增幅很大，如北魏尺比前朝增长14%多，达28厘米。后继的东魏、北齐的新尺长增至30.2厘米，北周新尺长为29.6厘米，隋统一后沿用北周尺。但这些都是官尺，主要用于量布征捐。如用这类新尺的“一步六尺”来规范测里步幅显然是行不通的，六尺一步长1.68—1.81米，即便选身高步大的人也难实现（误差亦增大）。故计步测里只能保留沿用前朝东晋的里法，如北周就保留了与东晋、南朝宋相同（合今24.6厘米）的尺（别称“铁尺”），隋继承之，用为律尺和计步测量道路里程。此里的理论长度为443米，与东晋、南朝宋的里长基本相合。后来完成一统的隋，有以新官尺（合今29.6厘米）“五尺为步”的尝试[①]，但其王朝只存在37年，很难推行。其间大小尺并存，测量土地面积与计步测里的步幅相差过大的矛盾显现，这自然要催生计步测里、量地步尺数和步数的改制。

综上所述，唐初之前的900年间，在道路计步测里的实际运用中，多是采用合今约1.4米或普通人常态步幅操作，满300步即一里，一里长合今约420—441米，或作430米左右，或为430±10米。

（二）唐代道路计步测里的改制

为解决测量土地面积的步幅过大、难操作的问题，以及与计步测里步幅不一的矛盾，唐初在沿用隋朝合今29.6厘米长官尺[②]的基础上，先是于唐初武德七年（624）始定律令，“以度田之制五尺为步，步二百四十为亩”[③]。此“一步五尺”（用隋合今29.6厘米长官尺）与隋及其前“一步六尺”（保留使用的长24.6厘米小尺）步长相当。后又有唐《令》

---

① 陈梦家：《亩制与里制》，《考古》1966年第1期；另见闻人军：《中国古代里亩制度概述》，《杭州大学学报》1989年第3期。

② 闻人军：《中国古代里亩制度概述》，《杭州大学学报》1989年第3期。

③ 陈梦家：《亩制与里制》，《考古》1966年第1期。

规定“一步五尺，三百步为一里”[①]（宋初钱易《南部新书》卷壬引唐《令》），这种里称唐小里，其里长合今444米，与前朝隋的道路计步里长444米相同。

到贞观、永徽年间（627—655），朝廷颁布新《杂令》，规定“诸度地以五尺为步，三百六十步为一里”[②]。此文献应指唐大尺，其里长合今约533米。唐的大里与小里并行，各有各的用途。闻人军先生认为：“唐代城市建筑等用唐大里，在天文大地测量及一些道里记载上用唐小里。”[③]笔者赞同此说，并认为这种状况应在唐初期。唐中叶后，在新道路上实际推行的应是对五（大）尺一步（合今1.48米）微缩减的步幅（即唐以前沿用900余年的合今约1.4米的步幅，这在古代似是计步测里的常识），360步为一里。因为这样更省力，其500米左右的里长（笔者姑且称作新步里或新里）与小里的长度约444米较接近些，也便于过渡。或因测量新道路的机会太少，以致文献对此缺记，故唐初以后在道路里长上是小里和新步里并行的过渡时期。

（三）宋辽以后至清代的道路里长

（1）北宋承唐制，亦新里、小里并行。宋朝曾制作记里鼓车，实采用所谓官方大里的长度。但这种记里鼓车只是用于皇帝的仪仗队中，并未在道路测量中推行。大里依然只用于城市建设上。但“北宋各地的里亩制度很不统一”[④]，对道路里程：在旧路上，唐代的小里“一步五尺，三百步一里”的里法仍沿用（南宋的《数书九章》卷五“三斜求积”就记道“里法三百步”），此即唐、宋小里；在新道路上，则采用以常人或比常人稍减的步幅（约1.4米），360步即一里的新里（其长与浙里相近）；南方则有里长近于今市里的浙里流行[⑤]。唐、北宋道路上的小里与“新步里”、浙里并存，毕竟属于过渡性。到南宋时即以浙尺为官尺，并用于里制、亩制。浙尺长合今27.5厘米，1浙里合今495米（按1步5尺，360步1

① 陈梦家：《亩制与里制》，《考古》1966年第1期。
② 陈梦家：《亩制与里制》，《考古》1966年第1期。
③ 闻人军：《中国古代里亩制度概述》，《杭州大学学报》1989年第3期。
④ 同上。
⑤ 同上。

里）。北方长约504米的辽、金“步里”（后文有专门考述）和南方长约495米的南宋“步里”（浙里）长度都与今市里十分相近，这绝不是简单的巧合，而是在接受唐代计步测里1步5尺，360步一里的新里法中，顺其自然地保留了各自适用的尺，且1.4米的步尺长与测量者适用的微缩步幅相合。此后原小里渐废。

北宋著名科学家沈括在其使辽行记《熙宁使虏图抄》中记辽境道路里程最详，他是杭州一带人，当然熟悉浙里或新步里相当辽里，即当时南方、北方（辽）的实用计步里长已经相当。简言之，都是以常态步幅或稍微缩的步幅，行360步即一里。故宋人在使辽行记中涉及辽境里程时就未说明是宋里还是辽里。或许这在当时官场中已是常识，以致诸行记都略而未记。

（2）元代有“省部所降官尺比古尺计一尺六寸六分有畸，天下通行”[①]之说。此1元尺约当1.66×23.05厘米≈38.3厘米，“一步五尺”即1.91米，按元代所谓“240步一里”的里长即460米。但元代这种所谓官方“尺里制”，从其一步1.91米的步幅看，用来计步测道路里程肯定不能操作。如用于城建和小面积的量地，即以尽量迈大步操作，其误差之大不言而喻，必难推行。“各地沿用里法360步者仍不乏其例。”如“（明）《元史记事本末》卷十三‘治河’，即‘用古算法’，采每里360步之制”[②]。故元代道路里长实际应用的是沿用古代常态步幅或稍微缩的步幅，360步的里长500米左右，南方袭用南宋后期官里长近500米的浙里。二者几乎相同。

（3）明、清时的道路实际里长。《里长表》列明、清二代量地尺长分别为31.8、32厘米，并用1步5尺，360步一里定制，推得明官里长572.4米，清官里长576米。这两种步里长的步幅长1.6米，已不能用来进行计步测量道路里程（除非用身材特高的人）。这个步幅或只能用在地积、城建、渠道的测量上。故有研究者称，明代江南部分地区仍流行浙尺（长27.5厘米）、浙里（约495米）[③]。笔者以为，北方自北魏影响辽至金代流

---

① 闻人军：《中国古代里亩制度概述》，《杭州大学学报》1989年第3期。

② 同上。

③ 同上。

行的合今28厘米的尺长，按5尺一步长1.4米，再乘360步，这种约504米的里长（详见本文最后一部分）到明代北方民间依然沿用。这一计步测里方式，实际应用中，即相当于用普通人常态下步幅或微缩的步长走360步即是一里。我们从下面一些明、清代文献所记的道路里程与现代里程相对比，即可看出其实况。

（1）明代

传世的明代北方行纪中记录里程者甚少。《明史·地理志》记塞外北平行都指挥使司（原大宁都指挥使司）与其所属诸卫间的里程竟然有不少空缺，《明史》所记关内道路里程仍有参考价值。笔者择已知古地名今址及其与相邻驿站间路径未变者（以1：145万比例尺图上量读）的实例录入：

> 通州，“西距（顺天）府四十里”，此里程与今同；易州（今易县），南距保定“府百二十里”，此里程与今同；沧州，“西距（河间）府百五十里”，今日里程亦近于此数。

这些例证表明，明代计步测里的道路里长与今市里相当。

（2）清代及民国初

清代道路里长就塞外而言，以清代驿道塞外段平泉至赤峰间道路为例：用民国元年《蒙古考察报告》[①]所记，从平泉经宁城境至赤峰古道里程为365里[②]，其路程今为350市里[③]。两相对比，至少可证晚清道路里长并不比今市里长，二者相当接近（只差4%）。此可证清代塞外道路并未应用大于今市里15%的所谓576米的清里长。

关内京师附近的道路里长，兹仅举清代更可靠的二例即可证明：①北京至承德间驿道里程（康、乾二帝数十次往返其间），《承德府志》

① 内蒙古社会科学院图书馆编：《内蒙古历史文献丛书》之九《蒙古考察报告》第五册第二部分，远方出版社2010年版。

② 同上书，第155页。

③ 赤峰市公路文通志编委会：《赤峰市公路文通志》，人民交通出版社1997年版，第77页。

卷七《疆域》称承德府治“西南至京师四百三十里”[①]，《中国交通旅游图册》等书中“河北省公路里程表”列其间为221千米[②]，即442里。二者间路径近乎相同，里程相差甚微（仅相差2.7%）。②北京至保定间的里程，《东蒙古纪行》记为292里，上述河北省公路里程表列其间里程147千米，即294市里。此大段道路里程清代与现代几乎相等。由此可见，清代道路实际使用的计步测里里长与今市里长相当。此类例证，可举更多，限于篇幅，不再赘述。

清代道路计步测里约500米的里长，实际即是计步测道路里程者以约1.4米或常人的步幅行360步的结果。所谓576米长的清“官里”，在道路里程上根本就未实行，或许只用于城墙测量等。

综上所述，既然学术界较普遍认为唐初前的“一步六尺”和唐初后的“一步五尺”相当，古代道路测里中实际使用的步幅（即普通人步幅或稍缩减至1.4米）是较稳定的，故可以只从步数多少来概括古代中国道路里长的演变，即唐初以前为300步（长430±10米）一里，后世可称为“小里”；唐初以后360步一里（长五百米左右），可称为“新里”。其中唐、北宋为新里、小里并行的过渡期。

下面对辽代里长作进一步探源。

三　辽代里长新考

史学界认为辽承唐制。在里制上也大体如此，但不是全部照搬。

从中国古代清以前历朝正史对里的长度皆未作明确详载来推断，历朝对里的精度和里制的推行皆不甚重视。辽朝也不例外，《辽史》中也不见辽里制和辽袭唐里长方面的任何记载。但从宋人使辽行记中可以看出辽里长的约略值。

---

① 承德民族师专《承德府志》点校组：《光绪朝重订〈承德府志〉校点本》，辽宁民族出版社2006年版，第488页。

② 《中国交通旅游图册》，人民交通出版社2007年版，第21页；另见《中国分省地图集》（大8开本），星球地图出版社2006年版，第9页；承德地区文化局：《辽中京至南京口外驿道调查》，《社会科学战线》1984年第1期。

（一）宋人使辽行记中的里是辽里

诸宋人使辽行记中皆未言及所记“里”是何种“里”。从宋使臣在辽境的礼仪语言规矩来说，宋人使辽行记中的里程，应是宋使从辽方接伴使、馆伴使或迎送的其他官员口中听得，路振、陈襄各自使辽行记中皆有这类例证。故宋人使辽行记中的“里”，应指“辽里”。

以往研究者多认为宋人使辽行记中的“里”是宋里。如1942年傅乐焕先生针对宋人使辽行记的里程，认为“宋里约小今里五分之一”[①]。《里长表》写宋里长561.6米，这两种说法不外乎宋小里、大里之别。许多专家以为使辽行记中所写辽境的里是宋里，究其原因是轻信了王曾使辽行记中“以马行记日影，而约其里数”的说法。

王曾使辽行记中所言“以马行记日影，而约其里数”，这是指用行马的日影长短变动量来估判时间，再乘以人骑马的行走速度（按每时辰所行里数）得出行进里程。由于在辽境行途中的宋使只能在心中估计日影之长（通常不会下马实测日影长度），如此估计出的行进时间本身就误差较大，更何况由于路况时有差异，马的行进速度也难稳定，这样估计出的里程，精度必然低。且该方法只能在晴天里使用，所有宋使也未必都会使用。长城以南辽驿道多有里堠，再向北无里堠路段间接伴使也可知驿馆间里程（这不是秘密）。个别宋使多疑，有意“以马行记日影，而约其里数”，用来核对里程。这也从一个侧面反映出，宋、辽虽友好相处多年，双方仍有敌意和较强的戒备心理。

从宋使入辽境后诸多相邻两驿馆间里程看，绝大多数能与今里程相合或基本相合。下面列出有三种行记可对照的已确认的辽驿道相邻两驿馆地（多为馆遗址，个别为馆所在古城镇）里程与今里程对照表（宋使入辽境后到中京这大段）：

出发驿馆	出发驿馆今地	当日到馆	路振《乘轺录》	王曾《上契丹事》	沈括《使虏图抄》	三种行记两馆间平均里程*	两馆地间今里程
注1							
新城馆	高碑店市新城镇	涿州永宁馆	60	70	60	63	60

① 傅乐焕：《辽史丛考》，中华书局1984年版，第82页。

续表

出发驿馆	出发驿馆今地	当日到馆	路振《乘轺录》	王曾《上契丹事》	沈括《使虏图抄》	三种行记两馆间平均里程*	两馆地间今里程
涿州永宁馆	涿州市	良乡县	60	60	60	60	60
良乡馆	北京房山区良乡镇	幽州永平馆	60	60	60	60	60
注2							
顺州馆	北京市顺义区	檀州馆	80	70	70	73	70
檀州馆	北京密云县	金沟馆	缺	50	50	50	50
金沟馆	密云水库区内东北部	古北馆	70	90	70	77?	60?
古北馆	北京市密云县古北口	新馆	60	80	70	70	70
新馆	滦平县平坊村	卧如馆	40	40	40	40	40
卧如馆	滦平县喇嘛洞南	柳河馆	60	70	70	67	70
柳河馆	滦平县红旗镇房山沟	打造馆	80	70	70	73	70
打造馆	隆化县韩麻营后海带沟	牛山馆	50	50	50	50	50
牛山馆注3	承德县头沟乡三块地沟	鹿峡馆	60	60	60	60	60
鹿峡馆	承德县东山咀荞麦地沟门	铁浆馆	80	90	80	83	90
铁浆馆	平泉县城北侧罗杖子村	富谷馆	80	70	60	70	70
注4							

说明：1. 因白沟驿馆址学术界无确指，故表中该行未列白沟驿至新城馆此一程。

2. 幽州（今北京）至顺州间有一驿馆，因此馆曾迁址（原称孙侯馆，迁址后改为望京馆），造成迁馆前后两驿程的不一，因此不能作三种行记相关里程的平均统计，故不列入此二程。

3. 此牛山馆至鹿峡馆间驿程为走近路过松子岭路径（《辽中京至南京口外驿道调查》①）。

4. 富谷馆至中京中间有一驿，即通天馆或长兴馆，因馆址目前有争议，故不列入。

* 古北口以南诸驿段今里程为笔者用中比例尺地形图量算。古北口以北诸驿段今里程采用《辽中京至南京口外驿道调查》一文的里数，其中另对鹿峡馆至铁浆馆间里程作了量算校正并括注。为方便对比，古今里程的精度相近。

---

① 承德地区文化局：《辽中京至南京口外驿道调查》，《社会科学战线》1984年第1期。

上表说明：从宋人使辽行记中两驿馆间里程精度只记到10里看（或受计步测里低精度的本身所限），可以使其最大偏差达正、负5里。宋使所记部分里程不一，偏多偏少者都有，为减少这些偏差的影响，采用三种行记所记两驿馆间里程的平均值与今里程对比。

上表中，14组两驿馆间的今里程，有12组（占86%）能与宋人三种行记里程平均值相合或基本相合；不相合者，仅2例（与今里差十分之一）。由此可推定，辽里与今市里很相近。

另有路振《乘轺录》记到中京城“幅员三十里”，与今考古界考定的该城周长31里基本相合。这些都表明宋人使辽行记中的“里”长或称辽里长确与今里长相当。

下面探讨这一里长的来源。

（二）辽代袭用北魏里长

436年，北魏“开辽海，置戍和龙”，对东北地区实行有效的政治、军事控制，因此，契丹、库莫奚部皆成为北魏政权的属部。同年，契丹部进贡，北魏也在和龙、密云之间设立榷场，打开交市的通道。479年，契丹为躲避高丽、柔然的侵袭，请求并获准内附北魏，入营州境。至此，契丹部完全成为北魏管辖之下的内附部落，并获得发展，直到北魏末年。①

契丹部在作为北魏属部和接受北魏管辖的前后约百年间，自然要使用北魏推行的长度合今28厘米的尺。北魏之后，继替的几个小国存世都不足30年，不可能影响到契丹部的尺度。隋朝虽然统一全国，但契丹仍独立存在，且隋朝存世只有37年，也不会干扰近邻契丹部使用的尺度。唐朝，在契丹、奚地实行由契丹、奚人治理的羁縻府州行政制度。由于唐朝自唐中叶始，对契丹、奚相关政策上的不当和边将对契丹、奚人的欺凌，导致这里长期战乱频仍，社会动荡，推行唐尺谈何容易？故终唐一代，契丹部应该一直沿用北魏的尺长。

唐朝道路的步里改制属于过渡期，步尺为“一步五尺”（官尺），300步的小里用于旧路，360步的新里用于新路，二者并行。唐亡，契丹人立国。辽人使用合今28厘米的尺长，袭用唐代的“一步五尺，三百六十

① 任爱君：《辽朝史稿》，甘肃民族出版社2012年版，第5—6页。

步一里”的里法，其步幅为1.4米，恰在普通人正常步长的范围内。理论上，以此步幅走出360步是今504米的长度，可写为500米左右。此辽里长与唐代360步（常态或稍微缩的步幅）的新里之长相当。这个里长金代沿用，元代虽有新官里颁行，但民间还是沿用辽金和南宋长500米左右的里长。明、清历朝的计步测里实际上都采用这种与今市里几乎相等的里长（前面已述）。辽代的道路和城建里长是统一的，与唐朝相比，是进步的。

四　结　论

“计步测里”在中国古代一直沿用，其精度低，采用普通人常态下或微缩的步幅。历代道路里长演变绝不像《里长表》那样有近20种变动。实际状况是，唐初以前约900年间“一步六尺，三百步一里”，里长为430±10米，后世可称为小里。

随着尺长的渐增，引发了隋唐时对步尺、步里的改制，改为“一步五尺，三百六十步一里”，里长是500米左右的新里，但在道路上旧里（小里）与之并行，至北宋中叶。这是里制改革的过渡期。

辽在里制上只继承了唐代360步一里的新里法，但保留了合今28厘米的北魏尺长，其里长504米左右；金代袭用辽里；南宋推行长约497米的浙里为官里。这类长500米左右的里长元明清沿用，一直到民国初期，且与今市里基本相合，并与1929年制定的150丈即500米为一市里的里制有相当好的衔接。

辽代宜州建置与其特殊地位

任仲书

宜州是辽朝政权建立过程中最早建立的州城之一。宜州在辽朝地方建制中占有重要地位，其政治、军事、经济、文化以及道路交通，不仅是辽代经济社会发展的重要因素，而且对于辽以后的社会发展有着亘要的影响作用。

一 宜州的建置

《辽史·地理志》载："宜州，崇义军，上，节度。本辽西累县地。东丹王每秋畋猎于此。兴宗以定州俘户建州。有坟山，松柏连亘百余里，禁樵采；凌河，累石为堤。隶积庆宫。统县二：弘政县。世宗以定州俘户置。民工织纴，多技巧。闻义县。世宗置。初隶海北州，后来属。"①该段文字的校勘记言："按《纪》，统和八年三月置宜州。《辽文汇》四《李内贞墓志》有宜州观察，《刘继文墓志》亦有宜州。卷七五《王郁传》称太祖时已有宜州。所属弘政县，为'世宗以定州俘户置'。盖因头下州而建置者。"②因此，《辽史·地理志》中关于宜州建置时间还值得认真探讨。另外，宜州所处的地理位置及宜州之前的建置演变也应进一步加以说明。

1. 宜州建置年代考察

据《辽史》记载，宜州建置有三种说法，一是太祖时已有宜州，《王

---

① 《辽史》卷39《地理志三》，中华书局1974年标点本，第487页。

② 同上书，第492页。

郁传》："从太祖平渤海，战有功，加同政事门下平章事，改崇义军节度使。"又"寻加政事令。还宜州，卒。"[①]二是《圣宗纪》所载，统和八年（990）三月，"辛丑，置宜州"[②]。三是《地理志》所言，"兴宗以定州俘户建州"。上述记载的宜州建置年代不一致，且时间前后的跨越也较长。

《辽史》中关于宜州的记载，还有《地理志三》黔州条："黔州，阜昌军，下，刺史。本汉辽西郡地。太祖平渤海，以所俘户居之，隶黑水提辖司。安帝置州，析宜、霸二州汉户益之。"[③]冯家昇言"穆宗谥曰孝安敬正皇帝，则安帝或即穆宗乎？"如为穆宗，则黔州置于穆宗时，而且是析分宜州、霸州汉户增加其人口。说明穆宗之前已建有宜州，并且宜州的人户也是较多的，或者说宜州早于黔州是没有疑问的。又载："统和中，制置建、霸、宜、锦、白川等五州"；[④]"圣宗开泰九年见霸、建、宜、泉、锦五州制置使。"[⑤]此说明圣宗时期已有宜州。

《武经总要》："黔州，虏王耶律德光初置，东北至望海峰五十里，东至显州五十里，东南至梁家务六十里，北至闾山县六十里。"[⑥]黔州晚于宜州而置，则宜州似应在太宗时已有之。

另据辽代石刻材料，亦有关于宜州建置问题的记载。其一，《刘承嗣墓志》：承嗣于天授皇帝天禄"二年（948），迁司徒。忝联邦教，有益时雍。奉宣宜霸州城，通检户口桑柘。"[⑦]向南在注释中已有言曰："辽志以为宜州兴宗以定州俘户建州，然据《王郁传》《王悦墓志》，及《王裕墓志》知太祖时已有宜州崇义军，辽志有误。"[⑧]查《王裕墓志》，裕在景宗时，曾"改授崇义军节度使、管内观察处置等使、崇禄大夫、检校太保，使持节宜州诸军事、行宜州刺史兼御史大夫、上柱国"等职位。裕

① 《辽史》卷75《王郁传》，第1241—1242页。
② 《辽史》卷3《圣宗纪四》，第139页。
③ 《辽史》卷39《地理志三》，第487页。
④ 《辽史》卷39《地理志》，第486页。
⑤ 《辽史》卷48《百官志》，第828页。
⑥ 《武经总要》前集卷22，北蕃地理。
⑦ 向南：《辽代石刻文编》，河北教育出版社1995年版，第48页。
⑧ 同上书，第51页。

子七人，其中三子琢为“崇义军衙内都将”；四子珏为“崇义军山河指挥使”；五子玉，“崇义军节院使”。[①]其二，《李内贞墓志》：“先娶殷氏女，有三子。后娶何氏女，生二男。”其中五子璟，“摄宜州观察判官”。[②]其三，《刘继文墓志》：“敕下宜霸二州，共营葬礼。”[③]其四，开泰六年（1017）《朝阳东塔经幢记》：“建、霸、宜、白川、锦等州制置使、金紫崇禄大夫、检校太尉、守左千牛卫上将军、知彰武军节度使事韩绍基施财。”[④]其五，《宋匡世墓志》：“府君讳匡世，字成绩，乃故榆州刺史太傅之子，今长庆军节度使太尉之弟，前宜州弘政县令员外之兄。”[⑤]其六，《韩椅墓志》：“寻授乾、显、宜、锦、建、霸、白川七州都巡检，再任章愍宫都部署，依前左监门卫大将军。”[⑥]

依上述记载及前人的研究，太祖时期建置宜州的判断是可信的。还有两点可作为补充，一是霸州、锦州、白川州等与宜州相邻，都是在辽政权建立之前或之初就已设立，只不过有的是私城，有的是斡鲁朵州。宜州最初也是私城，后又为斡鲁朵州，其设置时间至少也应在辽初。二是太祖二年（908），契丹“筑长城于镇东海口”，镇东海口长城即位于“今大连市甘井子区大连湾镇的南起盐岛北至土城子村南北横抵黄、渤二海大连湾与金州湾间的地岬长城”[⑦]。而且“镇东海口”就是这座辽代长城的“独立名称”，[⑧]契丹族将其作为出海通道，其势力已扩展至辽南地区。宜州位于辽西至辽东及辽南交通的通道上，因此，在镇东海口筑长城之前，契丹族早已占领了该地区。三是宜州所辖之地，有的就位于契丹族“故地”范围之内，与白川州相连接，是契丹族社会发展较快、与中原文化最为接近的地区，其建制亦不会晚于白川州，即在辽初也当有宜州设置。

---

① 向南：《辽代石刻文编》，第63—64页。

② 同上书，第54页。

③ 同上书，第73页。

④ 同上书，第149页。

⑤ 同上书，第180页。

⑥ 同上书，第205页。

⑦ 冯永谦：《辽代“镇东海口长城”调查考略》，《大连考古文集》第一集，科学出版社2011年版，第398页。

⑧ 同上书，第396页。

2. 宜州地理位置

宜州位于医巫闾山西麓，东与乾州、显州相连；南临锦州；西与兴中府、白川州为邻；北接成州。大凌河横贯境内，渤海湾直抵其前，松岭余脉层层叠叠，医巫闾山翠绿绵延。州治在大凌河南岸，即今辽宁义县县城所在地。宜州城东北隅有辽开泰九年（1020）修建的皇家寺院，名曰咸熙寺，金代改为奉国寺；西南隅有始建于乾统七年（1107）的广胜寺密檐式砖塔，这都是该城的显著标志。宜州所辖弘政县位于今九道岭镇复兴堡附近，闻义县在今七里河镇开州村。

《义县志》历代疆域："辽宜州崇义军（领弘政、开义二县）属中京道，距道四百八十里。"其四至八到："东至显州。东南到显州。西至霸州。西南到安昌（辽置，在锦州西，属锦州）。南至锦州。（东北、西北）到川州。北至川州。"①

《辽史·地理志》："徽州，宣德军，节度。……在宜州之北二百里。"②"成州，长庆军，节度。……在宜州之北一百六十里，因建州城。"③据此，亦可以判断宜州大体方位及其与周边州县地理位置关系。

《宜州大奉国寺续装两洞贤圣题名记》："自燕而东，列郡数十，东营为大，其地左巫闾，右白霫，襟带辽海，控引幽蓟，人物繁多，风俗淳古。"④宜州所辖地区是辽西重要区域，是中原经辽西进入辽东及东北地区的重要通道。在辽西傍海道开通之后，向东北亚延伸的廊道线路上，宜州亦是重要的节点和必经之地。《唐贾耽记边州入四夷道里考实》记营州入安东道地理考实言："营州西北百里曰松陉岭，其西奚，其东契丹，距营州北四百里至湟水，营州东百八十里至燕郡城，又经汝罗守捉渡辽水至安东都护府，五百里故汉襄平城也。"⑤其中燕郡城和汝罗守捉正是在今义县和北镇一带。

《武经总要》宜州条载："按《皇华四达记》：营州东北八十里，凡

---

① 《辽宁·义县志》，《中国方志丛书·东北地方·第十六号》，成文出版社有限公司1920年版，第205页。

② 《辽史》卷37《地理志一》，第448页。

③ 同上书，第449页。

④ 张安、刘谦：《锦州市文物志》，学苑出版社2005年版，第91—92页。

⑤ 《唐贾耽记边州入四夷道里考实》卷1，第7页。

九递至燕郡城，自燕郡东经汝罗守捉，渡辽州十七驿，至安东都护府，约五百里。今以契丹地图校，至东京五百二十里。”①

3. 宜州建置前的设置

“吾地自秦郡天下以来，为辽西之地；为辽东（无虑）之地。至汉始称县。厥后或属高丽，或隶营州（唐营州柳城郡，上，都督府，太宗元年置隶河北道，本辽西地也），或为州（辽置宜州，金元清俱为义州），或为卫（明为义州为。广宁后屯卫），或领县（辽领弘政、闻义，金领弘政、闻义、同昌），或附于道（辽属中京道），或辖于路（金属北京路，元属大宁路），或治于府（清属锦州府）。沿革互殊，亦因时规其制耳。”②又“义本辽宜州地，坟山松柏横亘百余里。溯其初为颛顼之旧墟，虞幽之边壤，汉无虑之属境，自唐遗有故城，此建置所伊始。”③《义县志》所载颇为简略，考诸其他文献记载亦进一步可知宜州建置前设置及归属。春秋时期，辽宜州地毗邻孤竹方国，至战国，燕将秦开东向却胡，拓地千余里，东北直到辽东（今辽宁辽阳北）。史载燕国“东有朝鲜、辽东”。④燕在其东北置有上谷、渔阳、右北平、辽西、辽东五郡。该地区属辽西郡，郡治在阳乐（今义县西）。秦统一六国，沿袭燕制，仍属辽西郡。《水经注》濡水下引东汉应劭《地理风俗记》云：“阳乐故燕地，辽西郡治，秦始皇二十二年置。”⑤西汉时置交黎县，为辽西郡东部都尉所在地。东汉改为昌黎县，与宾徒、徒河同时分属辽东属国。三国时期曹魏政权控制中原及以北广大地区，于其地废辽东属国，置昌黎郡，归幽州管辖。西晋时改昌黎郡属平州。东晋时期，北方为五胡十六国政权，辽宜州之地先后隶属于前燕、前秦、后燕和北燕，仍为昌黎郡。南北朝时期，鲜卑族拓跋氏建立的北魏政权统一北方，昌黎郡治迁至今辽宁朝阳市，为营州所辖。隋初，置燕郡（治所在今义县城内），隶属于营州。后置辽西郡，治所在辽西县（今义县石佛堡乡王民屯）。唐初在隋燕郡旧

① 《武经总要》前集卷22，北蕃地理。

② 《辽宁·义县志》，《中国方志丛书·东北地方·第十六号》，第155页。

③ 同上书，第351页。

④ 《战国策·燕策一·苏秦将为从北说燕文侯》，王守谦《战国策全译》，贵州人民出版社1992年版，第893页。

⑤ 陈桥驿：《水经注校证》，中华书局2007年版，第346页。

址建燕郡守捉城，初属营州，后改属安东都护府管辖。安东都护府设置之初，治所在原高句丽国都平壤城（今朝鲜平壤），威亨元年（670），“自平壤城移于辽东州，仪凤元年二月甲戌，以高丽余众反叛，移安东都护府于辽东城”。[①]辽东城亦即辽东郡故城，今辽宁辽阳市。其后又迁于新城，今辽宁抚顺北高尔山山城；玄宗时期，徙置于平州（今河北卢龙）；最后置于辽西故郡城（今辽宁北镇一带）。安史之乱后，藩镇势力强大难治，加之契丹、奚族的侵逼，唐中央对营州的统治鞭长莫及，肃宗上元二年（761）冬，平卢节度使侯希逸放弃营州，州治迁往青州（山东青州），安东都护府遂废止。这一变化说明辽西之地已不复为唐朝中央政权所掌控，就连割据幽州的刘仁恭父子，也未顾及曾经辉煌一时的边境重镇营州，因而辽西、辽东以至辽南广大地区很快就被契丹人轻而易举占有，并纳入州县管理体系，遂有宜州的设置。

二　宜州在地方建制中地位的特殊性

辽代地方行政区划分为府（州）县两级制。府有京府和蕃府，州有节度州、观察州、团练州、防御州和刺史州等不同层次。宜州为上节度州，与蕃府处于一个层级，自然具有重要地位。不仅如此，宜州还有其特殊性。

1. 宜州位于耶律倍家族领地内

耶律倍及其家族领地在医巫闾地区。宜州位于医巫闾地区范围之内，因而为其家族领地所属。其一，《辽史》所言：“东丹王每秋畋猎于此”，即耶律倍每年秋天都要到自己的领地宜州畋猎。其二，“闾州，罗古王牧地，近医巫闾山。”[②]罗古即娄古，耶律倍次子。罗古王在医巫闾地区也拥有自己的一块牧场，这是家族领地内部的划分，并得到国家认可。其三，耶律倍在医巫闾山绝顶建读书堂，市万卷图书藏于其中。耶律倍“通阴阳，知音律，精医药、砭焫之术。工辽、汉文章”，医巫闾山则是耶律倍读书、作画、研究医术的地方。其四，天显十一年（936），耶

---

① 《资治通鉴》卷202仪凤元年条下注，中华书局1956年标点本，第6378页。

② 《辽史》卷37《地理志一》，第450页。

律倍在后唐遇弑。大同元年（947），后晋被辽所灭。辽军北归途中，太宗病逝，耶律倍长子耶律阮于柩前即帝位，是为世宗。“世宗亲护人皇王灵驾归自汴京。以人皇王爱医巫闾山水奇秀，因葬焉。”[①]其陵曰显陵。耶律倍漂泊异国十余年，终于魂归故里，长眠于自己的封地内，因此这里又是他的墓地所在。实际上，在耶律倍及其家族的领地内，既有纵横驰骋的游猎区域，水草丰美的放牧场所，也有平坦辽阔的农耕土地；既有怡然自得的山顶读书堂，也有养性修身的宜州大佛寺。经过几代人不懈地开发与经营，医巫闾地区已是游牧文明与农耕文明、儒家文化与佛教文化、契丹习俗与汉人风情的荟萃之地。尤其是坐落于闾山脚下、宜州城内规模宏大的寺院，凸显了耶律倍家族崇尚佛教、弘扬佛法，彰显家族气魄的心理状态和精神境界。辽景宗以后，宜州已成为历代皇帝经常到访的地方，皇帝、皇室成员以及随行的大批官员经常在宜州举办大型的佛事活动，或经由此地到医巫闾山拜祭皇陵。

宜州是耶律倍家族领地内最早纳入国家管理体系的地方建制，反映了辽代中央集权制度的调整与加强。虽其如此，作为私人领地性质的影响力依然强大。

2. 宜州建有大内

所谓大内，是指皇帝宫殿或宫内库房。《旧唐书·德宗纪上》：“天宝元年四月癸巳，生于长安大内之东宫。”[②]韩愈：“今闻陛下令群僧迎佛骨于凤翔，御楼以观，舁入大内，令诸寺递迎供养。”[③]《刘承嗣墓志》载，刘承嗣于世宗天禄二年（948）迁司徒，“奉宣宜霸州城，通检户口桑柘”，四年，除兴州刺史，转太保。“始终宜州大内，又盖嗣晋新居。”[④]宜州并非辽的都城，何以有大内？向南先生分析原因有二：“一、宜州最早是耶律倍俘定州人户，在自己牧地上所建之私城；二、耶律倍生前为东丹王，地位与皇帝等，《契丹国志》云：‘先是，突欲镇东丹时，乃渤海国亦有宫殿，被十二旒冕，服皆画龙象，称制行令。’又

① 《辽史》卷38《地理志二》，第463页。

② 《旧唐书》卷12《德宗纪上》，中华书局1975年标点本，第319页。

③ 《旧唐书》卷160《韩愈传》，第4199页。

④ 向南：《辽代石刻文编》，第48页。

《地理志》亦记耶律倍徙居南京辽阳府，乃如帝制，‘城高三丈’，‘幅员三十里’，‘有八门’，‘宫城在东北隅’，‘大内建二殿’。宜州大内则为耶律倍在私城内所建。”[①]宜州有大内建筑，是耶律倍特殊身份使然。虽其如此，亦实属特殊，非一般节度州可比。

3. 为辽代地方州县所独有的皇家寺院

辽代佛教盛行，佛塔寺院是佛教传播和流行的依托，也是佛教盛行的重要标志之一。在辽朝疆域内，几乎节度州一级的地方州治都有塔寺建筑，尤其是中京道大凌河流域佛塔寺庙更为集中。然而，各地佛寺建筑的所属及规模却不尽一样，宜州佛寺建筑属于皇家所有，而且规模宏大，堪称典范。《大元国大宁路义州重修大奉国寺碑并序》：“辽江之西有山曰医巫闾，广袤数百里，凡峰开地衍，林茂泉清，无不建精舍以极工巧。去巫闾一驿许有郡曰宜州，古之东营，今之义州也，州之东北维寺曰咸熙，后更奉国。……观其宝殿崔嵬，俨居七佛，法堂弘敞，可纳千僧。”[②]这座由咸熙寺更名为奉国寺的皇家建筑，虽经后世几次维修，极为壮观，但初始之基础与规模亦远非一般寺院可比。现存辽代寺院建筑仅有3处，即辽宁义县奉国寺、天津蓟县独乐寺和山西大同华严寺。奉国寺即是其中之一。宜州以奉国寺为标志，既彰显了其在地方州县中的特殊地位，又扩大了自身的文化影响。

宜州之所以具有特殊地位和影响，主要原因是契丹政权特有的政治制度和辽太祖死后统治集团内部矛盾冲突所致。契丹族在建国前后，以耶律氏家族为核心的贵族首领都建有自己的领地和私城。耶律倍身为太子及东丹王，在对外征伐中多有战功，并且在契丹政权建设方面也多有建树，其领地选择在医巫闾地区，既符合其意愿，又与其地位相适应。因为医巫闾山虽然不是契丹族发祥地，但它是著名的五大镇山之一，在辽国境内也有广泛影响。在契丹族心目中，除木叶山外，医巫闾山则是人们拜祭最多的神灵之山。耶律倍虽然被立为东丹王，主政东丹国，但在太祖阿保机死后的皇权争夺中让位于耶律德光，遂又处于耶律德光严密监视的环境之中，因此为了尽量摆脱太宗的监视与控制，遂将东丹国的治理大权放手交

① 向南：《辽代石刻文编》，第51—52页。

② 张安、刘谦等：《锦州市文物志》，学苑出版社2005年版，第92页。

给臣下，回到自己的领地读书、畋猎，看似悠闲自得，实际是在规避可能的风险。宜州是耶律倍领地内最早的，也是当时唯一的州城建置，其大内建筑，既是耶律倍身份地位的象征，又是其内心的某种寄托。因此，宜州在耶律倍心目中是远离政治中心的理想之地，于其子孙而言是维系家族势力、传承家风的根基所在。所谓齐家、治国、平天下的儒家思想，对耶律倍家族也是有影响的。自景宗至天祚帝，皆为耶律倍的子孙，也就是辽中后期的政权被耶律倍家族掌控。因此，耶律倍家族自然就成为辽代第一大家族。耶律倍家族的发展壮大，绵延不断，虽然有诸多的因素，但宜州作为家族领地所发挥的功能与作用，则是其中之一，不可否认。宜州虽非都城，也非京府，其政治功能和社会影响亦不容小觑。

4. 宜州的战略地位

由于地理位置关系，宜州在辽代前期具有重要战略地位。一是太祖时期占有辽东，宜州是必经之地。二是辽对南部边境的防御，宜州与霸、建、锦、白川等州构成严密的防御体系。这道防线是在契丹南扩过程中相对于中原政权而沿大凌河流域建立的，既针对来自山东半岛至辽东半岛的海上威胁，更主要的是针对来自幽蓟地区军事力量的威胁。因此，宜州建置初期军事战略功能表现较为突出，既是扩张疆域的需要，同时也是将新占领的地区纳入防御体系的需要。辽朝领土的不断扩大，就是这种战略不断推进的结果。当宜州不再处于边防地带的时候，这种战略地位也就逐渐弱化。

宜州虽然是耶律倍家族领地，但随着辽政权巩固和中央集权体制的不断加强与完善，也逐渐纳入国家州县管理体系。也就是说宜州同样经历了由私城到国家行政州的转化。

三 宜州经济发展的特殊性

宜州地处大凌河流域，在辽朝政治、军事发展格局中，大体与建、霸、锦、白川以及乾、显诸州构成一个相互关联的整体，而在经济发展中，宜州也与相邻各州有较为紧密的联系，这从辽代地方机构设置和差遣地方官员可以得到印证。如在《辽史》及辽代墓志石刻当中经常出现

"建、霸、宜、白川、锦等州制置使"，"制置建、霸、宜、锦、白川等五州"，"乾、显、宜、锦、建、霸、白川七州都巡检"，"奉宣宜霸州城，通检户口桑柘"等记载。然而，仅就宜州经济发展考察，也是有其特殊性的。

（1）农业生产在契丹内地处于领先水平。宜州所辖大部分地区在建置前就属于契丹故地，其余则与之毗邻。契丹故地又是其最早的农业生产区域，当地农业生产水平与同时期唐朝统辖的营州大体相当，都是受到中原地区农业发展的影响。宜州建置之后，与大凌河流域其他府州连接在一起，形成了辽朝重要的农业产区之一，其生产水平是先进的。因此，宜州地区良好的农业基础对辽朝初期其他地区农业发展和农业产区的扩大起到了推动作用。

（2）宜州之地自北魏时就是中原通往契丹的通道，对于促进当地经济发展以及内外经济交流提供了有利条件。在义县城西9千米大凌河北岸开凿于北魏的万佛堂石窟中，有韩贞造像记。韩贞为昌黎（义县在北魏时属昌黎郡所辖）人，是北魏的尉喻契丹使，在出使契丹聚居区时，捐资参与了万佛堂石窟东区第五窟的凿造。在造像记中，有"契丹"一词出现，其曰："尉喻契丹使员外散骑常侍昌黎韩贞。"[①]造像记中"契丹"一词是最早将契丹族称为"契丹"的记载，同时也说明宜州之地是北魏政权与契丹人接触的必经之地，因为这里是距离契丹故地最近的地方。万佛堂石窟的开凿及北魏通往契丹道路的开通，使这里成为中原政权与北部边境地带少数民族交往重要地区之一，进而推动了该地区对外经济文化的交流与发展。宜州得地利之宜，有其特殊的经济发展因素，因而成为辽政权建立后重要的经济发展所依赖的区域。

（3）宜州的丝织业发展直接得益于中原汉人带来的生产技术。太祖时期，契丹大举南进，掠夺中原地区。"未几，文进引契丹寇新州。自是戎师岁至，驱掳数州士女，教其织纴工作，中国所为者悉备，契丹所以强盛者，得文进之故也。"[②]契丹南下从中原掳掠来的仕女，有被安置在宜州者，这些人也多从事织纴工作。在这些人当中，有的原来就从事纺织，

① 张安、刘谦等：《锦州市文物志》，学苑出版社2005年版，第87页。

② 《旧五代史》卷97《卢文进传》，中华书局1976年标点本，第1295页。

有熟练的织纴技术，亦如《辽史·地理志》所言，“弘政县。世宗以定州俘户置。民工织纴，多技巧”。[①]宜州是辽朝最早的丝织业基地之一。

四 宜州文化特色

宜州地方文化，是辽文化的重要组成部分，内容丰富，内涵深刻，既有包容性、延续性，也有独特性、开放性。宜州文化主要包含着农耕文化、游牧文化、契丹文化、汉文化、领地文化、私城文化、宫廷文化、儒学文化、佛教文化、建筑文化、艺术文化等，其中各种文化类型相互错杂糅莒，既表现出历史延续性，又表现出明显的地域特征。宜州文化最具代表性和影响力的应属于皇家寺院咸熙寺所承载的佛教文化以及特有的建筑和彩塑。

辽圣宗时期所建咸熙寺，以其“皇家寺院，佛祖道场”而闻名，寺院的建筑、雕塑、彩绘的巨大成就，既是佛教文化的典范，也是宜州文化的重要标志和象征。

咸熙寺主体建筑是大雄宝殿。大雄宝殿面阔9间，通长55米，进深5间，通宽33米，总高度24米，建筑面积1800多平方米。据专家研究，大雄殿造型厚重，斗拱粗犷硕大，屋檐平缓深远，既具唐代建筑遗风，又独具个性和风格。“大雄殿木构建筑，千年仍平直挺健，是我国建筑史一项极为光辉的成就。”[②]大雄殿具有历史意义的巨大建筑成就，代表了辽代的建筑水平，也反映了辽代建筑文化，赖于此，宜州得以扬名后世。

在大雄殿内檀砖筑佛台上，东西并列泥塑佛像7尊。七佛合座通高均在8.6米以上，面部圆润慈祥，皆正面端坐，披红色通肩袈裟，唯有各佛手印变化不同。在每尊主尊佛像的前面两侧，各塑有1尊胁侍菩萨，均在2.5米以上，姿态优美，服饰飘动流畅，面部表情、身体动作、衣纹飘带处理细致，表现含蓄。东西两侧各塑1尊天王像。“辽代七尊佛高大庄严，权衡匀整，柔逸俊秀，神态慈祥，极为壮丽。”[③]辽代泥塑水平可以

---

① 《辽史》卷39《地理志三》，第487页。

② 王飞：《辽代艺术杰作——义县奉国寺》，《中国文化遗产》2008年第3期。

③ 王飞：《辽代艺术杰作——义县奉国寺》，《中国文化遗产》2008年第3期。

此为例，得到证明。

大雄宝殿内保存建筑彩绘约2000平方米，主要绘于大雄殿梁架、斗拱内侧及内檐斗拱上，全部为辽代原作，其内容丰富，题材广泛。大殿内彩绘飞天在我国古代建筑彩绘中极为罕见，在建筑艺术史和美术史都占有极其重要的地位。宜州大雄宝殿建筑为中国古代木构建筑遗存最大者，大殿内保存至今的辽代佛像和建筑彩画是罕见的辽代艺术杰作，也是辽代留给后人的宝贵财富。

由于咸熙寺的规模和影响，至金代改称为奉国寺，以后各朝代又多有维修，致其声名远播，惠及广泛，进而奠定和巩固了宜州佛教文化重镇的地位。

除皇家寺院外，宜州文化的另一重要特色就是宫廷文化。宜州大内设有官属，有一套严格的管理制度，由此衍生繁杂细致的宫廷文化。宜州大内宫廷文化与皇帝所居的宫廷文化既有诸多相似之处，也有明显的差异存在，其主要原因是主人的地位决定的。宜州是缩小了的都城，宜州大内也是皇宫的模仿。辽代宫廷文化的主要特点是行宫文化，即捺钵文化。宜州大内的宫廷文化具有明显的中原文化特征。虽然耶律倍不敢张扬，更不敢有僭越行为，但是严格的宫廷制度，复杂的宫廷文化，依然需要生活在其中的不同身份的人必须严格遵守和努力适应。这里是远离皇帝的宫廷，因素复杂，变化多端，因此，这里的所谓宫廷文化在辽代独有其特殊意义。

宜州是辽代较早的地方建制，由于最初为人皇王耶律倍私城，为其领地的重要组成部分，因此与其他地方建制比较，有诸多特殊因素。宜州既远离都城上京临潢府，又与东丹国首府辽阳保持一定距离，耶律倍经常来此居留，也是避免引发政治上矛盾冲突的一种选择。此其一。其二，耶律倍家族就在这一地区兴盛起来。这里山川俊秀，原野肥沃，文化发达，为其家族的居住、生活以及往来祭祀、游猎等提供了一切必备的条件。耶律倍家族领地是辽代最大、最有影响的家族领地。其三，宜州佛教文化上承北魏万佛堂，其自身以咸熙寺而闻名，后为奉国寺而一直传承。宜州，辽之重镇也。

关于契丹制字的一则补注

聂鸿音

史籍中关于契丹大字的最早记载见王溥《五代会要》卷二九《契丹》：

> 契丹本无文记，唯刻木为信，汉人陷番者以隶书之半，就加增减，撰为胡书。①

《新五代史》卷七二《四夷附录》所记大略相同：

> 至阿保机，稍并服旁诸小国，而多用汉人，汉人教之以隶书之半增损之，作文字数千，以代刻木之约。②

作为契丹造字依据的汉字“隶书”最初被理解为“汉隶”③，字面意思大约是“汉代的隶书”，其后几乎所有的研究者对此都持默认态度。然而，迄今我们见到的契丹大字石刻字体都是唐楷，完全不见传统隶书的风格。另外众所周知，现存文字与契丹文最接近的是约200年后创制的女真文，其造字依据在史书里直接称作“汉人楷字”，见《金史》卷七三《完颜希尹传》：

---

① 《五代会要》卷29《契丹》，上海古籍出版社1978年点校本，第457页。

② 《新五代史》卷72《四夷附录》，中华书局1974年点校本，第888页。

③ 陈述：《契丹史论证稿》，北平研究院，1948年，第110页。

希尹乃依仿汉人楷字，因契丹字制度，合本国语，制女直字。①

上述史料表明，“隶书”在当时一些人的心目中不过是“楷字”的别称，这与现今书法界的一般概念不同。进一步说，它不是指汉魏时代那种“蚕头燕尾”的波磔笔法，而极有可能是指唐代以后在小官吏和下层知识分子中流行的“俗体楷字”，例如辽人墓志里有“来”“将”“荅”“万”“弃”“尘”“国”“床”“会”等契丹大字，这些字在辽代僧人行均于997年编成的《龙龛手镜》中都可以找到相同的汉字楷书俗体②。以下试以此为出发点，就“隶书”一词在当时人们心目中的实际含义略作补证。

后世又称为“八分书”的隶书发端于秦，盛行于汉魏，自南北朝以后逐渐脱离了人们的日常生活，仅作为书法艺术偶然用于碑碣，如西安碑林内唐玄宗所书“石台孝经”。在唐代以后的记录里，“隶书”与“八分”两个词的所指开始有了区别，例如《唐六典》卷十“校书郎、正字”条下附注：

字体有五：一曰古文，废而不用；二曰大篆，惟于《石经》载之；三曰小篆，谓印玺、旛旐、碑碣所用；四曰八分，谓《石经》、碑碣所用；五曰隶书，谓典籍、表奏及公私文疏所用。③

很明显，这里的“八分”与“隶书”形成了对立：前者指的是真正意义上的隶书，而后者指的肯定是当时官府和民间日常使用的楷书。与此相似，孙过庭在《书谱》的序言里评论钟繇（元常）、张芝（伯英）和王羲之（逸少）的书法时说：

元常专工于隶书，百（伯）英尤精于草体，彼之二美，而逸少兼

① 《金史》卷73《完颜希尹传》，中华书局1975年点校本，第1684页。

② 聂鸿音：《契丹大字解读浅议》，《民族语文》1999年第4期。

③ 李林甫等：《唐六典》，陈仲夫点校，中华书局1992年版，第300页。

之。拟草则馀真，比真则长草。虽专工小劣，而博涉多优。[①]

钟繇被《宣和书谱》推为“正书之祖”，存世法帖虽然系后人摹本，但均为正楷，由此可知“元常专工”的那种“隶书”实际上也是楷书。

至于“隶书”的命名缘由，最权威的解释见许慎《说文解字叙》：

秦烧灭经书，涤除旧典，大发隶卒，兴役戍，官狱职务繁，初有隶书，以趣约易，而古文由此绝矣。[②]

《晋书》卷三六载卫恒《四体书势》也说：

秦既用篆，奏事繁多，篆字难成，即令隶人佐书，曰隶字。[③]

这里说的“隶”是指“皂隶”，即官府里的低级办事人员。可想而知，当年帮助设计契丹大字的“汉人陷番者”当然不会是朝廷重臣，而仅仅是周边国家的一些民间知识分子，他们惯用的书体正是当时称为“隶书”的楷书。

顺便说，在晚些时候，“隶书”和“八分书”的概念趋于混淆，后者也用来指楷书。例如《宋史》卷四八五《夏国传上》对西夏字的描述：

元昊自制蕃书，命野利仁荣演绎之，成十二卷，字形体方整类八分，而画颇重复。[④]

存世的西夏字典都用楷书写成，则这里的“八分”实指楷书大约也是没有疑义的。

---

① 孙过庭：《书谱》，文渊阁“四库全书”本，第1—2页。

② （汉）许慎：《说文解字叙》，中华书局1963年影印本，第315页。

③ 《晋书》卷36《卫瓘附子恒传》，中华书局1974年点校本，第1064页。

④ 《宋史》卷485《夏国传上》，中华书局1976年点校本，第13995页。

关于若干契丹字的读音*

吉如何

一 引 言

契丹语非汉语借词的解读，可谓契丹文研究中难度最大的一项。尽管如此，通过几代学者的艰辛努力，学界已成功解读了包括数词、方位词、亲属称谓、春、夏、秋、冬等一部分词语。然而还有成千上万契丹语非汉语借词有待破解。本文利用新近发现的契丹文资料，参考契丹语亲属语言资料，将对若干契丹小字（下称“小字”）原字与契丹大字（下称“大字”）的读音做进一步考察，提出自己的看法，以求教于诸位方家学者。

二 若干小字原字与大字的读音

（一）关于小字原字圥与圡

原字圥的出现频率不高，小字文献中只见拼用之例，而未见单用之例。该原字通常出现于词首，多与为 出、为 艾等共处，例如：圥为出、圥为出朩、圥为艾等。其中，圥为出出现于小字《圆铜镜》①，有学者解读其为“恶”，给开头

* 本文为教育部人文社会科学研究青年项目《契丹大字传世文献整理研究》（14YJC740034）、教育部人文社会科学研究项目“契丹文释读与契丹语词汇研究”（13YJA740059）及内蒙古自治区民委科研项目“契丹文释读成果转化与辽上京地区契丹辽文化产业发展研究”（MW-YB-2015021）之成果之一。本文获得教育部哲学社会科学重大课题攻关项目《契丹、女真传世文献整理与研究》（14JZD036）资助。

① 镜背铸小字7行，共28字，是一首七言绝句诗，实物现存韩国国立中央博物馆。

原字做假定性拟音mag[①]。[契丹字]的同根词[契丹字]见于契丹文谚语[契丹字]“积善之家必有余庆（福），积不善之家必有余殃”（《耶律兀没副部署墓志铭》35）中，也有学者将其释作“不善”[②]，但对其开头原字[契丹字]的字音未作说明。从这条谚语看，[契丹字]的“恶、不善”等义是能够落实的。

[契丹字]也表示人名，如：萧太山长女（小字《萧太山与永清公主墓志铭》14）之名为[契丹字]。新发现小字《萧查剌相公墓志铭》（下称“小字《萧查剌》”）中[契丹字]分别表示志主萧查剌相公次妻和长女之名（《萧查剌相公墓志铭》17、19）。据汉文《萧查剌相公墓志铭》（下称“汉文《萧查剌》”）的记载，萧查剌相公长女之名为“毛旦”[③]。由此可知，“毛旦”即为人名[契丹字]之音译。汉字“毛”的中古音为mau，“旦”的中古音为tan[④]，二字合读为mautan，故契丹字[契丹字]亦可读作mautan。根据以往研究成果，可知[契丹字]的第二原字[契丹字]读作a[⑤]，末尾原字[契丹字]读作-n[⑥]，即[契丹字]读作an。据此，我们可以推知开头原字[契丹字]读作maut ~ mod。新近发现辽代汉文墓志《耶律君宁墓志铭》中出现的人名“末旦”[⑦]与“毛旦”读音非常相似，应当为同名之不同音译。

《蒙古秘史》中对于中古蒙古语“歹（恶）”之用法有较为详细的记载，可以举几个例子为如下：

---

① 爱新觉罗·乌拉熙春、吉本道雅：《韓半島から眺めた契丹·女真》，日本京都大学学术出版会2011年版，第130页。

② 即实：《谜田耕耘——契丹小字解读续》，辽宁民族出版社2012年版，第308页。

③ 该墓志铭出土时间、地点及收藏地均不详。2014年8月，刘凤翥在“第二届契丹学国际学术研讨会”上发表契丹文、汉文抄本及拓本照片，后来在《赤峰学院学报》2015年第1期发表其拓本及释文。

④ 李珍华、周长楫编撰：《汉字古今音表》（修订本），中华书局1999年版，第272、200页。

⑤ 清格尔泰、刘凤翥、陈乃雄、于宝林、邢复礼：《契丹小字研究》，中国社会科学出版社1985年版，第64页。

⑥ 刘浦江、康鹏：《契丹名、字初释——文化人类学视野下的父子连名制》，《文史》2005年第3期。

⑦ 邵国田、刘宪桢：《汉文〈耶律君宁墓志铭〉和〈耶律延□墓志铭〉考释》，韩国《北方文化研究》总第5期，2014年。

① 07:31:07 čakir_ma′ut gur= čü　　② 07:32:06 čakir_ma′ud-a ča

③ 03:18:06 maγu　　④ 01:21:08 maγui

⑤ 07:11:09 maγutan

其中，例① čakir_ma′ ut和例②之 čakir_ma′ ud为复合词，其旁译注释均为“地名”。例③maγu和例④maγui的旁译注释均为“歹”。其中，maγu性、单数，maγui为阴性、单数。例⑤maγutan的旁译注释为“歹每有”，表示“歹”的复数，现代蒙古语中maγutan是指“品质不好的人（复数）”。蒙古族人名中普遍存在（maγu öxin，歹姑娘）、（maγu noxai，歹狗）之类的名字。这些名字体现了蒙古人为子女取名时的辟邪心理。契丹语与中古蒙古语maγutan“歹（恶）”的读音较为接近，可能为同源词。二者的相似之处或许反映了契丹人和蒙古人命名习俗的相似之处。

与字形相近的原字有，其在、、等字的拼写中出现，是一个较为少见的原字，学界尚未对其进行释读。小字《萧查剌》第20行出现，为萧查剌相公次子宜孙郎君次子之名。据我们考察，汉文《萧查剌》中所记载萧查剌几位孙子中“鹘洒”即为。“鹘”的近代音为ku，中古音为kuət，或近代音为hu，中古音为γu ĕt[①]，“洒”字之繁体字“灑”的中古音为ʃa[②]。二者合起来读为kuʃa或huʃa。已知，原字读作a。由此，据“鹘洒”的中古音和近代音，结合中期蒙古语语音特征，可将原字拟音为kuʃ或huʃ。《耶律玦墓志铭》第4行出现，为耶律玦四世祖之名。其中早已被学界解读为“解里”，结合上述解读情况，我们可将释读为“鹘洒解里”。与契丹小字原字字形相同的女真字有，女真文二字表示汉语借词“学”，其读音为xia au[③]。其中，读作xia，与原字在形与音方面或许存在一定的联系。

据以上解读情况，可知原字与虽字形相近，读音却相去甚远，二者不是异体字。

① 李珍华、周长楫编撰：《汉字古今音表》（修订本），中华书局1999年版，第195—196页。

② 同上书，第315页。

③ 道尔吉、和希格：《女真译语研究》，《内蒙古大学学报》（哲学社会科学专刊），1983年总第43期。

（二）关于小字原字□

□是一个常见原字，多出现于词首与词中，有两处单独使用之例。其中，□出现于词首的例子有：□、□、□等，词中出现的有□、□、□等。对于□的读音，有学者曾给予bəl的拟音①。小字《萧查剌》第20行出现人名□，在汉文《萧查剌》中记作“烏里懶”。“烏”的中古音读作u，“里”的中古音读作lǐə，近代音为lǐ，“懶”的中古音读作lɑn②。为此，“烏里懶”可以读作ulǐəlɑn ~ ulilɑn或urilɑn（若“里”记录ri音）。

□的开头原字□为一个常用原字，除通常出现于合成字的拼写，也有单用的情况。20世纪70年代，契丹文字研究小组把小字《宣懿哀册》之□ □ □，解读为“金乌”，并提到□ □与女真语的“哈哈”有关系。然而受制资料的匮乏与时代的所限，他们把《故耶律氏铭石》第18行之□ □ □误认为“混同郡”，对原字□拟音为hun ~ hɑ③。后来，有学者对□ □拟音为hɑhɑ ~ hehe④。随着，契丹文新资料的陆续出土，原字□在契丹人名□的拼写中出现，为解读其读音创造了有利的条件。□表示“朔”，汉文墓志中与之对应的人名有“讹里本”“乌卢本”。据此，学界对其读音有了g、γ，ul等拟音。最近，有学者把小字《大契丹国广陵郡王墓志铭记》第4行□ □ □ □ □解读为“丹国圣汗乌鲁古之”，把《圆铜镜》出现的□解读为“学”，对□拟音为ur⑤。笔者认为，□读作ur比较可靠。对此我们还可以提供一些佐证，如□ □表示“乌鸦”，□的读音为h ~ g，对此学界也无异议，若□读作ər的话，□ □的读音为hər ~ gər。这与蒙古语“乌鸦”的读音hərə:非常相近。对于□、□表示“第五”学界

① 爱新觉罗·乌拉熙春：《契丹语言文字研究》，京都大学东亚历史文化研究会2004年版，第19页。

② 李珍华、周长楫编撰：《汉字古今音表》（修订本），中华书局1999年版，第97、62、219页。

③ 契丹文字研究小组：《关于契丹小字研究》，《内蒙古大学学报》1977年第4期（契丹小字研究专号）。

④ 刘凤翥：《契丹小字解读再探》，《考古学报》1983年第2期。

⑤ 爱新觉罗·乌拉熙春、吉本道雅：《韓半島から眺めた契丹·女真》，日本京都大学学术出版会2011年版，第129页。

没有异议，已知前三个原字分别为ta、t^h、ʊ，合起来可读作ta-t^h-ʊ，若末尾原字读作ər～ʊr的话，合起来读作ta-t^h-ʊ-ər～ta-t^h-ʊ-ʊr，这与中古蒙古语“第五”的读音tawt^{h}ʊar～tabt^{h}ʊgar非常接近。此外，《耶律抄只墓志铭》[①]第13行之[illegible]可以解读为“友人年幼时学诗文”。《萧胡睹堇墓志铭》第10行之[illegible]可以解读为“汉字（文）□学（教）”。此处，[illegible]和[illegible]均表示“学”，分别读作sʊrgaar，sʊrgaa（b）ai。据此，原字**北**的音值可拟作ər～ʊr。

据以上情况，我们可以将[illegible]读作ʊriəlgaan～ʊrilgaan，将把原字**冊**读作əl～il。据此，《许王墓志》48行所见人名[illegible]亦可释读为“烏里懶”。另外，与**冊**字形相近原字有**冊**，学界已对**冊**拟音为li或ir。目前看来虽然二者读音较为接近，然而组合形式不大一样，应该不是异体字。

（三）关于小字原字付的读音

20世纪70年代，契丹文字研究小组把《故耶律氏铭石》第11行的[illegible]正确解读为“兵马都监”，并给原字**付**拟音为b[②]；后来，有学者将**付 乂才 公叐**（《萧令公墓志》24）释读为人名“卜家奴”[③]。还有学者将**六丰 付 公叐**（《韩氏夫人墓志》15）解读为人名“大比奴”[④]。小字《萧查剌》第20行出现了人名**令丰 付 公叐**，汉文《萧查剌》中将其记作“大悲奴”。其中，**付**是以单体字形式出现，为汉字“悲”的音译。“悲”的中古音为pi，近代音为pui[⑤]。据此，我们参考字“悲”中古音与近代音，并考虑到原字**付**可以单独使用，可将其的音值拟

① 刘凤翥将其命名为《耶律慈特·兀里本墓志铭》，即实命名为《夸勒本墓志》。

② 契丹文字研究小组：《关于契丹小字研究》，《内蒙古大学学报》1977年第4期（契丹小字研究专号）。

③ 即实：《谜林问径——契丹小字解读新程》，辽宁民族出版社1996年版，第95页。

④ 刘凤翥、清格勒：《契丹小字〈萧特梅·阔哥驸马第二夫人韩氏墓志铭〉考释》，《金啓孮先生逝世周年纪念文集》，日本东亚历史文化研究会，2005年，第191—197页。

⑤ 李珍华、周长楫编撰：《汉字古今音表》（修订本），中华书局1999年版，第42页。

作pi ~ pui。

（四）关于小字原字圣

原字圣表示“二”，早已被学界熟知。学界最初根据蒙古语hoyar，为圣拟音为hyɑ，后来，清格尔泰根据表示“第二”的词根朩 化的读音，推断圣的音值为ʧur。小字《萧查剌》20行出现人名圣 夂，汉文《萧查剌》中记作“只里姑”。圣 夂的末尾原字夂已被解读为ku①，uku②。由此看来，圣与“只里”对应，其读音ʧur能够得到落实③。

（五）关于小字原字卆

原字卆多在合成字中出现，在词首与词中使用较为频繁，有两处单用之例。常用之例有：卆为出、卆丙、卆为、卆小业卆等。其中，卆为出出现于小字《萧查剌》20行，是萧查剌次子宜孙郎君次女之名，汉文《萧查剌》中将其记作“胡懒”。“胡”的中古音为ɣu，近代音为hu，“懒”的中古音为lan④。据此，卆为出可读作ɣulan，其中，为 出读作an，前已述及。故可知原字卆应读作ɣul。据蒙古文献记载成吉思汗一位贵妃名为ᠬᠤᠯᠠᠨ/xʊlan，其读音与契丹语卆为出比较相近，二者可能为同源词。

（六）关于小字原字仈

原字仈既可以单独使用，也可以拼用。常用之例有：又 夬行 仈 兮丛、券 仈 兮丛、公火 仈叐、仈平夲为、仈平夲丙、仈平夲丛等。即实将公火 仈叐（《耶律韩迪烈墓志》20）解读为“内库”⑤。

---

① 即实：《谜林问径——契丹小字解读新程》，辽宁民族出版社1996年版，第443页。

② 傅林：《契丹语和辽代汉语及其接触研究——以双向匹配材料为基础》，博士学位论文，北京大学，2013年，第72页。

③ 《蒙古秘史》中“两箇”的读音记作“只舌鄰”，与契丹语“二”读音相近。

④ 李珍华、周长楫编撰：《汉字古今音表》（修订本），中华书局1999年版，第96页。

⑤ 即实：《谜田耕耘——契丹小字解读续》，辽宁民族出版社2012年版，第153页。

据本人的考察，原字仉与几交替使用，例如：

（《耶律韩迪烈墓志》13）

大安　中侍卫?　授　夜　日　官　补

（《韩高十令公墓志》14）

廿　四于　侍卫?　授　印　牌司之郎君　补

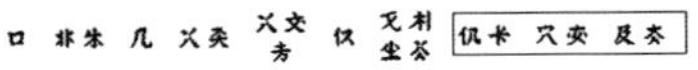（《大辽国尚父于越宋王墓志铭》58—59）

那　时于　人　均　□　□　□　侍卫?授

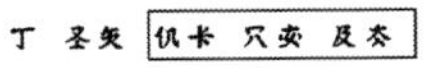（《耶律韩迪烈墓志》12）

廿　二于侍卫?授

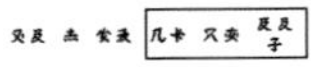（《南赡部洲大辽国故迪烈王墓志文》12）

长　王　五　侍卫?　授

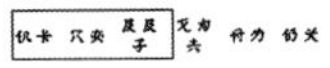（《萧图古辞尚书墓志铭》7）

侍卫?　授　郎君　子　补

据此我们可以看出，原字仉与几在固定组合中多次互换使用，表明二者读音相近。因此，我们可据原字几的读音，将仉读作ku。

（七）关于小字原字北与大字日、垂、朿

原字北为一个常用原字，其拼用之例居多（词首、中、尾均出现），还有少数单用之例。有学者解读口北伏为“忒隣”，认为北读作əl[①]。大字《留隐太师墓志铭》第4行出现身日夯垂朿。据以往研究大字身与小字原字口，大字日与小字原字北，大字与小字原字伏一一对应，故可推知大字身日夯与小字口北伏对应。已知小字口表示远距离指示代词，读作tə[②]，小字伏读nə[③]。因此，若能解读大字日就可以敲定原字北的读音。新发现资料中出现身州夯垂朿，大字州与日互换使用，为解读大字日和原字北创造了

① 爱新觉罗·乌拉熙春、吉本道雅：《韓半島から眺めた契丹・女真》，日本京都大学学术出版会2011年版，第7页。

② 吴英喆：《契丹小字指示代词考释》，《中西文化交流学报》2013年第1期。

③ 清格尔泰、刘凤翥、陈乃雄、于宝林、邢复礼：《契丹小字研究》，中国社会科学出版社1985年版，第153页。

条件。大字州对应于小字原字水[1]，由此，水 =州=日=北。小字原字的读音早已被学界解读为l[2]。因此，鉴于小字北可以单用的情况，我们可为大字日和小字原字北拟音为li。由此看来，将仪北释作“忒隣”可以成立。

另外，鉴于仪北 圭圭买“忒隣可汗”常见于小字资料，可以推知大字身日斧 圣朩和身州斧圣朩均表示六部奚之“忒隣可汗”。大字圣朩与小字圭圭买对应，表示契丹民族语词“可汗”。而大字皇帝对应于小字主 王，表示借入契丹语的汉语借词“皇帝”。大字《永宁郡公主墓志铭》第22行还出现皿 圣，二者一起表示“房可汗”。与其语义相同的记载还见于小字文献，如曲父 圭（《耶律玦墓志铭》17、23）。由此可知，圣朩与圭圭买的对应关系应为：圣＝圭，读作qa～xa，朩＝圭买，读作γan。

三 结 语

本文在前人研究基础上，利用新近发现的契丹文资料，参考契丹语亲属语言资料，对若干小字原字和大字进行解读，做了如下拟音：

契丹小字原字：出maut～mod，土kuʃ或huʃ，冊əl～il，付pi～pui，圣ʧur，平γul。

仉ku，北li；

契丹大字：日li，圣qa～xa，朩γan。

从出和平的解读，我们能够了解契丹人与蒙古人在命名方面也存在相似之处，其中，契丹语出mautan与中古蒙古语maγutan，契丹语平γulan与中古蒙古语xŪlan可能为同源词。

① 刘凤翥、唐彩兰、清格勒：《辽上京地区出土的辽代碑刻汇辑》，社会科学文献出版社2009年版，第431—432页。

② 清格尔泰、刘凤翥、陈乃雄、于宝林、邢复礼：《契丹小字研究》，中国社会科学出版社1985年版，第60页。

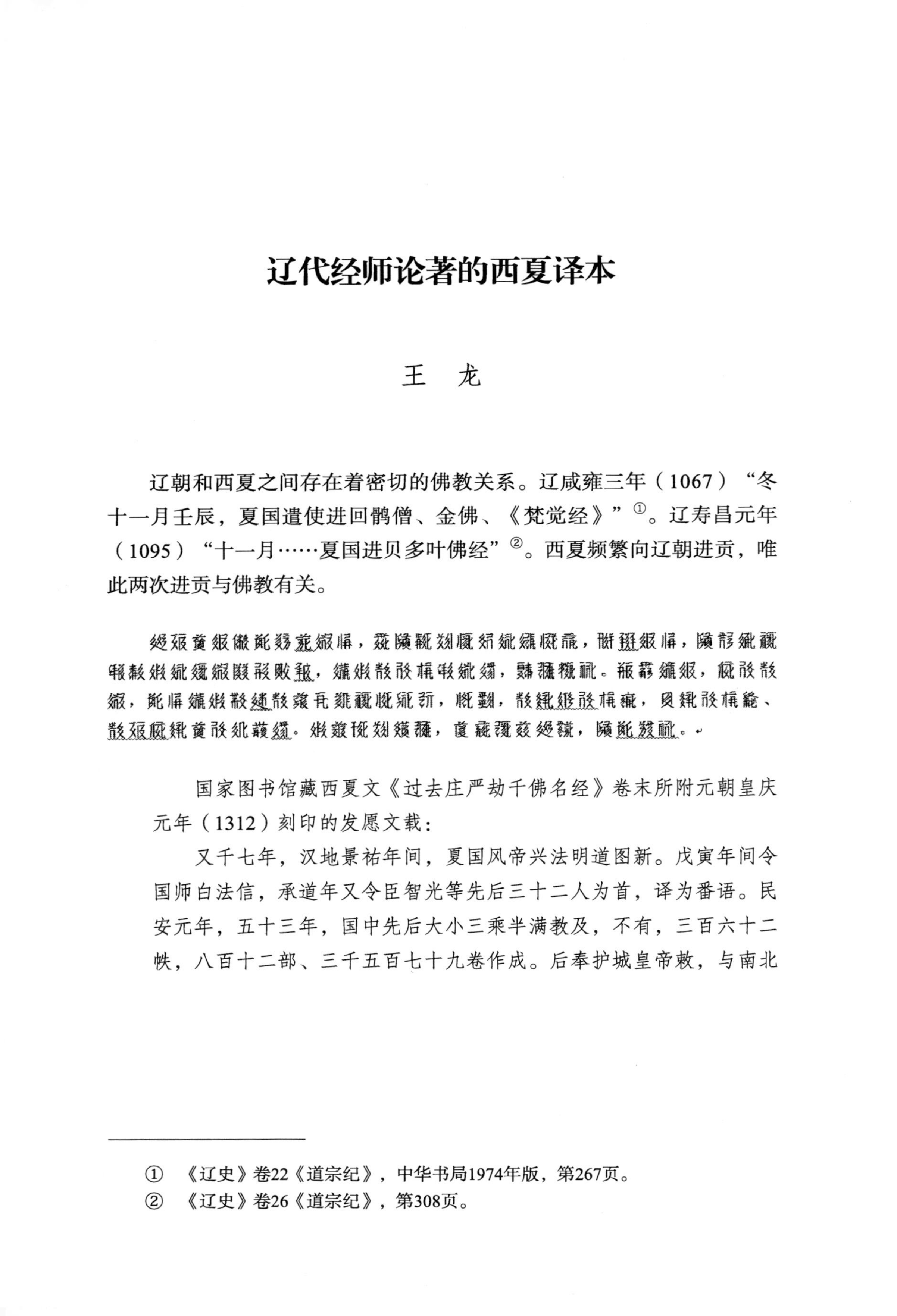

辽代经师论著的西夏译本

王　龙

辽朝和西夏之间存在着密切的佛教关系。辽咸雍三年（1067）“冬十一月壬辰，夏国遣使进回鹘僧、金佛、《梵觉经》”[1]。辽寿昌元年（1095）“十一月……夏国进贝多叶佛经”[2]。西夏频繁向辽朝进贡，唯此两次进贡与佛教有关。

[illegible]

国家图书馆藏西夏文《过去庄严劫千佛名经》卷末所附元朝皇庆元年（1312）刻印的发愿文载：

又千七年，汉地景祐年间，夏国风帝兴法明道图新。戊寅年间令国师白法信，承道年又令臣智光等先后三十二人为首，译为番语。民安元年，五十三年，国中先后大小三乘半满教及，不有，三百六十二帙，八百十二部、三千五百七十九卷作成。后奉护城皇帝敕，与南北

① 《辽史》卷22《道宗纪》，中华书局1974年版，第267页。

② 《辽史》卷26《道宗纪》，第308页。

经重校，令国土茂。[①]

此处“护城皇帝”即“西夏仁宗皇帝仁孝”，[②]“南经”当指北宋的《开宝藏》，陈爱峰和杨富学二位先生认为“北经”当指辽于1062年刻《契丹藏》，并非金刻《赵城藏》。[③]这条珍贵的史料真实地印证了西夏与辽朝的佛教文化交流的事实。

二

辽代佛教，义学繁盛。华严、唯识最为发达，足称辽代佛教之两大支柱。而民间层面，祈福消灾，端赖持咒，密教之盛亦不减二学。以华严会通密法乃辽代佛学之新趋向。相对于周边的族群，西夏佛教发运较晚，故而明显受到周边佛教之影响，形成了吸纳性、融合性之特色。汉、回鹘、吐蕃、辽、金佛教皆在西夏佛教中留下过自己的影子。[④]关于黑水城文献中辽代刊本和辽代高僧著述的研究，学界成果丰硕，当然，这一发现也为辽夏佛教交往提供了新的佐证。

此前，竺沙雅章先生在《黑水城出土の辽刊本について》中率先介绍了黑水城文献中有多种辽代刊本，同时指出黑水城文献中也有相当数量

① 西夏文《过去庄严劫千佛名经》发愿文刊布于宁夏大学西夏学研究中心、国家图书馆、甘肃五凉古籍整理研究中心编《中国藏西夏文献》第6册，甘肃人民出版社、敦煌文艺出版社2005年版，第56—59页，编号B11.052［1.16］。史金波在《西夏文〈过去庄严劫千佛名经〉发愿文译证》（《世界宗教研究》1981年第1期）中的译文在收入《史金波文集》时稍有改动，详见《史金波文集》，上海辞书出版社2005年版，第325—326页。本译文摘引自聂鸿音《西夏文〈过去庄严劫千佛名经〉发愿文中的两个年号》，《固原师专学报》2004年第5期；孙伯君：《元刊河西藏考补》，《民族研究》2011年第2期。

② 李范文：《西夏皇帝称号考》，载李范文《西夏研究论集》，宁夏人民出版社1983年版，第85页。

③ 陈爱峰、杨富学：《西夏与辽金间的佛教关系》，载杜建录主编《西夏学》第1辑，上海古籍出版社2006年版，第31—35页。

④ 冯国栋、李辉：《〈俄藏黑水城文献〉通理大师著作考》，《文献》2014年第3期。

的辽代僧人的著述。[①]此后，这一现象受到了学界的普遍重视，宗舜先生撰写了系列文章，主要是通过对《俄藏黑水城文献》（汉文部分）中大量佛教文献的误定重名，发现此部分文献中有辽代僧徒的著作，如题为《龙论》的抄本，其实是辽法悟所著《释摩诃衍论赞玄疏》卷二中的内容。[②]冯国栋和李辉二位先生有两篇文章，综合考察了《俄藏黑水城文献》中辽道、通理大师和郎思孝的作品，并提醒学界注意这些著作对研究辽代和西夏所流行的华严宗派以及它们之间的传承关系的价值和意义，这些著作的发现为我们进一步理解辽夏佛教关系提供了资料。[③]索罗宁先生在1998年发表《西夏禅宗佛教与圭峰宗密》一文以来，[④]西夏禅宗文献开始日益受到学界关注。此后的十年间，相关存世资料得到研究的已经近半，禅宗在西夏的流传脉络也日见清晰。[⑤]索罗宁指出代表华严宗禅思想的一批材料

① 〔日〕竺沙雅章：《黑水城出土の辽刊本について》，《汲古》第43号，2003年6月，第23页。

② 宗舜：《〈俄藏黑水城文献〉汉文佛教文献拟题考辨》，《敦煌研究》2001年第1期；宗舜：《〈俄藏黑水城文献〉之汉文佛教文献续考》，《敦煌研究》2004年第5期。

③ 冯国栋、李辉：《〈俄藏黑水城文献〉通理大师著作考》，《文献》2014年第3期；冯国栋、李辉：《〈俄藏黑水城文献〉辽代高僧海山思孝著作考》，载杜建录主编《西夏学》第8辑，上海古籍出版社2011年版，第276—280页。

④ K.J.Solonin，“Tangut Chan Buddhism and Guifeng Zong-mi”，《中华佛学学报》1998年第11期。

⑤ 华严宗在西夏的流传研究概况参看（索罗宁）K. J. Solonin，“The Glimpses of the Tangut Buddhism”，Giovanni Stary ed.，*Central Asiatic Journal*，52（2008）1;K. J. Solonin，“The Masters of Hongzhou in the Tangut State”，*Manuscripta Orientalia*，Vol. 4，No. 3，1998；К. Ю. Солонин，*Обретение учения*，*Традиция Хуаянь-Чань в буддизме тангутского государства Сися*，Санкт-Петербург：Издательство Санкт-Петербургского университета，2007. “Hong zhou Buddhism in the Tangut State and fhe Heritage of zonami：A Tanaut Source”．“The Essence of the Doctrine of the Masters of the Hongzhou Lineage” as the Source for the Research of Tangut Buddhism，studies on Sino-Tibetan Language，549—562.其他研究成果见聂鸿音《〈禅源诸诠集都序〉的西夏译本》，载杜建录主编《西夏学》第5辑，上海古籍出版社2010年版；聂鸿音《西夏文〈注华严法界观门通玄记〉初探》，载北京师范大学民俗典籍文字研究中心编《民俗典籍文字研究》第8辑，商务印书馆2011年版，第118—123页；孙伯君《黑水城出土西夏文〈金师子章云间类解〉考释》，《西夏研究》2010年第1期；孙伯君《西夏文〈修华严奥旨妄尽还源观〉考释》，载杜建录主编《西夏学》第6辑，上海古籍出版社2010年版。

是从辽传入西夏的，这些资料代表的是西夏流行的“华严法界观”传统，与辽代的禅宗观颇有雷同之处，并梳理了黑水城出土文献中存有法藏、宗密、净源等华严宗师作品的西夏文译本，如法藏述《修华严奥旨妄尽还源观》、宗密的《中华心地传禅门师资承袭图》《禅源诸诠集都序》、晋水净源的《金师子章云间类解》等，[①]进一步说明了西夏所流行的华严禅与唐宋时期中原所奉行的教派有很深的渊源。并分析指出此类文献虽然属于不同佛教文学题材，都具有一种共同的核心思想，即所谓的“真心”或“真性”思想，和《天盛律令》规定诵读的经典皆有相同的思想。以此为基础，认为西夏的“华严思想”主要基于辽代的华严观或“圆教”概念。[②]此外，黑水城文献中有很多辽代经师的论著，索罗宁也对其做了梳理介绍，如西夏文本有通理大师《究竟一乘圆通心要》的译本以及《达摩大师壁记》等，这些作品所透露的显密圆通思想均与圭峰宗密、清凉澄观等华严宗师的主张大体一致。

孙伯君先生经过释读考证，确认现存的西夏文инв.№ 7211号佛经实际分属唐代澄观《大方广佛华严经随疏演义钞》卷一三和辽代鲜演大师《华严经玄谈决择记》卷四，《华严经玄谈决择记》西夏文译本的确定，为了解辽代华严宗对西夏的影响提供了极为宝贵的资料。此外，黑水城出土汉文本中有辽道宗时期（1055—1101）道的《显密圆通成佛心要集》和通理大师恒策（1049—1098）《立志铭心诫》《无上圆宗性海解脱三制律》《究竟一乘圆通心要》，这些文献无疑证明辽夏佛教曾有非常密切的交流。[③]

众所周知，辽代佛教最为盛行的学说是华严，其次是密教，再次为净土以及律学、唯识学、俱舍学等，涌现了不少著名义学僧人，编撰了很多

---

① Е. И. *Кычанов*, *Каталог тангутских буддийских памятников*, Киото, Университет Киото, 1999, стр. 453—455、465—466、521、614.

② 〔俄罗斯〕索罗宁：《西夏佛教的“真心”思想》，载杜建录主编《西夏学》第5辑，上海古籍出版社2010年版，第163—173页。

③ 孙伯君：《鲜演大师〈华严经玄谈决择记〉的西夏文译本》，《西夏研究》2013年第1期；孙伯君：《俄藏西夏文〈达摩大师观心论〉考释》，载中国社会科学院民族学与人类学研究所编《薪火相传——史金波先生70寿辰西夏学国际学术研讨会论文集》，中国社会科学出版社2012年版，第266—303页。

佛学著作。此前，学界已经注意到黑水城文献中发现的辽代经师的著作，并提醒学界注意这些著作对研究辽代和西夏所流行的宗派以及它们之间的传承关系的价值和意义。传世文献中关于辽夏之间佛教往来的记载颇少，黑水城出土文献中有很多辽代经师论著的西夏译本，在一定程度上可以弥补传世文献中记载的不足，为辽夏佛教往来提供新的佐证。本文在前贤的基础上，试图系统梳理黑水城文献中有关辽代高僧的西夏译本，这些作品为我们进一步理解辽夏佛教关系提供了新的资料。

二

华严宗是辽代最为盛行的宗派，其弘扬者以鲜演、郎思孝和辽道宗最为突出。上京开龙寺沙门鲜演（1048—1118），是以专攻《华严》著名的学僧。据天庆八年（1118）《鲜演大师墓碑文》记载，[①]鲜演大师曾深得道宗赏识，道宗不仅充鲜演大师为大开龙寺讲主，“常以冬夏，召赴庭阙。询赜玄妙，谋议便宜”，还于大安五年（1189）特授鲜演大师“圆通悟理四字师号”。鲜演大师精于讲道，其论道“善于敷扬，协于听览”，为“高丽外邦，僧统倾心；大辽中国，师徒翘首”。大师一生著作颇丰，有《仁王护国经融通疏》《菩萨戒纂要疏》《唯识论掇奇提异钞》《华严经玄谈决择记》《摩诃衍论显王疏》《菩提心戒》《三宝六师外护文》等。其中《华严经玄谈决择记》，又名《华严经谈玄抉择》，入藏于日本《卍字新纂续藏经》“中国撰述·华严部疏”第八册，是鲜演在合并澄观《大方广佛华严经疏》卷一至卷三和《大方广佛华严经随疏演义钞》卷一至卷十五的基础上所做的阐释和讲疏。《华严经玄谈决择记》卷二跋语有“高丽国大兴王寺寿昌二年（丙子）岁奉宣雕造”“大宋国崇吴古寺宣和五年（癸卯）岁释安仁传写”、卷四记“大宋咸淳第七（辛未）岁春中月下七日于宋朝湖州思溪法宝禅寺借得行在南山高丽教寺之秘本，谨以写留之毕，执笔沙门辨智”等，据研究，上述《鲜演大师墓碑文》中所谓

① “鲜演大师墓碑”，1998年出土于内蒙古自治区巴林左旗林东镇砖厂，现藏巴林左旗辽上京博物馆。《鲜演大师墓碑文》，载刘凤翥、唐彩兰、青格勒编《辽上京地区出土的辽代碑刻汇辑》，社会科学文献出版社2009年版，第136—137页。

的“高丽外邦，僧统倾心”的僧统指的是高丽著名的僧统义天（1054—1101）。义天曾远涉重洋拜杭州南山慧因禅寺晋水净源为师，并曾广搜辽朝鲜演等经师的著作在高丽刊雕，汉文本《华严经玄谈决择记》就是义天在高丽刊雕，然后赠回南山高丽教寺，再辗转传至日本的。①

辽代鲜演大师《华严经玄谈决择记》的西夏译本，②1909年出土于内蒙古额济纳旗的黑水城遗址，今藏俄罗斯科学院东方文献研究所。编号为инв.№ 7211，题名缺佚，克恰诺夫先生曾据尾题著录为《大方广佛华严经注由义释补》，形制为写本，卷子装，墨框高23.5厘米，行25字。③此编号现存两张残片，一叶存卷尾，一叶首尾皆残，实不相连属。经孙伯君先生翻译查证，确认现存的两张残片实际分属唐代澄观《大方广佛华严经随疏演义钞》卷一三和辽代鲜演大师《华严经玄谈决择记》卷四，并推测澄观和鲜演《华严经》疏注的西夏文译本的翻译时间当在神宗时期（1211—1223）。上述译本和翻译时间的确定，为了解华严宗在西夏的传译提供了极为宝贵的资料。

辽代律宗的代表人物郎思孝，除精通华严外，亦精律藏。撰有《近住五戒仪》《近住八戒仪》《自愿受戒仪》各一卷，《发菩提心戒本》三卷，《大乘忏悔仪》四卷，④对律宗的传播也很有推动作用。聂鸿音先生根据俄罗斯科学院东方文献研究所收藏的西夏文译本《近住八斋戒文》，猜测西夏人翻译所据的汉文原书出自辽代。书中在中原传统八关斋戒的基础上融入了一些密教成分，反映了佛教史上显密融合趋势的早期情形。西夏本《近住八斋戒文》讲解的是佛家斋戒仪轨，目的在于指导在家的信徒如何利用较短的时间来体验佛教的精神世界和出家人的行为规范。原件有

---

① 严志伟：《辽代华严思想研究》，硕士学位论文，西北大学，2011年，第18页；王承礼、李亚泉：《高丽义天大师著述中的辽人文献》，《社会科学战线》1993年第2期。

② 孙伯君：《鲜演大师〈华严经玄谈决择记〉的西夏文译本》，《西夏研究》2013年第1期。

③ ЕИ.Кычанов，*Каталог тангутских буддийских памятников*，Киото：Университет Киото，1999. стр. 521.

④ 朱子方：《辽代佛学著译考》，载陈述主编《辽金史论集》第二辑，书目文献出版社1987年版，第183—184页。

刻本和抄本各一种，1909年一并出土于内蒙古额济纳旗的黑水城遗址，今藏俄罗斯科学院东方文献研究所，编号инв.№ 733和инв.№ 5964。书题著录首见戈尔巴乔娃和克恰诺夫合著的《西夏文写本和刊本》[1]，西田龙雄在《西夏文佛经目录》中据书题勘同敦煌出土的《佛说八斋近住净戒经》（S.1306），[2]其版本形制则有克恰诺夫在1999年的详细描述。[3]这两个本子的基本情况如下：

（1）инв.№ 733号为蝴蝶装刻本，21叶，半叶7行，行16字。版口题西夏文书题简称“[illegible]”（八戒）及叶次，尾题“[illegible]”（近住八斋戒文）[4]及“[illegible]”（天盛丁丑九年七月日施），知为1157年西夏某人所施印。初装本曾脱胶散落，后又经人用红线重新装订，导致页次多有错乱，所幸全书页面保存基本完好，唯缺首页开头的六行及中间的一行。

（2）инв.№ 5964号为卷子装抄本，已断为不相连的两截，存79行，行20字。卷尾题写“[illegible]”（近住八戒斋文）及“[illegible]”（校同）二字。现存部分约为全书的三分之一，内容相当于“弟子曰能时阇梨作如是念佛菩萨各自身放光明”至“受此八戒而为斋之人福德无量”，以及“作一切有情皆令成佛之想破恶见论”至卷尾。全书用熟练的草体字抄成，辨识不易，但可看出其间有4处与733号刻本不同。[5]

---

① З. И. Горбачева и Е. И. Кычанов, *Тангутские рукописи и ксилографы*, Москва: Издательство восточной литературы, 1963. стр.98, 133.

② 〔日〕西田龙雄：《西夏文华严经》第3册，京都大学文学部1977年版，第30页。按敦煌写本《佛说八斋近住净戒经》影印件见黄永武主编《敦煌宝藏》第10册，台北新文丰出版公司1981年版，第36页，题《佛说八支近住净戒经》，讲的是长爪梵志向佛询问八斋戒的故事，与西夏本《近住八斋戒文》内容迥异。

③ Е. И. Кычанов, *Каталог тангутских буддийских памятников*, Киото: Университет Киото, 1999, стр. 575—576.

④ 西夏“[illegible]”（文）字在这里有可能只是用在书题后面的“类别标记”，并没有具体的词汇意义，所以实际的书题或许是“近住八斋戒”。西夏文献里同样的情况还有“[illegible]”（孟子文=《孟子》），见科罗科洛夫和克恰诺夫《西夏译汉文经典》（В. С. Колоколов и Е. И. Кычанов, *Китайская классика в тангутском переводе*, Москва: Наука, 1966, стр. 111）。

⑤ 聂鸿音：《西夏本〈近住八斋戒文〉考》，《台大佛学研究》2012年第6期。

据冯国栋和李辉二位先生考证，《俄藏黑水城文献》中有辽代高僧郎思孝的作品，认为TK323中的《往生净土偈》及TK132《慈觉禅师劝化集》中所收之《人生未悟歌》《未悟歌》皆为郎思孝之作品，[①]这些作品的发现为我们进一步理解辽夏佛教关系提供了资料。

密宗信仰在辽代社会尤其是民间十分盛行，辽代石刻随处可见僧人或信徒建经幢和刻写诸种“陀罗尼”经咒的记载。其代表人物有觉苑和道。觉苑生卒年不详，自幼出家，广泛学习各部教典。西天竺摩揭陀国三藏法师慈贤来华，志弘咒典，觉苑从之受学，专攻密部。[②]觉苑著有《大毗卢遮那成佛变伽持经义释演秘钞》十卷、《大日经义释科文》五卷（已佚）、《大日经义释》一卷、《大日经义释演秘钞》十卷。道，生卒年不详，字法幢，俗姓杜，云中人。他“始从龆龀之年，习于儒释之典”，[③]著有《显密圆通成佛心要集》二卷，附《供佛利生仪》一卷。他主张显密两教双修，互相融通结合。[④]除此二人之外，印度僧人慈贤译出《一切如来自伞盖大佛顶陀罗尼经》一卷、《大随求陀罗尼经》一卷、《大推碎陀罗尼经》一卷等，这些经典的译出推动了密宗在辽地的传播。在民间，密宗的《准提咒》《六字大明咒》等也很流行。辽道宗对与密宗相关的龙树大士所作的《释摩诃衍论》非常重视，“听政之余，留心释典，故于兹论，尤切探赜”，号召有志于密宗研究高僧“续为义疏”。[⑤]“备究于群经而尤精于此论”[⑥]，并命法悟等造疏作注，从而在辽代形成了《释摩诃衍论》传习的热潮，法悟以华严宗的观点来解释《释摩诃衍论》，自然受到普遍关注。[⑦]

---

① 冯国栋、李辉：《〈俄藏黑水城文献〉辽代高僧海山思孝著作考》，载杜建录主编《西夏学》第8辑，2011年，第276—280页。

② 陈述辑校：《全辽文》卷九，中华书局1982年版，第268—269页。

③ 同上书，第266—267页。

④ 释性嘉：《显密圆通成佛心要集并供佛利生仪后序》，载陈述辑校《全辽文》卷九，中华书局1982年版，第267页。

⑤ 朱子方：《辽代佛学著译考》，载陈述主编《辽金史论集》第二辑，书目文献出版社1987年版，第218—306页。

⑥ 法悟序：《释摩诃衍论通赞疏》，《卍续藏经》第72册，第831页。

⑦ 法缘：《辽代佛教极其宗派》，载黄夏年主编《第二届河北禅学文化论坛论文集·辽金元佛教研究》，大象出版社2012年版，第144—167页。

《俄藏黑水城文献》第2册中收有两件佛教文献，编号分别为TK79.2和TK80.2，原定名为《龙论》，即“龙树所造论”的简称。这两件实为同一残本，共计98页。据宗舜先生考证，此写本非《龙论》，实为辽僧法悟所著《释摩诃衍论赞玄疏》卷2中的内容。[①]索罗宁在“Khitan Connection of Tangut Buddhism”一文中通过对俄罗斯科学院东方研究所所藏的一件西夏佛教判教文献《镜》的考证，指出该文献所代表的佛教传统中圭峰宗密华严禅的因素十分丰富，其内容与辽道宗时期（1055—1101）道的《显密圆通成佛心要集》十分相近，也有明显的差异。据载，道曾编写了一本佛教著作《镜心录》，其文亦不存，或许可以推论，该西夏文《镜》文献或许为《镜心录》的翻译本。[②]

关于辽代的禅宗，学界基本认为辽代的禅宗只是在辽代初期和末期有流传，辽中期处于沉寂不兴的状态。辽道宗支持华严宗、密教，对中原及南方盛行的禅宗持排斥态度，曾命诠晓勘定佛书目录，编撰《重修贞元续录》，禅宗的名著《六祖坛经》及《宝林传》等被判为“伪妄”之作，不仅排在经录之外，而且“全予焚除”。[③]竺沙雅章也认为辽代佛教的主要材料《房山石经》和应县木塔《契丹藏》等残卷中均不见与禅宗有关的资料，说明辽代禅宗不盛。到了辽代后期，统治者对于禅宗已经有所了解和接受，通过外来和本土禅僧的共同努力，禅宗得以发展。当时南来的禅宗有临济和曹洞两个派别，辽后期禅宗之兴归功于寂照、通理、通圆三人。通理（1049—1098），讳恒策，字开玄，俗姓王，上谷矾山县新安人。《房山石经》中保存有他的两篇短文：《先师通理三制律》[④]和《通理大

---

① 宗舜：《〈俄藏黑水城文献〉汉文佛教文献拟题考辨》，《敦煌研究》2001年第1期。

② K. J. Solonin，“Khitan Connection of Tangut Buddhism”，载沈卫荣、中尾正义、史金波主编《黑水城人文与环境研究——黑水城人文与环境国际学术讨论会文集》，中国人民大学出版社2007年版，第371—395页。

③ （南宋）宗鉴编：《释门正统》卷八《义天传》，《大正藏》第52册，第353页下。

④ 《菩萨本行经》卷下第16纸，欲字函，现编号“塔下4”，详见中国佛教协会、中国佛教图书文物馆编《房山石经》第14册，华夏出版社2001年版，第325页。

师集金刚礼一本》[①]。

《俄藏黑水城文献》中所录“通理大师”之著作有三种：即《立志铭心戒》（或《立志铭》），编号为TK134与A26前部；《无上圆宗性海解脱三制律》，编号A26；《究竟一乘圆通心要》，编号A6V。[②]黑水城文献通理大师著作的发现，为研究辽夏佛教关系，特别是辽夏禅宗关系，提供了新资料。《究竟一乘圆通心要》还有西夏文译本，充分说明通理著作在西夏的流行状况。[③]

三

朱子方先生认为辽代佛教宗派的特点是“显密圆通”[④]。西夏晚期也曾流行显密圆通信仰，西夏天庆七年（1200）编订的《密咒圆因往生集》有“唯此陀罗尼者，是诸佛心印之法门，乃圣凡圆修之捷径。秘中之秘，印三藏以导机；玄中之玄，加声字而诠体。统该五部，独称教外之圆宗；包括一乘，以尽瑜珈之奥旨”。[⑤]其中“教外之圆宗”理论本于华严，与辽代华严大师所主张的“华严一乘法界”为主的圆宗教义有共同的趋向。[⑥]而西夏，以澄观、宗密为主的华严思想和藏传密教形成了佛教的主流，并且有以真义国师为初祖的华严宗谱流传下来。根据吉田刚先生的

① 《大方广圆觉修多罗了义经》第27纸经板背面，覆字函，现编号“塔下646”，详见中国佛教图书文物馆编《房山石经》第14册，华夏出版社2001年版，第92页。

② 俄罗斯科学院东方研究所圣彼得堡分所、中国社会科学院民族研究所、上海古籍出版社合编：《俄藏黑水城文献》第3册，上海古籍出版社1996年版，第165—170页。

③ 冯国栋、李辉：《〈俄藏黑水城文献〉通理大师著作考》，《文献》2014年第3期。

④ 朱子方：《辽代佛教的宗派、学僧及其著述》，《辽金契丹女真史研究》1986年第1期。

⑤ 俄罗斯科学院东方研究所圣彼得堡分所、中国社会科学院民族研究所、上海古籍出版社合编：《俄藏黑水城文献》第4册，上海古籍出版社1997年版，第363页。

⑥ 〔俄罗斯〕索罗宁：《西夏佛教的“真心”思想》，载杜建录主编《西夏学》第5辑，上海古籍出版社2010年版，第163—172页；索罗宁：《道〈镜心录〉西夏译本初探》，未刊稿。

研究，第二祖智云国师（惠宗1067—1085）是参加译经场译经工作的一位高僧助译者。三祖寂照帝师促成了《法界观门》的流行，第四祖真澄帝师印造了澄观的《华严大疏钞》（《华严经疏》和《华严经随疏演义钞》的合本），第五祖华严国师、第六祖海因国师、第七祖觉国师时，华严已在河西地区广泛地流传。天盛四年（1152）宗密的《注华严法界观门》印制汉文本，而后又被翻译成西夏文。宋朝开封的本崇（著于1085年或1088年）注释《注华严法界观门》所撰写的《法界观门通玄记》亦被译成西夏文。[①]

此外，《黑城出土文书》（汉文文书卷）所收编号为F64：W1的文书，原定名为“某辞书残页”。[②]聂鸿音先生经过考证，确定当出自辽代僧人希麟编集的《续一切经音义》卷六，是对《无量寿如来念诵修观行仪轨》的音义注释。[③]俄罗斯圣彼得堡东方学研究所收藏的“敦煌文献”中也混入了一部分黑水城文献。[④]陈爱峰和杨富学二位先生认为，此部分文献有些来自辽朝。[⑤]如Φ.123A《增一阿含经》为一刻本，卷前扉画护法神王像。[⑥]从版式和刻工之细致，应是黑水城文献。Φ.204A《增一阿含经》同为一刻本，版式与Φ.123A《增一阿含经》相同，应当是一个印本的不

---

① 〔日〕吉田睿礼：《辽朝佛教与周边》，《佛学研究》，2008年，第242页。

② 李逸友编：《黑城出土文书》（汉文文书卷），科学出版社1991年版，第202页，图版肆柒（2）。

③ 聂鸿音：《黑城所出〈续一切经音义〉残片考》，《北方文物》2001年第1期。

④ 吴其昱：《列宁格勒所藏敦煌写本概况》，《汉学研究·第4卷》1986年第2期；府宪展：《敦煌文献辨疑录》，《敦煌研究》1996年第2期；荣新江：《〈俄藏敦煌文献〉中的黑水城文献》，载沈卫荣、中尾正义、史金波主编《黑水城人文与环境研究——黑水城人文与环境国际学术讨论会文集》，中国人民大学出版社2007年版，第534—548页。

⑤ 陈爱峰、杨富学：《西夏与辽金间的佛教关系》，载杜建录主编《西夏学》第1辑，上海古籍出版社2006年版，第31—35页。

⑥ 俄罗斯科学院东方研究所圣彼得堡分所、俄罗斯科学出版社东方文学部、上海古籍出版社合编：《俄藏敦煌文献》第3册，上海古籍出版社1993年版，第266页；《俄藏黑水城文献》第6册，上海古籍出版社2000年版，第69页。

同残片，亦来自黑水城。[①]竺沙雅章先生考证认为，二者其实是辽刻《契丹藏》之残片。[②]此外，Φ.317《佛说长阿含经》卷五亦为一刻本，竺沙雅章先生认为此文献同样是辽刻《契丹藏》之残片。[③]

综上所述，黑水城文献中辽代经师论著的发现，具有非常重要的意义：一方面，有助于我们全面了解这些辽代僧徒的生平和著述；另一方面，有助于全面了解辽代佛教之思想与佛教之面貌。概言之，黑水城文献中辽代刊本与辽代佛教宗师著述的发现，为辽夏佛教交往提供了新的证据。

① 俄罗斯科学院东方研究所圣彼得堡分所、俄罗斯科学出版社东方文学部、上海古籍出版社合编：《俄藏敦煌文献》第4册，上海古籍出版社1993年版，第237页；《俄藏黑水城文献》第6册，上海古籍出版社1993年版，第69页。

② 〔日〕竺沙雅章：《黒水城出土の辽刊本について》，《汲古》第43号，2003年6月，第23页。

③ 同上书，第24页。

辽代印经院与辽藏的雕印

杜成辉

印经院为印造佛经的机构，宋朝和辽朝为了印制《大藏经》，先后设立了印经院。关于辽代的印经院，史书中未见记录。本文结合在山西应县木塔辽代秘藏中发现的官版印制《大藏经》及其他佛经题记，尝试对辽代的印经院作一探析。

一　辽代《大藏经》的雕印

印经院与《大藏经》的雕印密切相关。所谓大藏经，是指佛教典籍汇编而成的总集，简称藏经，也叫“一切经”。早期的大藏经均为写本，在敦煌遗书中仍保留有从北魏到宋初汉文写本大藏经的一些残卷。自唐朝以来，我国木版雕印技术发展很快，至宋初开始刻印佛教《大藏经》。宋代官私刻印的大藏经共有五种版本，最早的一种为官版，因开刻于太祖开宝年间，故而也被称为《开宝藏》。《开宝藏》初藏从开宝四年到太平兴国八年（971—983）共费时12年在益州（今四川成都）刻成，所刻以《开元录》入藏之经为限，共480帙，5048卷，版片多达13万块。经版刻成后运到京都开封太平兴国寺，与当时新译佛经一起刊印流通，后来还添刻新入藏的东土著作及《贞元录》各经，数量增至653帙，6620余卷，是当时世界上最大的木刻大丛书，其印本成为后来中国官私刻藏以及高丽和日本刻藏的准据。然而这部卷帙浩繁的祖本《大藏经》，全藏早已散佚，迄今能见到的仅寥寥十余卷而已，其中国内藏10卷，日本藏4卷，美国藏1卷。[①]

在北宋于太祖开宝四年（971）雕造《开宝藏》之后不久，辽朝也于辽圣宗统和年间（983—1012）开始雕造大藏经，即著名的《辽藏》，也称《契丹藏》。

20世纪60年代“文化大革命”初，“红卫兵”从应县木塔内的塑像中发现了大量堪与敦煌遗书媲美的文物，将其焚毁。1974年，在木塔四层主像内又发现了一批辽代秘藏，属于劫后遗存，其中有印刷品61件，包括《辽藏》12卷，是研究辽代雕版印刷业的难得资料。[②]1987年，在河北丰润天宫寺塔中又发现辽代刻经26件，其中有属于《辽藏》的《大方广佛花严经》等，为研究辽代的雕版印刷品提供了新资料[③]。1988年至1992年，在内蒙古庆州白塔内再次发现了一批辽代刻经。

三座辽塔中发现的刻经均为汉文雕印，字体隽秀，印制精美，纸墨精良，显示了辽代印刷业的高度成就，表明辽代各地都有擅长雕印的能工巧匠，特别是南京燕京的雕版印刷业十分发达，不仅有“奉宣校勘雕印流通”佛经的寺院，而且有众多的民间书坊，其印刷品质量优良、流布全国。

《辽藏》为我国第二部刻印的《大藏经》，共有579帙。建成于辽兴宗重熙七年（1038）的山西大同华严寺薄伽教藏殿，为目前我国仅存的贮藏《辽藏》的佛殿。殿上有梁架题记云：“维重熙七年，岁次戊寅，玖月甲午朔，拾伍日戊申午时建。”说明在重熙七年前，《辽藏》已经雕成刊印。

根据出土文物和史料记载，可知《辽藏》至少有两种版本，一种是大字卷轴本，发现于应县木塔，另一种是小字册装本，发现于丰润天宫寺塔。大字卷轴本乃仿照宋《开宝藏》雕造，小字册装本则为辽人首创。

道宗咸雍四年（1068）僧人志延撰《阳台山清水院创造藏经记》，碑

① 赵冬生：《关于山西发现的五卷开宝藏的雕印问题》，《晋阳学刊》1994年第5期。

② 杜成辉、李文君：《辽代的编辑出版业——从辽塔秘藏中发现的印刷品谈起》，《山西大同大学学报》2013年第3期。

③ 郑绍宗：《丰润天宫寺发现的辽代刻经》，见内蒙古文物考古研究所编《内蒙古文物考古文集》，中国大百科全书出版社1999年版，第531—536页。

文曰：

阳台山者，蓟壤之名峰。清水院者，幽都之胜概。跨燕然而独颖，侔东林而秀出。那罗窟邃，韫性珠以无类；兜率泉清，濯惑尘而不染。山之名，传诸前古；院之兴，止于近代。虽竹室华堂而卓尔，而琅函宝藏以蔑如。将构胜缘，旋逢信士。今优婆塞南阳邓公从贵，善根生得，幼龄早事于熏修；净行日严，施度恒治于靳惜。咸雍四年三月四日，舍钱三十万，葺诸僧舍宅，厥道人是念。界狱将逃，非教门而莫出；法轮斯转，趣觉路以何遥。乃罄舍所资，又五十万，及募同志助办印《大藏经》，凡五百七十九帙，创内外藏而龛措之，原其意也。觊释氏那尼，常转读而增慧；俗流士女，时顶戴而请福。大士弘济，有如此者。蒇事既周，求为之祀。聊叙胜因，俾信来裔。非炫公之能，故辞为愧。

时咸雍四年岁次戊申三月癸酉朔，四日丙子日巽时记。[①]

志延（？—1108），俗姓高，今存著述尚有大安九年（1093）所撰《大辽景州陈公山观鸡寺碑铭》。辽代清水院在南京（今北京）城西，文中记录信士邓从贵于咸雍四年出资50万，印《辽藏》579帙，为《辽藏》帙数的最早记载。此为大字卷轴本之帙数。

高丽僧人宓庵在《丹本大藏庆赞疏》中记述其修缮《契丹藏》之事，并称赞说："念兹大宝，来自异邦，帙简部轻，函未盈于二百，纸薄字密，册不满于一千，殆非人功所成，似借神巧而就。"这是不到200函、1000册，刻镂精巧的小字本。丰润天宫寺塔发现的《一切菩萨名集》和八十卷本《大方广佛花严经》，即系薄麻纸密行小字雕印的小字本。其《大方广佛花严经》八十卷本，一函八册，各册均有千字文序号，相继排列为"平""章""爱""育""黎""首""臣""伏"，每册十卷，作蝴蝶装，外形包背册装，与应县木塔所出的卷轴装大字本不同，而与宓庵的记述相符，属于小字册装本。

① 志延：《阳台山清水院创造藏经记》，见阎凤梧主编《全辽金文》，山西古籍出版社2002年版，第511—512页。

虽然大字卷轴本和小字册装本的帙（函）数不同，但其卷数应当相同，据金皇统八年（1148）《宜州厅峪道院复建藏经千人邑碑》，“凡所贮藏有5048卷，故名曰《藏经》。厅峪者，乃辽时耶律详衮家之坟所也。其家世积善，遂卜地以建佛宫，置以《藏经》。”[①]可知《辽藏》有5048卷，此为《辽藏》初藏的卷数，后来续有增补，总卷数近6000卷。

二　辽代印经院的设立

研究辽代印经院，可资借鉴的是宋代的印经院。太平兴国八年（983），《开宝藏》初藏雕刻完毕，为管理《大藏经》版和印刷流通《大藏经》，宋朝设立了印经院。宋朝印经院的设立比《开宝藏》的开刻晚12年。

宋高承《事物纪原·真坛净社·印经院》载：“太平兴国八年，置印经院。神宗熙宁末，废其院，以所印板赐显圣寺。”[②]

《汴京遗迹志》云：

> 印经院。太平兴国八年，置印经院。神宗熙宁末，废其院，以诸经印板赐显圣寺。
>
> 传法院。太平兴国五年诏，于太平兴国寺大殿西，度地作译经院，中设译经堂，东序为润文堂，西序为正义堂。自是每诞节，即献经也。八年，改为传法院。[③]

可知宋代印经院置于开封太平兴国寺，传法院（原名译经院）之西偏，创设时间为《开宝藏》雕刻完成的太平兴国八年，专为印制《大藏经》而设立。宋代的印经院分为前后两个阶段，第一个阶段是太平兴国寺时期，第二个阶段是显圣寺时期。太平兴国寺时期，传法院（译经院）与

---

① 徐卓：《宜州厅峪道院复建藏经千人邑碑》，见阎凤梧主编《全辽金文》，山西古籍出版社2002年版，第1389—1390页。

② （宋）高承：《事物纪原》（和刻本类书集成第二辑），上海古籍出版社1990年版，第174页。

③ （明）李濂：《汴京遗迹志》，中华书局1999年版，第191页。

印经院共处，佛典的翻译、校对、雕版印刷及流通事务由官方统一管理。到真宗大中祥符年间（1008—1016），北宋新译出经律论400多种，由政府下令全部收入大藏，在印经院刊版印刷流通。自太平兴国八年建立太平兴国寺印经院，至熙宁四年（1071）废止，前后存在了太平兴国寺88年的印经院一直处于政府管理之下，凡新译经典入藏，皆需经过皇帝批准，交付印经院刊版流通。宋神宗熙宁四年（1071），下诏废止印经院，由官方管理的印经院藏版迁移到东京城西北白沟河南崇化坊显圣寺。此后《开宝藏》一直在显圣寺印刷流通，直到金灭北宋，印经院也或设或废，这是《开宝藏》印刷流通的第二个阶段。[①]太平兴国寺时期，印经主要由国家出资，显圣寺时期，印经主要由民间出资。

史料中未留下辽代印经院的记载，但在《辽藏》中则有印经院的记录。与宋代先刻《大藏经》后设印经院一样，辽代印经院的设立也比《大藏经》开刻要晚，在这方面当借鉴了宋朝的经验。在现存一些印制佛经中，部分经卷上刻印有印经院的记录。丰润天宫寺塔发现的《大方广佛花严经》第十卷，属于《辽藏》小字本，卷尾有题记云：

> 大契丹国燕国长公主奉为：
>
> 先皇御灵，冥资景福；太后圣寿，永保遐令（龄）；一人隆代斗之尊，正后业齐天之算；太弟公主，更析泒于银潢，新王诸妃，长分阴于玉叶。次及有职，后逮含情，近幸慈尊，运成佛道。特施净财，敬心雕造小字《大华严经》一部，所冀流通，悉同利乐。
>
> 时重熙十一年壬午孟夏月甲戌朔雕印记。
>
> 燕京左街僧录崇禄大夫检校太保演法通慧大师赐紫沙门琼煦提点雕造。

据题记可知该经雕印于辽兴宗重熙十一年（1042）四月，施资人燕国长公主为景宗长女耶律观音女，所雕《大花（华）严经》为小字本，由燕京左街僧录琼煦负责雕造事宜，此时已有“提点雕造”之职，但尚不见印

① 惠慧：《从〈开宝藏〉看官刻大藏经的雕刻、印刷、流通制度》，《陕西师范大学学报》2007年，第36卷，专辑，第309—311页。

经院之名。

一同出土的《大乘妙法莲花经》第八卷卷尾题记云：

佛弟子、陇州团练使、检校太师太傅兼御史中丞、上柱国、开国侯、食邑壹仟户、实封壹百户陇西李存寅，衔诏命戾止燕都弘法萧蓝实正司，于提点昊天精刹，乃兼职于兴修，自愧庸愚，幸蒙任使徒切悚铭之素，罔知报效之由，匪集殊因，难酬圣德是念，白莲奥金，口极谈爱。募工徒，用锓方版，俾印摹而有期，阐布以无穷，所积胜缘，敬伸回向。伏愿：

皇太后皇帝延圣寿于刹尘，皇太子妃主王公等遐龄于劫石，百执永绥于吉禄，兆民咸乐于熙辰，共趣一乘，速超三界。

时咸雍五年十月十五日记。

燕京弘法寺都勾当诠法大德沙门方矩提点雕造。

天王寺文英大德赐紫沙门志延校勘。

“戾止”即莅止、莅临，说明李存寅在道宗咸雍五年（1069）时提点佛寺，于燕京招募刻工雕印《法华经》，而由方矩任提点雕造，志延任校勘。弘法寺和天王寺均为燕京名刹。咸雍四年（1068）时，《辽藏》579帙编纂完毕，故于次年开始募工雕锼，筹设印经院。

《大乘本生心地观经》属于《辽藏》，千字文帙号为“壁”，第一卷封面内页印有题记云：

咸雍六年十月奉宣雕印。

殿主讲经觉慧大德臣沙门行安。

都勾当讲经诠法大德臣沙门方矩。

印经院判官朝散郎守太子中舍骁骑尉赐绯鱼袋臣韩资睦。

汝州团练使检校太傅兼御史中丞上柱国陇西郡开国侯食邑壹仟户实封壹百户提点官李存寅。

说明咸雍六年（1070）时，辽朝已正式设立印经院，设有提点官和印经院判官等，李存寅已正式担任提点官，即总负责人，判官由大臣韩资睦担任。此页为《大乘本生心地观经》第一卷封面内贴页，其文字大小、字体风格、版面规格及纸质均与全书其他部分不同，而与同出之《诸菩萨名集》一致，可能是当时装订之误，也可能是印经院通用的戳印标签。由“奉宣雕印”，说明其雕印须经皇帝批准。

三　辽代印经院的人员组成

宋代主管印经院的官员前期设勾当印经院，由宦官担任，后期则改为提辖管勾印经院事，由寺院高僧担任。除此之外，现存《开宝藏》零卷及其他经卷中只有印经工的名字，表明宋朝印经院除督造者外，其余为刻工和印工，职能比较单纯。

应县木塔所出《释摩诃衍论通赞疏卷第十》和《释摩诃衍论通赞疏科卷下》，也保存有辽代印经院的资料，两部经卷有相同的卷尾题记：

> 咸雍七年十月日。燕京弘法寺奉宣校勘雕印流通。
> 殿主讲经觉慧大德臣沙门行安勾当。
> 都勾当讲经诠法大德臣沙门方矩校勘。
> 右街天王寺讲经论文英大德赐紫臣沙门志延校勘。
> 印经院判官朝散郎守太子中舍骁骑尉赐绯鱼袋臣韩资睦提点。①

勾当为办理，唐宋时常用为职衔名。说明道宗咸雍七年（1071）时燕京弘法寺已成为奉宣校勘、雕印、流通佛经之所，韩资睦由判官兼任提点官，辽朝印经院可能就设在弘法寺。按《释摩诃衍论通赞疏》收入《辽藏》，在房山辽代刻经中千字文序号为“宁”，《高丽藏》第三十七卷中千字文帙号为“汉”，但《释摩诃衍论通赞疏科》并未入《辽藏》。木塔所出《释摩诃衍论通赞疏卷第十》无千字文序号，说明其并非《辽藏》版本，而属于单编刻经。该卷框高23.7厘米，版广54.5厘米，每纸二十八

---

① 山西省文物局、中国历史博物馆主编：《应县木塔辽代秘藏》，文物出版社1991年版，第307、312页。

行，行十八字，四周单线边框，楷书，字体工整秀丽。在每纸均刻有“通赞疏十”及版码，在第八纸刻有“解论第八”，第十八纸刻有“解论第九”，第二十五纸刻有“解论第十”，其规制和版式与《辽藏》相同，很可能为《辽藏》的覆刻本。可见辽代印经院在雕印《大藏经》的同时，也雕印单编刻经和藏外佛教典籍，主要是流通广、需求量大的佛经。

辽朝早期的印经机构无专门职衔，在兴宗重熙十一年（1042）时，设有提点雕造一职，负责经籍的雕印事宜，后来也称提点官、提点；道宗咸雍五年（1069）时，增加了校勘；至咸雍六年（1070）时，在燕京正式设立印经院，为“奉宣校勘雕印流通”的机构，除雕印发行官版《大藏经》外，也雕印发行其他官版佛书，设有提点官、判官、都勾当、校勘、勾当、殿主等，其中提点官和判官由朝中大臣担任；校勘则由来自各个寺院的高僧负责，如志延来自天王寺，方矩来自弘法寺。这时的印经院组织完备，已经具备后世出版发行机构的雏形。

应县木塔出土的《辽藏·称赞大乘功德经·一·女》刻经末题记云：

> 道遭逢圣代，幸偶遗风，敢雕无上之经，溥示有缘之众。所愿：见闻随喜者，舍小根而趣大机；读诵归依者，得清凉而除热恼。
>
> 时统和贰拾壹祀，癸卯岁季春月蓂生五叶记。
>
> 弘业寺释迦佛舍利塔主沙门智云书。
>
> 穆咸宁、赵守俊、李存让、樊遵四人共彫。

此卷系由燕京圣寿寺慈氏殿主道諟于辽圣宗统和二十一年（1003）二月初五日组织雕刻，所附千字文帙号为“女”，源于辽朝官刻《大藏经》。此题记表明在统和二十一年之前《辽藏》已经雕印，并明确记载了资刻人、时间、书写人和刻工等。但因现有资料中无此时印经院的记载，其刻工是否属于印经院尚难确定。

与宋朝印经院相比，辽朝印经院职能更为全面。这是因为宋朝在印经院之外，另设有传法院（译经院），负责佛经的翻译和校勘，印经院主要负责佛经的雕印流通，校勘主要由传法院负责，故今存之宋代印经院资料中，只能见到负责人和印工的名字，当然印工也可兼作雕工。而辽朝印经院则除负责佛经的雕印流通外，编纂和校勘也是一项重要职责，故在提点官之外，尚有判官、都勾当、校勘、殿主等，职能比宋朝印经院全面，职名也较宋朝为多。

《辽藏》在由国家出资印造之外，也可由民间筹资印造。辽代印经院除刻印《大藏经》外，也刻印其他佛教典籍，而民间也有雕造《大藏经》者，如《妙行大师行状碑》载：重和（熙，避讳改）十八年（1049），契丹皇族僧人智志，曾在燕都募钱造经一藏，以“糯米胶破新罗墨，方充印造，白檀木为轴，新罗纸为幖，云锦为囊，绮绣为巾，织轻霞为绦，斫苏枋为函。用钱三百万”①。这是一部用新罗纸墨印造的装裱十分讲究的经藏。新罗纸墨自古有名，其“大纸”和“细墨”经常被作为礼品赠送给辽朝，至于用糯米胶调墨印书，则是辽代印工们的新创。②

《辽藏》以其遒劲的字体、规整的版面、精细的纸页、独具特色的装订、色彩艳丽的函套帛面而著称，为当时书法、印刷、造纸、装订等方面的技术研究提供了珍贵的材料。庆州白塔出土的卷轴装《妙法莲华经》后载：此经“取则于（燕京）圣寿寺藏”，始于“开泰二年六月一日”，“请处士樊承遵放法华座主藏院内起手雕板”“开泰五年”“方始了毕”。由“法华座主弟子惟德，述新雕小字法华经记”，“时开泰六年四月八日续记”，可知这部《法华经》于开泰二年（1013）开雕，开泰六年（1017）付印散施。卷中明载“取则于圣寿寺藏”，为研究辽代燕京地区的雕版印刷史的实物例证。③在应县木塔秘藏中的《辽藏·称赞大乘功德经》，为统和二十一年由“燕台圣寿寺慈氏殿主、传菩萨戒忏悔沙门道諟”资刻，说明在燕京圣寿寺存有《辽藏》。庆州白塔出土的《妙法莲华经》当是依据圣寿寺《辽藏》复刻。此卷本纸薄字密，字体蝇头楷刻，工整秀美，容洋洋七卷二十八品于一长卷，实为小字雕版印经的精品。卷封上的名签及卷式的装帧，与已知辽代刻经特征相同，可与密庵所言之《丹

① 即满：《妙行大师行状碑》，见阎凤梧主编《全辽金文》，山西古籍出版社2002年版，第616页。

② 张秀民：《辽、金、西夏刻书简史》，见上海新四军历史研究会印刷印钞分会编《历代刻书概况》，印刷工业出版社1991年版，第189页。

③ 德新、张汉君、韩仁信：《内蒙古巴林右旗庆州白塔发现辽代佛教文物》，《文物》1994年第12期。

本》小字藏经相媲美。[①]

《辽藏》与北宋《开宝藏》传世零卷相比，在刻技、版式、纸质、墨色、刷印、装潢等方面均不逊色。[②]辽朝曾多次颁赐高丽《大藏经》，根据高丽开泰寺僧统守其的《高丽新雕大藏经校正别录》，高丽为雕印新藏（即今存之高丽大藏经），曾将宋本（宋藏）、国本（高丽藏初雕本）、丹本（辽藏）进行互校，其中修删、两存而涉及辽藏者凡68部，除极少数丹本有误外，其余皆以丹本为佳，故守其称赞《辽藏》删削得当，在高丽新雕大藏经时多选用《辽藏》。《辽藏》的这些成就，与组织完备的印经院的设立当然密切相关。

① 巴林右旗博物馆：《庆州释迦佛舍利塔发现的辽代珍贵文物》，《内蒙古社会科学》1994年第4期。

② 毕素娟：《辽代的雕版印刷品》，《中国历史博物馆馆刊》1996年第2期。

关于鸡冠壶的再认识

李艳阳

鸡冠壶是辽瓷中最具契丹民族特色的典型器物，被契丹人看作自己民族的象征，它记录着他们游牧生活的记忆，凝聚着他们的民族情感，担负着文化、精神、艺术等多方面的作用。辽瓷鸡冠壶的器型演变过程便是辽与西亚和中原文化交流融合的过程，也是辽瓷从产生逐步走向成熟的过程。在以往的辽瓷研究中，有关鸡冠壶的论著可谓多矣。不过，时至今天，关于这种重要器物的定名、来源、功用等一系列关键问题，仍有进一步深入认识的必要。

一　关于鸡冠壶的定名

通常所说的鸡冠壶又称“皮囊壶”或“马镫壶”，所以有如此称呼，是因为取其形近而名之之故。

所谓“鸡冠壶”，并不是辽人的称谓。20世纪40年代，伪满“国立中央博物馆”奉天分馆的日本学者三宅宗悦和中国学者李文信等人清理发掘了辽宁建平县境内的一批辽代墓葬，发现了一种高体、扁身、鼓腹，管状流口朝上的瓷器，因其器体上部为方便提执而穿孔系绳处有类于鸡冠状的装饰造型（如图1、图2所示），故在简报中称之为鸡冠壶。此后70余年以来，随着辽瓷考古事业的日益发展，这种高体、扁身、管状流口朝上的瓷质容器的数量和种类也日渐增多，其提执方式并不限于单孔系绳一种，近年李红军把这类辽瓷分为矮身横梁式、扁身单孔式、扁身双孔式、扁身环梁式、扁身折梁式、扁身绳梁式、圆身捏梁式七种款式。①其中，只有扁身单孔式一种带有鸡冠状装饰，十分明显，以“鸡冠壶”这一名称来概括这类品种颇为复杂的容器，并不是一个很周延的概念。因此，所谓的鸡冠壶在很大程度上尚存在着定名不准确的因素。尽管如此，学术界至今仍然约定俗成，一直普遍把这类极富地方特色和民族意趣的器物称为鸡冠壶。

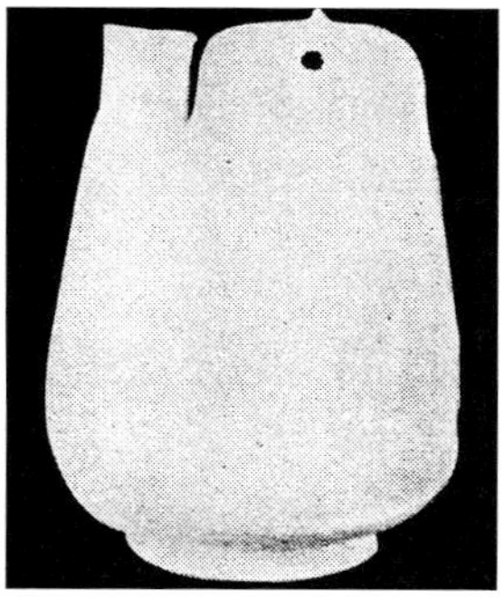

图1 圈足白瓷鸡冠壶（驸马墓）

图2 平底白瓷鸡冠壶（驸马墓）

《辽史·兵卫制》记：“辽国兵制，凡民年十五以上，五十以下，隶兵籍。每正军一名，马三匹，打草谷，守营铺家丁各一人。人铁甲九事，马鞯辔，马甲皮铁，视其力，弓四、箭四百，长短枪、骨朵、斧钺、小旗、锤锥、火石刀、马盂、粆一斗、粆袋、搭伞各一，縻马绳二百尺，皆自备。”这里的“马盂”是装备辽朝军队的一种容器，其具体形状不详。又，《辽史·地理志》记上京临潢府有马盂山。《元一统志》记“马盂山在大宁县西六十里，中有一峰形类马盂”。②有人认为，辽代的马盂山即今天赤峰喀喇沁旗境内的马鞍山，此山主峰有并峙的两个山头，整体观察状若马鞍，与单孔有冠状突起的鸡冠壶颇有相似之处。因此便据以认定“马盂”就是时下所说的鸡冠壶③。由于大家普遍知道鸡冠壶并不是一个准确的定名，所以这种说法一经出现，便被许多人接受，时下经常见到有人把鸡冠壶说成是马盂。这里应该指出的是，所谓“马盂”说是一种典型

① 李红军：《辽代陶瓷鉴定与鉴赏》，江西美术出版社2003年版，第37页。

② （元）孛兰盻等撰，赵万里辑：《元一统志》卷四，中华书局1966年版，第372页。

③ 张松柏、马希：《马盂考》，《松州学刊》1987年第4、5期。

的毫无根据的臆测之论。

古代汉语里的“盂”，是指用于盛装饮食和其他液体的圆口器皿。《汉书·东方朔传》：“置守宫盂下。”颜师古注曰：“盂，食器。”马盂一称，较早的记载见于《三国志》卷59《吴主五子传》：“（孙登）失盛水金马盂。”隋唐之际，马盂被用来作为装备军队的军锅。据唐朝李筌著《太白阴经·军装》第四十二：“马盂，十分一，万二千五百口，皆坚木为之，或熟铜。受三升。冬月可以暖食。”契丹建国后，制度多所承袭唐制。《辽史·兵卫志》中所说的马盂，似是用于炊事的军锅，而不是用于盛装水酒的壶类。

唐、五代至辽宋之际，常见的壶类约有三种：一为带执柄的执壶，二为带提梁的提壶，三为既无执柄也无提梁的碗（盘）口立壶。通常所说的鸡冠壶，不论哪种款式，都可归到提壶之属。宋楼钥《攻媿集·赋蒋甥若水番马图诗》云：“酋豪拣箭奚奴撚，意欲射獐不遗镞。琵琶横倚续续弹，一夫坐听胡中曲。卧拥提壶将引饮，英气虬须皆贵族。”[①]这里的提壶，可能就是当初对鸡冠壶的流行称呼。

二　关于鸡冠壶的渊源

鸡冠壶是一种仿皮囊形制的陶瓷器，在出土的许多早期的鸡冠壶上都有仿皮条的凸棱饰，有的还有细密的针脚纹，便是最好的证明。其实仿皮囊的陶器远在青铜时代的北方地区就已经出现了，松嫩平原富裕小登科青铜时代的墓葬中曾发现过仿皮囊形制的陶壶[②]。这种陶壶为手制，素面，短颈平底，腹部向外突出四角，颈腹之间有四条仿绳索的附加堆纹带垂下，颈下有两个便于纳绳的桥状穿系。北齐范粹墓中也出土了几件仿皮囊形制的黄釉壶[③]，该壶由模制成型，作扁圆形，上窄下宽，短颈直口，颈肩之间有联珠纹一周，肩部凸起两个小穿系，可以穿带。虽然小登科墓的

---

① （宋）楼钥：《攻媿集》卷四，四部丛刊初编·集部，上海古籍出版社1987年版，第55页。

② 黑龙江省博物馆：《嫩江沿岸细石器文化遗址调查》，《考古》1961年第10期。

③ 河南省博物馆：《河南安阳北齐范粹墓发掘简报》，《文物》1972年第1期。

陶壶与范粹墓的釉陶壶，与鸡冠壶不是同一谱系的，但其仿皮囊制陶的作风却是一脉相承的。在辽境发现最早的鸡冠壶出土于科左后旗呼斯淖契丹墓[①]（见图3），此壶系手工制作，做工较粗糙，造型较原始，不上釉、只磨光而已，鸡冠不做曲边仅制成简单的弧形，不饰皮条和皮页缝合装饰，而在腹部一侧挖一竖状沟槽，槽上下各加一穿带鼻，以便固定穿带的皮绳，这些不但显示出契丹制陶工艺的原始状态，更显示出它是作为像皮囊容器一样的实用器而出现的，鸡冠壶本身就是皮囊容器的替代品。

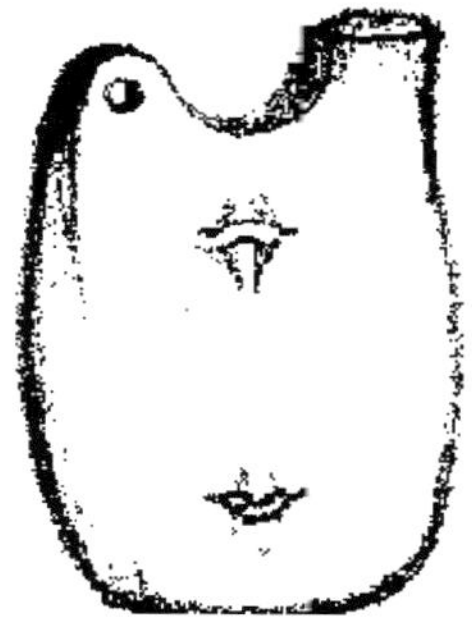

图3 磨光鸡冠壶（呼斯淖墓）

鸡冠壶是生活实用器，长期以来人们都认为它是契丹民族的特有器型。但我们知道鸡冠壶的原型是皮囊容器，皮囊容器是处于经济、文化和手工业落后时期所有的游牧民族皆有的装水用具，不但是像契丹族这样的草原游牧民族，而且生活在沙漠缺水地区的民族，皮囊容器也是不可或缺的。可见鸡冠壶并非契丹民族特有之物，特别是生活在中亚、西亚和阿拉伯地区的民族，由于生活的地区沙漠无际，干旱缺水，人们在迁徙或外出时必然使用皮囊容器，当然有可能烧造类似的陶瓷器。《大唐西域记》中记载玄奘在西行途中曾见到沙漠地区居民背水之器皿，形容其形制颇似鸡冠壶，这便是很好的例证。而当时的辽王朝地处欧亚草原的东端，这里是古代东西方交流的主要通道，各民族的文化交流不断，那么这种以皮囊容器为原型的陶瓷器便很有可能是从沙漠地区传入，并发展壮大的。

其实契丹民族与西方（这里的“西方”是指与中国有密切关系的中亚、西亚和欧洲的国家和地区）的经济、文化交流是从未间断的，我们可以从一些契丹器物的器型上来考证。如契丹的陶瓷折肩壶，其形制的渊源可以上溯到8世纪前后的突厥或粟特金银器。会同四年（942）耶律羽之墓出土的银折肩壶，哲里木盟奈林稿木头营子辽墓出土的鎏金缠枝立凤纹银壶，及敖汉旗李家营子出土的素面把杯[②]，还有俄罗斯米努辛斯克盆地西

---

① 张柏忠：《科左后旗呼斯淖契丹墓》，《文物》1983年第9期。

② 敖汉旗文化馆（邵国田）：《敖汉旗李家营子出土的金银器》，《考古》1978年第2期。

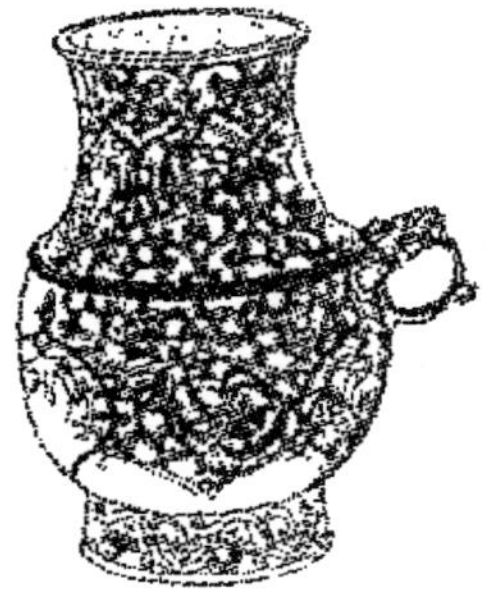
图4　缠枝纹金把杯（科比内2号墓）

部叶尼塞河上游的科比内2号墓出土缠枝纹金把杯（见图4）[①]，这些器型都与辽地陶瓷折肩壶相像，可见其是从西方逐渐吸收借鉴过来的。又如陶瓷凤首瓶可能是受突厥或回鹘的影响而来的。波斯萨珊系统的金银器中有一种凤首做盖、口的瓶子，称为“鸟头胡瓶”[②]，造型极似凤首瓶，辽产凤首瓶可能就是萨珊胡瓶的变体（见图5）。还有一些辽代器物上有摩羯装饰，摩羯是古印度神话传说中的动物，常出现于印度雕塑与绘画中，辽产陶瓷上的摩羯装饰可视为印度文化因素影响的产物。通过这些辽产陶瓷在造型上与西方器物的渊源关系，我们可以推断鸡冠壶的渊源当然有可能来自西亚的沙漠地区。

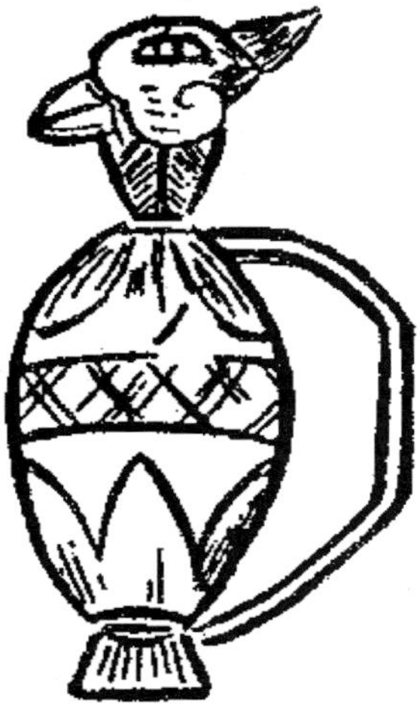
图5　鸟头胡瓶（辽阳石刻）

辽与西方的交流一直很频繁，辽朝建立以后，在辽太祖耶律阿保机的率领下，先后发动了两次大规模的西征[③]，征服了赤峰以西至河西走廊和阿尔泰山脉之间的所有民族，将辽朝的版图扩大到西域。河西走廊、天山南北和葱岭东西地带，历史上就是丝绸之路的要冲和中西文化的交界地区，从此西方文化与辽文化开始了直接的碰撞，西方文化随着伊斯兰国家同辽朝的政治、经济和文化往来迅速传播到辽地，而新兴的辽王朝也在急速地吸纳周边民族的先进文化，所以使辽文化具有了很强的西方文化色彩。文献记载辽代波斯、大食曾先后来贡，在辽朝建立不久，位于伊朗高原的萨曼王朝就于辽天赞二年（923）“六月辛丑，波斯来贡”，次年位于葱岭以

① 孙机：《近年内蒙古出土的突厥与突厥式金银器》，《中国圣火——中国古文物与东西文化交流的若干问题》，辽宁教育出版社1996年版，第260—277页。

② 〔日〕乌居龙藏：《石面雕刻之渤海人风俗与萨珊式胡瓶》注11，《燕京学报》第30期，1936年。

③ （元）脱脱：《辽史》卷2《太祖本纪下》，中华书局1974年版，第18页。

西的喀喇汗朝“九月癸亥，大食国来贡”，[①]其中辽与大食还有着联姻关系，《辽史》记开泰九年（1020）“大食国遣使为其子册哥请婚，进象及方物”，辽朝于次年“以王子班郎胡思里女可老封公主，降之”。[②]《辽史》卷30记重熙二十二年（1053），回鹘阿萨兰曾遣使者贡名马与文豹。《续资治通鉴长编》卷96引宋绶《契丹风俗》记他在木叶山见“三豹，甚驯，马上附胡人而座”。辽地还多发现胡人牵狮、牵象的雕刻与瓷像。阿拉伯人和地处中亚丝绸之路的粟特人素以经商而著称于世，他们沿着草原丝绸之路进入辽朝境内从事商品贸易，这无疑对双方的文化传播起到了桥梁作用，双方频繁的交往，反映在器物上的文化影响便也是必然的了。

鸡冠壶主要出土于辽境，人们认为它是辽代特有的器物，事实上并非如此。其实在唐朝的南北各地都有出土，西安唐墓和临城邢窑窑址曾出土白釉鸡冠壶[③]，器体浑圆，制作精细，应为唐邢窑所烧制，非外输之物。在江苏扬州唐城建筑基址出土墓[④]中和南通[⑤]都出土了皮囊壶（鸡冠壶），由此可见在唐代鸡冠壶的使用是比较普遍的。有人认为这是契丹传入唐朝的，因为早在唐代初期，契丹就臣服了大唐，而且在契丹故地设置了松漠都督府，并封契丹首领为郡王，从此贸易和友好往来不断，在契丹接受中原文化的同时，契丹族独具特色的文化也必然会对中原地区的唐文化有所影响。但是所有出土的唐代鸡冠壶都要比辽鸡冠壶早得多，而且在辽之前契丹境内基本没有出土鸡冠壶，可见唐朝比辽朝更早出现鸡冠壶这一器型，再说辽以前的陶瓷工艺还不能生产此类相对高级器物。然而当时的唐朝是世界上最大的帝国，唐人胸襟开阔、博大精深，与世界各国经济、文化交流不断，那么这一时期西亚沙漠地区的皮囊风格容器定会像胡乐、胡服等一样传入唐朝，并且融入新的风格，这从西安出土的唐代白瓷横梁鸡冠壶饰有波斯风格的纹饰中可以得到印证（见图6）。可见不管是

① （元）脱脱：《辽史》卷71《属国表》，第225页。

② （元）脱脱：《辽史》卷14《圣宗本纪》，第158页。

③ 河北临城邢瓷研究小组：《唐代邢窑遗址调查报告》，《文物》1981年第9期。

④ 中国社会科学院考古研究所、扬州考古队等：《江苏扬州市文化宫唐代建筑基址发掘简报》，《考古》1994年第5期。

⑤ 南通博物馆：《江苏南通市发现了辽瓷鸡冠壶》，《文物》1974年第2期。

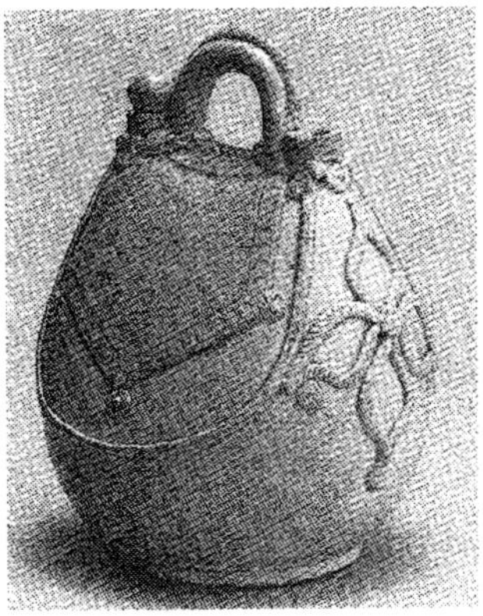

图6　白瓷鸡冠壶（西安唐墓）

辽境的鸡冠壶还是唐代中原的鸡冠壶都来自同一个渊源，那就是西亚沙漠游牧民族的皮囊容器。那么辽地的鸡冠壶会不会是从唐朝传入的呢？通过辽地出土的鸡冠壶类型可以否定这种猜想，因为从契丹呼斯淖墓出土的磨光黑陶鸡冠壶到赤峰大营子驸马墓出土的单孔平底鸡冠壶，到后来所出土的双孔圈足鸡冠壶，再到提梁鸡冠壶，它是一个由游牧生活到定居生活逐步发展与成熟的过程，而与唐朝鸡冠壶的造型差异较大。

三　鸡冠壶的功用

辽瓷鸡冠壶从一开始便具有双重功能，即实用功能和文化功能。

首先是鸡冠壶的实用功能。由于鸡冠壶的原型皮囊容器是游牧民族过“马逐水草，人仰湩酪”生活的必备之品，所以其替代品鸡冠壶在契丹民族日常生活中也应该具有同样重要的作用。通过对鸡冠壶器型的分析我们可以清楚地看到，穿系类单孔、双孔式器型是为了方便游牧生活的携带，其孔是为了系绳之功用，如果只是为了仿皮囊壶的形制，而不考虑实际之功用，那么有仿皮条棱装饰和鸡冠状顶就足够了，没必要再设计一个与皮囊容器毫无关系的孔。而提梁型鸡冠壶是适应定居生活的产物，既具有仿皮囊容器的形制，同时更方便了提拎之用，这说明它是作为实用器而出现的。虽说鸡冠壶是仿皮革制品，然而目前尚未发现过皮质的鸡冠壶，只是在内蒙古察右后旗红格尔图、乌兰哈达等地的契丹墓葬中出土过桦皮制的鸡冠壶[①]，奈曼旗陈国公主墓出土过刺柏木做的鸡冠壶，赤峰松山区

① 杜承武：《契丹与阴山——读史札记》，《辽金史论集》第2辑，书目文献出版社1987年版，第131页。

城子乡还发现过鎏金银鸡冠壶[①]（见图7），在喀喇沁旗娄子店乡上烧锅墓和通辽余粮堡[②]曾出土过几件素陶鸡冠壶，但发现数量最多的还是釉陶和瓷质的鸡冠壶。在所有出土的鸡冠壶中，不是出土于墓葬就是出土于窑址，于是有人认为它们是专用于随葬的明器。特别是在有些墓葬中往往还成对随葬鸡冠壶，阜新海力板M1出土的成对鸡冠壶上还刻有“同心”二字，似乎更能说明这一点。但是在辽开泰九年（1020）辽宁朝阳耿延毅墓的壁画中绘有一单孔鸡冠壶，旁边是手捧海棠花式长盘和高领罐侍宴的奴仆（见图8），可见鸡冠壶是作为日常生活用器而被烧制的。在有些墓葬出土的鸡冠壶中还发现了一些液体结晶，可能是当时饮料的残汁，可见它是可以作为盛器而使用的。

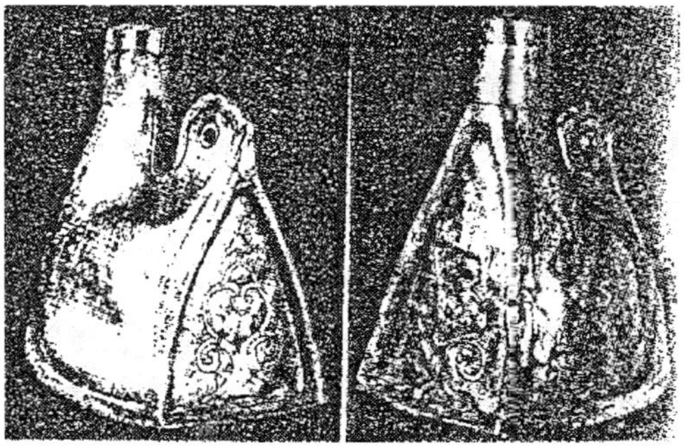

图7　鎏金银鸡冠壶（赤峰城子乡）

图8　鸡冠壶及侍者图（耿延毅墓壁画）

同鸡冠壶的实用功能一样，它从产生便具有文化方面的功能，这不但迎合了契丹民族的审美情趣，同时又是契丹人对过去游牧生活的回忆和情感寄托。在陶瓷器出现以前的契丹民族游牧于草原大漠，皮囊器作为储水的必用器伴随他们牧马放羊、驰骋征战，可以说皮囊器已经对契丹民族的情感产生了牢固的印记。随着手工业的发展，陶瓷器逐渐取代了原始的皮囊器，鸡冠壶便随着时代的发展应运而生了。但他们那种怀旧的情绪是挥之不去的，那是一种没有缘由、与生俱来的情感，于是他们在鸡冠壶上装饰了仿皮囊的皮条棱，以及细密的针脚纹。这是一种精神上的安慰，让

① 项春松：《赤峰发现的契丹鎏金银器》，《文物》1985年第2期。

② 哲里木盟博物馆（希木德）：《内蒙通辽余粮堡辽墓》，《北方文物》1988年第1期。

鸡冠壶唤起过去，记录他们对祖先、对旧有生活的怀念。鸡冠壶不但牵系着契丹人的民族情感，也表达了对本民族的认同和热爱。其实鸡冠壶与其他定居生活的实用器相比明显缺点大于优点，但是整个辽朝，烧造连绵不断，说明鸡冠壶已经作为一种民族符号深深扎根于契丹人心中，只要民族没有被完全同化，这份情感就生生不息。随着辽朝地域的向南不断扩大，契丹文化也被逐渐汉化，而他们的民族文化又明显处于弱势，所以他们一直试图保持自己的民族性，避免契丹族被汉族同化，比如政治上的国汉分治、南北面官制，文化上创造契丹大字和小字，以及四时捺钵制度。这种民族文化的独立性被长期保持，他们为自己的游牧文化倍感自豪，那么自然视具有游牧风格的鸡冠壶为象征，一种契丹人骁勇、强悍的象征，它更多地担当了维护契丹人游牧情感的角色。

其次，随着契丹人在定居生活后的不断汉化，他们的审美情趣逐步提高，这时鸡冠壶的美学价值已大大超过了实用价值。“随着文化生活的丰富，文化水平的提高，瓷器越来越为人们所追求，它的实用价值和美学价值同时得到了提高，甚至美学价值大大超过了实用价值，这是宋瓷的一大特点。”[①]当时中原文化已深深影响到辽境，故辽瓷也具有这一特点。后期的鸡冠壶器型高瘦，苗条清瘦，纹饰越来越多，越来越花哨，艺术价值不断提升，其艺术功能也不容忽视。总之，鸡冠壶被契丹人看作自己民族的象征，它记录着他们游牧生活的记忆，凝聚着他们的民族情感，担负着文化、精神、艺术等多方面的作用，欣赏它的是受汉文化影响、但却有着草原生活情缘的契丹人。

① 李知宴：《中国陶瓷文化史》，文津出版社1996年版，第217页。

辽代女真完颜部来源新探

韩世明

关于女真完颜部的来源问题，《金史》卷1《世纪》记载："金之先，出靺鞨氏。靺鞨本号勿吉。勿吉，古肃慎地也。"以往学界大多看法认为挹娄源于肃慎，以后又续称勿吉、靺鞨、女真，是一个族群连续发展的承续关系。近代又有人提出"挹娄为肃慎之一部"的说法，认为肃慎、挹娄、勿吉等分属不同的部落，各有各的来源。①近些年来，随着考古工作进一步展开，有关女真先世来源问题新的资料不断涌现，为进一步研究其来源问题提供了新的证据。按出虎水完颜部是女真人中的主体，在文献中有关女真完颜部的记载也相对其他女真集团要多，本文亦以此为基础对女真来源问题进行探讨。

文献记载中女真先世活动的地域是很大的一片，历代的名称也不相同，相关的名称和居地，在考古学文化中能否得到相符合的答案，是研究女真起源问题非常重要的课题。20世纪80年代以来，随着考古工作的进展，与女真人先世有关的考古资料不断被发现。近些年来，笔者又多次在黑龙江下游的三江平原地区进行考古调查，也获取了更多的有关女真族来源的信息。经过初步研究表明，在文献所指的女真人先世区域内，不同时期、不同地域的考古学文化面貌不甚一致，导致有关女真先世问题更加复杂化了，同时也为我们更深入地研究探讨这个课题提供了有益的线索。

---

① 日本参谋本部：《"满洲"地志》，商务印书馆1907年版，第153页。

一　与女真先世相关的考古学文化

肃慎在我国史书中出现的频率虽然较多，但对其居地的记载大多语焉不详。本文所指的肃慎是据《左传》昭公四年记载的肃慎，这个肃慎学界一般认为其活动区域在黑龙江中下游一带①。目前在黑龙江中下游地区发现有饶河的大板遗址、鱼峰遗址、宝清的劝农二道岭遗址、密山的五星湖遗址以及类似俄罗斯滨海地区的吾里尔文化的向阳遗址等多处距今四五千年至两千多年左右的新石器时期的遗址。除了向阳遗址以外，其他遗址的文化特征与后来此地区的考古学文化缺环很大，目前还找不出它们之间相互联系的证据。因此，进一步探讨肃慎的考古学文化特征目前还有很多工作要做。

但挹娄不同，随着秦汉以来疆域扩展，对东北族群分布认识逐步加深，文献对东北地区古民族的分布记载也日渐清晰，挹娄的分布四至在古文献中记载是比较清楚的。寻找挹娄的考古学文化，就要对古文献记载范围内汉魏时期挹娄文化遗存中来寻找。学界目前尽管对这一范围内哪个考古学文化是挹娄文化还有歧义，但基本上围绕着波尔采文化、滚兔岭文化、凤林文化等这几个文化各自阐明了不同的看法。②

波尔采文化是俄罗斯远东早期铁器时代的文化，主要分布在黑龙江中下游哈巴罗夫斯克边区境内的滨海地区。遗迹有长方形半地穴房址和3座墓葬。房子居住面中心设灶，墙壁周围有柱洞，房内设施中比较重视窖穴，有的房设3个窖穴，多数无门道，只有8号房子距西墙1米处有一个

---

① 张博泉：《肃慎、燕亳考》，《东北考古与历史》第一辑，文物出版社1982年版，第42页。

② 〔俄〕A.杰列维扬科：《公元前第1千纪阿穆尔河沿岸地区》，科学出版社1976年版；贾伟明、魏国忠：《论挹娄的考古学文化》，《北方文物》1989年第3期。虽然也有其他的看法，如李文信《依兰倭肯哈达洞穴》（《考古学报》1954年第7期）、朱国忱和张泰湘《东康原始社会遗址发掘报告》（《考古》1975年第3期）、李砚铁《黑龙江地区自然环境与史前社会经济》，《黑龙江流域文明》（黑龙江人民出版社2006年版）、张碧波和庄鸿雁《关于黑龙江流域文明研究的几个问题的思考》（《北方文物》2010年第1期）等观点，但与文献记载的挹娄分布区域和考古学文化不相吻合，在这里就不一一介绍了。

沟形门道。陶器以灰褐色和黄褐色为主，少量的磨光红陶，其制法为套接法。陶器的基本种类有壶、筒形罐、高体罐、矮体罐、球腹罐、敛口碗、敞口碗、斜壁碗、器盖、灯、钵、盘。还有少量双耳罐、角状把手罐、方口壶、椭圆形杯、甑。出土铁器较多，器类有鱼钩、锸、甲片、矛头、镞、匕首、锥、凿、扣等。另外发现一些青铜牌饰。石器有石锄、石刀、石臼、石磨盘。在波尔采遗址的所有被火烧毁的房子内，都发现了农作物的黍粒保存在陶罐内。波尔采文化存在的年代大约相当于我国古代战国时期或更晚一些。

滚兔岭遗址位于双鸭山市集贤县交界处的滚兔岭上，[①]岭下25米处为安邦河面，河由南向北顺岭的东崖脚下绕岭而过。在岭的东、西两端，各有高约3米的圆形土台一个。土台直径40—50米。在土台上面和土台西侧和南侧顺山势分布有居住址。经发掘，清理居住址12座。居住址呈正方形，60—100平方米，有的居住面经过焙烧。有的房内设有灶址和长方形窖穴。有的居住址四壁立有木板痕迹，当为防潮之用，个别居住面发现柱洞。在有的居住面上发现磨盘、磨棒、石刀等农业生产工具外，还出土了数量较多的铁器，有铁刀、铁镞、铁甲片、铁带扣等。主要生活用具为陶器，陶器都是手制，以素面为大宗，带纹饰的很少，都是平底器，个别有假圈足。陶器的器类较多，有瓮、罐、壶、碗、钵、匜。富有特征的陶器是器形较大的敞口鼓腹瓮和斜向上翘的香蕉状、鸭嘴状单把罐。滚兔岭遗址年代距今2100年左右，相当于两汉时期。分布的区域从目前的考古调查来看，主要在松花江以南、佳木斯、华南以东，南达牡丹江，大体在三江平原一带，是文献记载的古挹娄人的生活区域，与吾里尔—波尔采文化的分布核心区域不相重叠。

凤林古城位于友谊县凤林村西约300米处，[②]坐落在七星河中游北岸的漫滩上，与宝清县炮台山城址隔江相望。经过两次正式发掘，清理房址15座。房址大小不一，大的100平方米左右，小的则在16—18平方米之

① 黑龙江省文物考古研究所：《黑龙江省双鸭山市滚兔岭遗址发掘报告》，《北方文物》1997年第2期。

② 黑龙江省文物考古研究所：《黑龙江友谊县凤林城址1998年发掘简报》，《考古》2000年第11期。

间。有的房子有焙烤面和“火炕”设施。陶器以泥质陶为主，夹砂陶次之，制法皆为手制，采用套接法，器形有罐、钵、豆、甑、碗、盅、杯及陶塑等。凤林古城发现铁器数量较多，有刀、镢、刮削器、镞、甲片、鱼钩等。发现的石器较少，有磨盘和磨棒。在F2出土的陶器中，有3个陶罐装有粮食，其中两个是装满，经鉴定，有粟、小麦和大豆。凤林古城年代为距今1700年，相当于魏晋南北朝时期。分布的区域要比滚兔岭文化范围广，北越过松花江，西达第二松花江，在黑龙江省的宾县及嫩江流域都有发现。

目前从可见的考古发掘资料可以看出，滚兔岭和凤林古城文化的确有渊源关系，滚兔岭是凤林文化的前身，其差别则反映了同一族系不同时期的差异，属于同一族群不同时段留下的考古学文化。滚兔岭遗址中的瓮、单把罐、壶、钵、敞口碗等在凤林文化同类陶器之间联系十分紧密。可以断定，凤林文化是在滚兔岭文化的基础上，吸收其他文化而形成的一个新的考古学文化，两者之间的年代应该不会相去很远。

学术界一般认为，团结文化是沃沮人的物质文化遗存，[①]西团山文化是夫余人的文化遗存。如果夫余族、沃沮族文化得到了确认，它们的分布范围也大致掌握后，挹娄人的物质文化遗存也可以辨认出来。滚兔岭文化是文献记载的挹娄人遗存目前看应该是比较可信的，凤林文化应该与文献记载的勿吉文化相关。至于有的学者指出凤林文化中出现了一些陶豆之类的夫余文化因素，应该是勿吉灭掉夫余之后，融合夫余文化的结果。从文献记载来看，勿吉驱逐夫余以后，占领了夫余的大片地区，与当地人相结合形成了勿吉七部。因而，在凤林遗址中出现夫余文化因素就不奇怪了。

波尔采文化亦是文献中挹娄人活动的地域内，最早以为波尔采与滚兔岭是一个文化，但经研究表明，滚兔岭与波尔采文化之间看不出有渊源关系。与波尔采文化更接近的是乌里尔文化，这主要是球腹形罐上表现得最为明显。乌里尔文化中的球腹罐基本上是直领短颈，到波尔采文化变得复杂，出现大量的喇叭口领，这是波尔采文化陶器独特的风格。波尔采文化中的单把罐和敞口碗接近于滚兔岭、凤林文化中的同类器物，如形状、陶系、制作工艺等。由此可以看出，波尔采与滚兔岭所代表的文化既有相同

---

① 林沄：《肃慎、挹娄和沃沮》，《辽海文物学刊》创刊号，1986年。

之处，又有一定的差异。

波尔采文化是与滚兔岭文化不同且并行发展的另一考古学文化。在我国境内，与波尔采文化和奈费尔德类型相对应的是蜿蜒河类型和同仁一期文化。①蜿蜒河遗址位于绥滨县新城镇东2千米蜿蜒河西岸，遗址位于紧临两岸的台地上，现存长150、宽50米，面积约7500平方米。1974年共发掘4个探方，203平方米。清理房址2座，窖穴1个。遗址文化层堆积共3层，耕土层下有上、下两个文化层。上层房址F1开口于耕土层下，为地面建筑，室内有2个灶址，有火炕设施，其形式大体与绥滨县同仁文化二期的F1相似，其时间亦相当于南北宋时期。下层房址砣开口于第3层，从地层上看F1压着F2，从时间上看F1晚于心。蜿蜒河F2代表了蜿蜒河类型。蜿蜒河F2的碳14年代测定，距今2010±85年、1950±85年（公元前90—公元130），相当于西汉至东汉时期。约当波尔采文化第三期。蜿蜒河文化类型的某些特征，如半地穴式房址，陶器中的喇叭口球腹罐，敞口、平足的斜壁碗，铁制工具及青铜牌饰等，与俄罗斯境内黑龙江中下游的波尔采文化有着十分相似的内涵。有研究者认为蜿蜒河类型与波尔采文化属于一个文化②，同仁一期的文化遗存与奈费尔德类型属于一个文化。同仁一期文化与奈费尔德类型相比较二者也存在一些差别，如同仁一期文化的墓葬有台阶，而奈费尔德类型墓就没有台阶。这和两唐书记载黑水靺鞨依黑龙江为界分南黑水靺鞨、北黑水靺鞨的史实吻合，他们都应该属于靺鞨黑水部的遗存。③

从近些年来考古调查的资料来看，蜿蜒河—同仁文化（波尔采文化和奈费尔德类型）的最初起源地在贝加尔湖一带，向西可达大兴安岭的嘎仙洞一带，以后逐步向南发展。在黑龙江中下游、松花江下游一带与滚兔岭、凤林文化相邻，最后取代滚兔岭—凤林文化。史书记载的勿吉七部被

---

① 黑龙江省文物考古研究所、中国社会科学院考古研究所：《黑龙江绥滨县蜿蜒河遗址发掘报告》，《北方文物》2006年第4期；黑龙江省文物考古研究所、中国社会科学院考古研究所：《黑龙江绥滨同仁遗址发掘报告》，《考古学报》2006年第1期。

② 杨虎、林秀贞：《试论蜿蜒河类型与波尔采文化的关系》，《北方文物》2006年第4期。

③ 冯恩学：《奈费尔德类型的文化来源》，《北方文物》2011年第4期。

靺鞨七部取代，在考古学文化上表现为蜿蜒河—同仁文化取代滚兔岭—凤林文化。晚期的勿吉七部在驱逐夫余人以后，已经占领了夫余原来所占有的大片区域，从考古学文化上看，凤林文化分布的范围要远远大于滚兔岭文化的分布范围，凤林文化所分布的西部区域及其在其考古遗物中发现的夫余因素都表现了这些族群发展的变化过程。

女真是从靺鞨黑水部分化出来的。靺鞨黑水部到隋唐时期已经迁徙到黑龙江中下游一带，这部分靺鞨人一部分沿俄罗斯滨海地区继续南下，另一部分靺鞨人相对发展比较快，在松花江下游一带逐步转化为女真人，苏联在黑瞎子岛发掘的科尔科萨沃墓地对研究靺鞨黑水部文化向女真文化转化提供了实物证据。①以往在研究金人兴起过程中都把阿城作为女真人祖源地。从科尔科萨沃墓提供的考古资料来看，女真人真正从靺鞨人中演化出来就是在黑龙江与松花江合流一带的地方，并不断地发展壮大，一部分女真人在沿松花江迁徙到今天的黑龙江省绥滨县蜿蜒河一带定居。其中一支就是生女真完颜部，他们不断南下西进，最后在阿城建立了金王朝。有学者研究认为，“完颜”与“蜿蜒”是同音之转②，以地为氏，得姓完颜（蜿蜒）氏。

传统研究认为：肃慎—挹娄—勿吉—靺鞨—女真—满族这样相互继承发展而来的。通过目前发现的考古学资料可以看出，虽然哪些考古学文化属于肃慎族，目前还不是很清楚，需要进行进一步的考古调查和研究。但挹娄和勿吉有连续的承接关系，靺鞨和女真有继承关系，这一点是可以从考古学文化可以确认的。挹娄—勿吉系与靺鞨（蜿蜒河—同仁文化）—女真系是并行发展的两种文化，没有继承关系。但它们之间的共性要比秽、貊系的夫余、高句丽文化遗存共性大得多。以往学界根据文献记载把我国东北分为汉、秽貊、东胡、肃慎四大族系是有道理的。至于我国东北地区以往的北部地区和东部地区应该是其他族系集团了。由于距离中原较远，现在属于境外地区，我们研究也不够，是否存在其他族系，还有待于今后

① 谭英杰等：《黑龙江区域考古学》，中国社会科学出版社1991年版，第56页。

② 干志耿、孙秀仁：《黑龙江古代民族史纲》，黑龙江人民出版社1987年版，第34页。

的资料发现和进一步的研究。

二　文献记载的女真完颜部来源

《金史》记载的女真族历史是从完颜始祖函普开始的。在《金史》开篇《世纪》中，叙述了从太祖阿骨打起上溯十世的历史。其中从始祖到昭祖五世处于“尚未有文字，无官府，不知岁月晦朔，是以年寿修短莫得而考焉”①的传说时代。

有关金完颜始祖函普的传说，在女真建国前已经在各地、各族中广泛流传了。除《金史·世纪》以外，在《松漠纪闻》《大金国志》《三朝北盟会编》《建炎以来朝野杂记》《文献通考》《高丽史》等书中也有记载，尤以《金史·世纪》和《三朝北盟会编》卷18所引的《神麓记》记载得最为详尽。

《金史》卷1《世纪》记载：“金之始祖讳函普，初从高丽来，年以六十余矣。兄阿古乃好佛，留高丽不肯从，曰：‘后世子孙必有能相聚者，吾不能去也。’独与弟保活里俱。始祖居完颜部仆干水之涯，保活里居耶懒。其后胡十门以曷苏馆归太祖，自言其祖凡三人相别而去，盖自谓阿古之后。石土门，迪古乃，保活里之裔也。……始祖至完颜部，居久之，其部人尝杀它族之人，由是两族交恶，哄斗不能解。完颜部人谓始祖曰：‘若能为部人解此怨，使两族不相杀，部有贤女，年六十而未嫁，当以相配，仍为同部。’始族曰：‘诺。’乃自往谕之曰：‘杀一人而斗不解，损伤益多。曷若止诛首乱者一人，部内以物纳偿汝，可以无斗而且获利焉。’怨家从之。乃为约曰：‘凡有杀伤人者，征其家人口一，马十偶、牸牛十、黄金六两，与所杀伤之家，即两解，不得私斗。’曰：‘谨如约。’女直之俗，杀人偿马牛三十自此始。既备偿如约，部众信服之，谢以青牛一，并许归六十之妇。始祖乃以青牛为聘礼而纳之，并得其资产。……遂为完颜部人。”

《神麓记》记载：“女真始祖掯浦（即函普）出自新罗，奔至阿触胡（即按出虎），无所扫，遂依完颜，因而氏焉。六十未取，……有邻寨鼻

① 《金史》卷1《世纪》，中华书局1975年版，第4页。

察异酋长，姓结徒姑丹，小名圣货者。有室女年四十余，尚未嫁，遂以牛马财用农作之具，嫁之于措浦。后女真众酋结盟，推为首领。”

综合《金史·世纪》和《神麓记》的记载可以看出，完颜始祖函普三兄弟当时居住在高丽（新罗）地，并由高丽地迁徙出来，而分居各地；函普娶完颜部的女性为妻，仍为同部。这里牵扯到两个问题；一是完颜始祖函普当时居住在高丽，是否是完颜一支的原始居住地；二是始祖函普的姓氏问题，他加入完颜部，是否是由他姓改完颜的。

关于始祖函普一支来源，各家传说均言最初从高丽来。而《金史》卷135《高丽传》中说：“唐初，靺鞨有粟末、黑水两部，皆臣属于高丽。”在传后的《赞》中说：“金人本出靺鞨之附于高丽者。”在《金史·世纪》的开篇中明确指出女真完颜始祖出自靺鞨黑水部。文献记载说女真完颜部函普一支迁到高丽，应该在渤海国灭亡以后。不然靺鞨黑水部与高丽之间有渤海国相隔，出自靺鞨黑水部的生女真完颜部不可能迁居到高丽相邻地区的。所以，无论是《金史》还是《神麓记》记载的女真“初从高丽来”或“女真始祖措浦（即函普）出自新罗”，都是女真人的祖先在黑龙江省抚远县东部的黑瞎子岛一带，由靺鞨转化为女真人后，随着女真族人不断发展，女真人的一部分沿黑龙江西进不远即到达绥滨县境内的蜿蜒河流域，女真人在此地氏族组织进一步产生分化，新分化出来的氏族集团以地为氏，称完颜。这时的完颜族还没有产生进一步的分化，也就是说，这时的完颜部既包括异姓完颜，也包括同姓完颜。

完颜部何时由黑水部的原居住地迁居到高丽之地，史无明言。有唐一代黑水靺鞨与高丽之间有渤海国相隔，不可能直接发生联系。辽初灭掉渤海国以后，黑水靺鞨南部强大势力消失，黑水靺鞨才有可能南下西进，黑水靺鞨与高丽发生联系也应该在这以后不久。从辽初到金初，时间不到200年。《金史·世纪》记载了从始祖函普以下十世的史实，这是女真完颜部从女真其他部分化出来以后的史实，但不是女真从靺鞨分化出来后的史实。女真从靺鞨中分化出来的时间比这要早。《宋会要辑稿》：“唐贞观中，靺鞨来朝，始闻女真之名。”《文献通考》卷327记载得则更加详细：“唐贞观中，靺鞨来朝，太宗问其风俗，因言及女真之事，自是中国始闻其名。”则女真至少在唐贞观年间已经从靺鞨分化出来了。从唐贞观年间到辽初，也200余年，女真完颜部从黑龙江中游迁居到高丽附近，大约经历200多年，由高丽边境迁往按出虎水，也大体经历这么长时间，并最终在按出虎水附近兴起。追根溯源，女真族、至少是女真完颜部的祖居地应该在蜿蜒河一带。

三 从女真完颜姓氏分化看女真人的迁徙与发展

女真完颜始祖一支早在高丽初年，开始分散向南迁徙到朝鲜咸境道至图们江一带地方。及辽灭渤海，强迁渤海大族到辽南以后，更加剧了这种迁徙活动。①这种大规模的迁徙促进了女真社会的发展，也使氏族组织不断地分化。完颜氏得名以后氏族组织又产生进一步的分化，也就是同姓完颜和异姓完颜的分化，而且这次分化是在同姓完颜迁居到高丽附近之前。《金史·世纪》称始祖函普“初从高丽来”，又徙居仆干水之地。从女真氏族组织迁徙、分化情况来看，函普迁徙到高丽之地以前，是从女真完颜氏族中南下一支分化出来的。迁居到高丽之地以后，函普兄弟又由高丽之地分别迁往不同地方，这三兄弟后来分别发展为独立的氏族集团，表明三兄弟分化乃是氏族集团再分化的历程，也就是同姓完颜中宗室完颜和疏族完颜的分化。完颜集团的这次分化，是和辽初强迁女真豪族于辽地属籍联系在一起的。在这次迁徙过程中，函普一支迁往仆干水，保活里一支迁往辽地属籍，也就是后来的耶懒路完颜部。结合唐以来东北民族兴衰史，始祖的传说正反映了这种变迁。

在氏族社会，外婚制主要表现在氏族与氏族之间。女真迁徙到高丽旧地以后，原来的氏族部落组织开始分散解体，到达一个新的地域后又重新组合。函普与完颜部内结徒姑丹氏之女的结合不仅是两个人之间的婚姻问题，结合《神麓记》记载可知，函普迁居到仆干水之地后。与仆干水完颜部毗邻而居，完颜部人请函普调解了部内的血族争斗，仆干水完颜部谢以青牛一，许归六十之妇。函普以青牛为聘礼，娶仆干水完颜部结徒姑丹氏之女，函普集团以婚姻为纽带，加入完颜部，“遂为完颜部人”又组成了

① 〔日〕小川裕人：《三十部女真い就いて》，《东洋学报》24：4，1937年8月，第561页。

新的血缘集团。

史书记载完颜部迁居到仆干水之后，以婚姻为纽带加入仆干水完颜部的。在迁居仆干水完颜部之前，函普姓什么？据《神麓记》记载："女真始祖掯浦（即函普）出自新罗，奔至阿触胡，无所扫，遂依完颜，因而氏焉。"是说加入完颜部以后，改姓完颜。但《金史·世纪》的记载并未明言改姓之事。况且《金史·世纪》记载的函普加入仆干水完颜部之前，始祖三兄弟已经分开，三兄弟皆姓完颜氏，说明函普不是加入仆干水完颜部之后改姓完颜的。

《金史》卷59《宗室表序》记载："金人初起完颜十二部，其后皆以部为氏。史臣记录有称'宗室'者，有称完颜者。称完颜者亦有二焉，有同姓完颜，盖疏族，若石土门、迪古乃是也；有异姓完颜，盖部人，若欢都是也。大定以前称'宗室'，明昌以后避睿宗讳称'内族'，其实一而已，书名不书氏，其制如此。宣宗诏宗室皆称完颜，不复识别焉。"

《金史》卷66《始祖以下诸子传赞》记载："完颜十二部，皆以部为氏，宣宗诏宗室皆书姓氏，然亦有部人以部为氏，非宗室同姓者，遂不可辨矣。"

由以上的记载可以看出，以宗室完颜为中心，划分出三种不同的世系关系：

宗室：金皇室直系血亲，即按出虎水完颜部始祖函普的后裔。

疏族：金皇室旁系血亲，即始祖兄阿古乃和弟保活里后裔。

部人：异姓。即异姓完颜（宗室和疏族）以外的完颜支系人。

所谓同姓、异姓，不可能以姓氏是否相同这一点来区分。在金建国以前的女真社会中，没有姓氏，只有世系集团和血缘集团的称号。由于氏族不断地发展、增殖、分化，产生许多新的世系集团。这些不断分化出来的世系群，由于年代久远，不能追溯出其共同的世系关系，唯有以氏族名称相同这一点来确定有一定联系。所谓异姓，只不过是不断分化出来的世系群中不能确认其世系关系的分子而已。而同姓不仅在名称上，在世系上也能追溯出它们之间的联系。完颜始祖的传说，表明它们之间有亲缘关系。同姓完颜中的疏族完颜，正处于由氏族向异族发展的过渡阶段。

从完颜始祖传说中可以看出，在始祖三兄弟迁徙到仆干水（今牡丹江）之地以前，同姓完颜已经从异姓完颜中分离出来，也就是徒居到黑龙江省绥滨县蜿蜒河流域得名完颜氏以后，氏族组织分化，同姓完颜与异姓完颜分离。同姓完颜迁徙到仆干水之地以后，在同姓完颜中又产生一次分化，分化出宗室（函普一支）完颜和疏族完颜。始祖函普一支经海古水（今海兰河）迁往按出虎水（今阿什河）之地；保活里一支被迁往辽地属籍；而阿古乃一支仍留在旧地。完颜集团内部的亲疏远近是以按出虎水完颜部为中心划分出来的。宗室、疏族、异姓的根本区别，在于从按出虎水完颜部分离的早晚。早分离出来的世系群，逐渐失去了联系，因而为异姓。阿古乃、保活里这两支在始祖函普时期分化出来，按出虎水完颜部始祖的传说，表明其同族关系，与按出虎水完颜部而言，又属于分化出来的旁支，是疏族。宗室、疏族、异姓的区分反映了氏族社会发展分化的一般规律，也是女真社会发展分化的一个缩影。

金建国以前，除了另起新名的氏族集团以外，有许多新分化出来的世系集团是在旧氏族称号之前加新迁居地名来识别的。

《金史》卷66《勖传》：“天会六年，诏书求访祖宗遗事，以备国史，命勖与耶律迪越掌之。勖等采摭遗言旧事，自始祖以下十帝，综为三卷。凡部族，既曰某部，复曰某水之某，又曰某乡某村，以别识之。”这种以某水、某村、某乡来区分女真各部族的方法在金建国以前记载中比比皆是。如，完颜集团有按出虎水完颜部、泰神忒保水完颜部、神隐水完颜部、雅达澜水完颜部、马纪岭劾保村完颜部等；纥石烈集团有星显水纥石烈部、陶温水纥石烈部、徒笼古水纥石烈等；蒲察集团有按出虎水蒲察部、斡泯水蒲察部等。所以《牧庵集·布色君神道碑》记载道，“金有天下，诸部各以居地为姓”。

以某水、某乡、某部来区分世系所属的方法在金建国以后改为有姓有名。这时的女真族姓都是由建国前的继嗣组织称号转化而来。促成这种转化的社会因素主要有二：一方面是在女真建国之初，阿骨打即以地缘为基础的猛安谋克组织取代了以血缘为基础的氏族部落组织。同时，由于对辽、宋战争的胜利，不断地把女真人迁往辽宋地区，以往那种河川、村落名称已经不能标识人们的世系所属；另一方面，这种名称的转变，也与女真人进入辽、宋地区以后，仿效汉风有关。有的女真人在氏族称号之后，加上自己的女真本名，如完颜术里古、徒单吴甲等；有的在氏族称号之后，另起汉名，如：金太祖完颜旻，女真名阿骨打；完颜希尹，女真名谷神；完颜昌，女真名挞懒；完颜宗翰，女真名粘罕等。

金朝建国时间考辨

辛时代

关于金朝建国时间，学界传统观点认为，阿骨打称帝建国于1115年。近年来，刘浦江先生发表《关于金朝开国史的真实性质疑》（以下简称《质疑》）一文，认为《金史》在金朝建国时间、国号、年号存在着伪造问题，阿骨打可能在1117年或1118年建立国家，国号是女真，年号为天辅，直到1122年才改国号为金。[①]董四礼先生《也谈金初建国及国号年号》提出不同看法，认为在《金史》与宋、辽、元人所著文献对比运用时，应该更重视《金史》的史料价值，在没有确凿证据以前，《金史》所记金朝开国史，即阿骨打于1115年建国，国号金，年号收国，仍是值得采信的。[②]笔者认真释读刘、董两先生的文章，重新核对了史料，兹再就金朝建国时间问题发表自己的看法，不当之处，恳请指正。

一 《质疑》对文献解读的问题

《质疑》一文挖掘和整合了一些宋元文献，对传统的金朝建国观点提出质疑，这些文献主要集中在1117年建国说、1118年建国说，与1122年改国号说三个方面：

论证1117年建国说的文献出自《辽史》卷28《天祚帝纪》《辽史》卷70《属国表》和《元文类》卷13收录的许衡《时务五事》。

论证1118年建国说的文献出自李心传撰《建炎以来系年要录》卷1重

---

① 刘浦江：《关于金朝开国史的真实性质疑》，《历史研究》1998年第6期。

② 董四礼：《也谈金初建国及国号年号》，《史学集刊》2008年第6期。

和元年八月条、《建炎以来朝野杂记》卷19女真南徙条、王称撰《东都事略》卷125《金国传》、佚名撰《中兴御侮录》卷上、陈均撰《九朝编年备要》卷28、李埴撰《皇宋十朝纲要》卷18、佚名撰《宋史全文》、宇文懋昭撰《大金国志》卷首《金国九主年谱》和叶隆礼撰《契丹国志》卷10《天祚皇帝上》。

论证1122年改国号说的文献出自《三朝北盟会编》卷245引范成大《揽辔录》、吕颐浩撰《忠穆集》卷1《上边事善后十策》《大金德运图说》、契丹小字《金代博州防御使墓志铭》。

笔者认为，《质疑》一文在对文献解读时，尚有值得商榷之处。

（一）《辽史》对金国的承认客观性问题

金朝建立后，金朝与辽朝都涉及彼此交涉与认同问题，双方议和活动由此拉开。

收国元年（1115）正月，辽朝天祚帝“遣韩家奴持书约和”①。辽朝“国书斥上（阿骨打）名，且使为属国”②。坚持维护从前的主从定位。“阿骨打遣赛剌复书：若归叛人阿疏，迁黄龙府于别地，然后议之。”③三月，辽朝“遣耶律张家奴等六人赍书使女直，斥其主名，冀以速降”。辽朝这次议和的基调一改先前“属国”的温和说法，直接令女真政权“速降”，完全采用一种敌视态度。阿骨打“以书辞慢侮”，扣留其中五人，“独遣张奴回报，书亦如之”④。六月，辽朝遣“耶律张奴复以国书来，犹斥上名。上（阿骨打）亦斥辽主名以复之，且谕之使降”⑤。辽朝与金朝在外交辞令上的针锋相对，折射的是辽朝与金朝在议和理念上、势力对比上的不对称。七月，辽朝“遣萧辞剌使女直，以书辞不屈见留”⑥，议和由此进入僵持阶段。谈判上无法调和的事情终究需要诉诸战争手段加

① 《辽史》卷28《天祚帝本纪二》，中华书局1974年标点本，第331页。

② 《续资治通鉴》卷92，政和五年正月甲午条，中华书局1957年标点本，第2365页。

③ 《辽史》卷28《天祚帝本纪二》，第331页。

④ 《金史》卷2《太祖本纪》，中华书局1975年标点本，第27页。

⑤ 同上。

⑥ 《辽史》卷28《天祚帝本纪二》，第332页。

以解决。九月，阿骨打率军在达鲁古城以少胜多，大败辽军，乘胜攻克黄龙府。随后，阿骨打释放萧辞剌，“复遣赛剌以书来报：若归我叛人阿疏等，即当班师”①。金朝凭借在战场的胜利，在谈判上对辽朝步步紧逼。辽朝面对昔日属国的咄咄逼人恼羞成怒，杀掉女真使者赛剌。②十一月，天祚帝闻黄龙府陷落，亲率蕃汉精兵，号称70万，企图一举消灭新生的金国，阿骨打率军二万屯爻剌，迎战辽军。由于辽将耶律章奴率部临阵叛逃，天祚帝无心再战，中途撤军。阿骨打遂督军轻骑疾进，追至护步答岗，“辽师败绩，死者相属百余里”。③护步答岗之战失利后，天祚帝再也无法不正视金国的存在，“复遣使议和。太祖使胡突衮往，书曰：若不从此，胡突衮但使人送至界上，或如赛剌杀之，惟所欲者”④。

从上述金辽议和过程看，金朝刚刚建国，辽朝统治者拒绝承认金国的合法性，只以“属国”相称。随着金军在战场上的不断胜利，尤其是护步答岗一役，辽朝天祚帝率倾国之师大败后，不得不承认金政权的存在。辽天庆七年（1117），金朝群臣上太祖阿骨打“大圣皇帝”尊号，改年号为天辅。《辽史·天祚帝本纪》《辽史·属国表》从这一年开始记金朝的史事，反映了辽朝对金朝崛起态度的微妙变化。⑤笔者认为，既然金朝建国是客观事实，那么我们就不能把辽朝什么时候承认金政权来作为金朝建国的时间标准。

（二）《揽辔录》中“小本历”的解读

宋孝宗乾道六年（1170）范成大出使金朝，他在《揽辔录》中提到金朝通行的“小本历”：

> 其历曰大明历……亦有通行小本历头，与中国异者，……而最可笑者，虏本无年号，自河姑打（阿骨打）姑者（始有）天辅之称，今四十八年矣。小本历通具百二十岁，相属某年生，而四十八年以前

① 《辽史》卷28《天祚帝本纪二》，第332页。

② 《金史》卷84《耨盌温敦思忠传》，第1881页。

③ 《金史》卷2《太祖本纪》，第28页。

④ 《金史》卷84《耨盌温敦思忠传》，第1881页。

⑤ 董四礼：《也谈金初建国及国号年号》，《史学集刊》2008年第6期。

虏无年号，乃撰造以足之：重熙四年、清宁、咸雍、大康、大安各十年。盛（寿）昌六年，乾通（统）十年，大（天）庆四年，收国二年；以接于天辅。①

当时金朝官方通行“大明历”，而在民间又有“小本历”。范成大所见“小本历”是由10个本历年组成，上面记有属相、属相对应年代等信息（包括基本的天干地支、五行），以方便备查。类似“小本历”这种印刷品在我国现在某些地区仍有发行与流传。我们先明确一下史料中的已知条件：

（1）“小本历”的总年限是两个甲子，指从重熙二十年（1151）到“今”的120年，“今”即乾道六年（1170）。

（2）有金朝年号纪年为48年，即从天辅N年到乾道六年（1170）；

（3）“撰造以足”的纪年为66年；谨按《揽辔录》提供的数字计算如下：

重熙四年（1051—1054）+清宁十年（1055—1064）②+咸雍十年（1065—1074）+大康十年（1075—1084）+大安十年（1085—1094）+寿昌六年（1095—1100）③+乾统十年（1101—1110）+天庆四年（1111—1114）+收国二年（1115—1116）④＝66年。

“小本历”是以120年为限，即（1）；而实际的可以推算年数为114年，即（2）、（3）的总和，这里就存在一个差额问题，即（1）-［（2）+（3）］＝6年。显然这个差额6年就是“自河姑打姑者（始有）天辅之称，今四十八年矣”之前天辅的年限，或者说不包括天辅N年在内的天辅年限。通过计算，我们可以得出：天辅N年之前有6年，则为天辅N年为天辅七年。历史上，金太祖天辅年号起于1117年正月，止于1123年9月，共计6年9个月。也就是说天辅年号使用了7年，其中，天辅七年使用年限不足一年（9个月）。我们计算的差额与历史记载基本吻合。

① （宋）徐梦莘：《三朝北盟会编》丁集“炎兴下帙一百四十五”，台湾大化书局1979年影印本，第504页。

② 重熙二十四年（1055）八月，辽道宗改元清宁。

③ 寿昌六年（1101）七月，天祚帝改元乾统。

④ 天庆五年（1115）正月，金太祖改元收国。

关于金朝什么时候开始有年号的问题，从小本历记载来看，“自河姑打姑者（始有）天辅之称，今四十八年矣。”我们从“今”（1170，即宋孝宗乾道六年，金世宗大定十年）前推48年，即至1123年。1123年金朝有两个年号，即金太祖天辅七年，金太宗天会元年。换句话说，“小本历”使用本朝年号纪年起于1123年，这一年，金太宗即位，改元天辅为天会。范成大依照“小本历”得出“自河姑打姑者（始有）天辅之称，今四十八年矣”的描述，这是没有问题。或者说“自河姑打姑者（始有）天辅之称，今四十八年矣”反映的只是“小本历”本身的信息。当然，这里的天辅是指天辅末年，而有的学者没有弄清“小本历”的真实内容，就认为“自河姑打姑者（始有）天辅之称”中的“天辅”就是指天辅元年，这是完全错误的。

“小本历”反映的是金代民间历法编修水平，由于编修人学识所限，并没有详列太宗朝之前72年的纪年情况（这72年的纪年当是以天干地支来标识），甚至连本朝初期的纪年也都缺略，大有数典忘祖之嫌。范成大在哂笑之余，根据自己所掌握的知识“撰造以足之”。

“小本历”相关记载是佐证金朝于1115年建国的重要文献。对于“小本历”有关解读，既不能脱离《揽辔录》特定的语言环境，又要对《揽辔录》提供的数字进行充分的运算，这样才能得出令人信服的结论。刘浦江先生认为：“收国年号是不存在的。金朝的建国时间，并不像《太祖实录》所记载的那么早，……从文献记载来看，《辽史》以及绝大多数宋人著述中都没有提到这一年号。”[①]这一说法恐怕是难以成立的。我们知道，辽朝刚开始对阿骨打政权并不承认，宋人无法从辽朝方面得到金朝建国的直接信息，随着宋金对峙局面的形成，宋人开始通过不同渠道了解到金朝建国的有关史实及收国年号的存在。比如《揽辔录》中就赫然记载着“收国”年号，不仅如此，范成大还清楚“收国”年号使用了2年，上接天庆四年（1114），下接天辅元年（1117）。

（三）《上边事善后十策》中“女真国”的解读

南宋名臣吕颐浩《上边事善后十策》中有北宋政和年间“遣使由海道

① 刘浦江：《关于金朝开国史的真实性质疑》，《历史研究》1998年第6期。

至女真国通好”记载以及“女真于宣和四年方建国号大金”注释。[①]刘浦江先生认为：《上边事善后十策》是写给宋高宗的奏疏，所言必定有相当可靠的依据，加上吕颐浩是南宋位高望重的政治家，有长期在北方担任地方官的经历，他对金初历史拥有无可争辩的发言权。[②]董四礼先生认为，南宋名臣洪皓留金多年所撰写的《松漠纪闻》尚且多有失实之处，就可以想见远在域外的宋朝官员据传闻的发言权必然有局限性。生女真是隶属于辽朝、不系辽籍的藩属部族，与辽朝往来中往往自称小国；辽、宋人称其为女真国也是常见于文献之中。[③]这里的“国”不是现代意义上的国家概念，而是指一个部族联盟。比如：《契丹国志》中“女真国”部分就记载着阿骨打建国以前生女真部族的生活区域、物产以及与辽朝交往等信息。《上边事善后十策》小注当是传闻有误，或者是后人窜补所致。《三朝北盟会编》则直接略去小注，应是深明此理。宋朝大臣给皇帝的上疏体例中是不会允许在正文中加入小注。这种小注的动机无非是上疏者在炫耀自己的学识和鄙薄皇帝的无知；再说高宗赵构本人就是靖康年间宋金和战的直接见证人，金国什么时候建国，他是十分清楚的，何况还有皇家档案、待诏学士以备顾问，所以根本用不着小注画蛇添足。

（四）《大金国运图说》中金国号的解读

《大金国运图说》载，金宣宗贞祐二年（1214）二月，尚书省集议德运问题之际，右拾遗田庭芳的议状中提及国号传闻：“又闻故老相传，国初将举义师也，曾遣人诣宋相约伐辽，仍请参定其国之本号，时则宋人自以其为火德，意谓火当克金，遂因循推其国号为金。”[④]田庭芳从什么渠道得到这种传闻，已经无从考证。根据传闻，“大金”的国号得自宋朝德运，这种说法在现有文献中是找不到依据的。连刘先生自己也认为“大金”的国号与德运之说、“金胜镔铁”之说无关，而是源自女真完颜部世

---

① （宋）吕颐浩：《忠穆集》卷2《上边事善后十策》，浙江古籍出版社2012年点校本，第15页。

② 刘浦江：《关于金朝开国史的真实性质疑》，《历史研究》1998年第6期。

③ 董四礼：《也谈金初建国及国号年号》，《史学集刊》2008年第6期。

④ （清）张金吾：《金文最》卷58《大金德运图说》，中华书局1990年标点本，第835页。

代生息的按出虎水（今阿什河）。

（五）《金代博州防御使墓志铭》中契丹小字的解读

1993年9月，在内蒙古敖汉旗新地乡老虎沟出土了一方契丹小字《金代博州防御使墓志铭》，墓主人是辽末降金的契丹人，在金代曾任博州防御使。[①]刘浦江先生认为，墓主可能就是移剌斡里朵，卒于金大定十年（1170）十二月。志文的第11、12、15行中三次出现了“女真国”字样，这是金朝在天辅年号之前称“女真国”的有力佐证。[②]

然而，乌拉熙春先生则认为墓主是习撚镇国，卒于皇统二年（1142），镇国夫人卒于大定十年（1170）。被释作“女真”的词后续“国”一词，上面又有空格，无疑指金国国号，这个被释作“女真”的词，当是契丹语“女古”，意为金。女真建国之初并没有使用过“女真国”的国号，契丹小字《金代博州防御使墓志铭》出现的国号就是“金国”。只不过“金”是用契丹语“女古”意译，而不是《金史》所载的“按春”。[③]

由此看来，刘先生把《金代博州防御使墓志铭》的相关记载作为1122年改“女真国”为金国的依据还值得进一步探讨。

二 《质疑》关于杨朴与《金太祖实录》的解读

《质疑》在胪列有关质疑性的史料后，对杨朴有关史实和《金太祖实录》进行了重点的解读。

杨朴，又作杨璞，是金朝初期的重要谋士之一，《金史》无传。见于各文献记载的主要活动有劝阿骨打称帝、接受辽朝册封；劝阿骨打立蒲察

---

① 朱志民：《内蒙古敖汉旗老虎沟金代博州防御使墓》，《考古》1995年第9期。

② 刘浦江：《内蒙古敖汉旗出土的金代契丹小字墓志残石考释》，《考古》1999年第5期。

③ 爱新觉罗·乌拉熙春：《契丹小字〈金代博州防御使墓志铭〉墓主非移剌斡里朵》，《满语研究》2007年第1期。

氏为皇后；制定金朝朝仪制度；参与金宋海上之盟。[①]其中，杨朴劝阿骨打称帝、接受辽朝册封尤其值得关注。

关于杨朴降金时间，《契丹国志》载："杨朴者，辽东铁州人也，本渤海大族，登进士第，累官校书郎。先是从高永昌叛，因降于金，颇用事。"[②]《大金国志》亦载："杨朴者，辽东铁州人也，本渤海大族，少第进士，累官校书郎。高永昌叛时，降女真，甚用事。"[③]其中，高永昌据东京叛乱的时间，《金史·太祖本纪》记载：收国二年（1116）闰（正）月，"高永昌据东京，使挞不野来求援"。"五月，斡鲁等败永昌，挞不野擒永昌以献，戮之于军。东京州县及南路系辽女直皆降。"[④]《辽史·天祚帝本纪》记载大致相当：天庆六年（1116）春正月，"（东京留守）萧保先严酷，渤海苦之，故有是变。其裨将渤海高永昌僭号，称隆基元年"。"五月，清暑散水原。女直军攻下沈州，复陷东京，擒高永昌。东京州县族人痕孛、铎剌、吴十、挞不也、道剌、酬斡等十三人皆降女直。"[⑤]由此得知，高永昌叛乱的时间为收国二年（1116）正月到五月，杨朴降金的时间也在此期间。

关于杨朴劝进的情况，记载比较详细、时间比较早的文献当属《三朝北盟会编》。据《三朝北盟会编》载：杨朴劝说阿骨打："'大王创兴师旅，当变家为国，图霸天下，谋万乘之国，非千乘所能比也。诸部兵众皆归大王，今力可拔山填海，而不能革故鼎新，愿大王册帝号，封诸番，传檄响应千里而定，东接海隅，南连大宋，西通西夏，北安远国之民。建万世之镃基，兴帝王之社稷。行之有疑，祸如发矢，大王如何？' 阿骨打大悦，吴乞买等皆推尊杨朴之言，上阿骨打尊号为皇帝，国号大金，改元

① 焦慧：《杨璞金初活动考辨》，《辽宁大学学报》1990年第6期。

② （宋）叶隆礼：《契丹国志》卷11《天祚皇帝中》，齐鲁书社2000年点校本，第112页。

③ （金）宇文懋昭：《大金国志》卷1《太祖武元皇帝上》，齐鲁书社2000年点校本，第4页。

④ 《金史》卷2《太祖本纪》，第29页。

⑤ 《辽史》卷28《天祚帝本纪二》，第334页。

收国。”[①]这段史料的记载颠三倒四，很容易让人产生歧义。如果杨朴是在1116年降金，那么，阿骨打在杨朴、吴乞买等劝说之下称帝，所建年号不应该是收国；如果阿骨打在杨朴、吴乞买等劝说之下称帝，建元收国，那么，杨朴降金时间应该在1115年之前。所以，无论是赞同《质疑》金朝开国时间的学者，还是坚持传统金朝开国时间的学者，都可以根据论证的需要作出有利于自己观点的解读。

杨朴又劝阿骨打与辽朝议和，请求辽朝册封。《三朝北盟会编》载：“杨朴又称说：自古英雄开国，或受禅，或求大国册封。遣人大辽，以求封册，有事数十：乞徽号大圣大明一也；国号大金二也；玉辂三也；衮冕四也；玉刻御前之宝五也；以兄弟通问六也；生辰正旦遣使七也；岁输银绢二十万匹两、大宋岁赐之半八也；割辽东、长春两路九也；送还阿鹘户、赵三大王十也。”[②]《辽史·天祚帝本纪》《宋史纪事本末》卷52《金灭辽》等也记载了杨朴劝阿骨打请求辽朝册封一事，只是略去10项条款。

《质疑》围绕杨朴有关史实，有两个方面的具体阐述：

一方面以杨朴不见于《金史》列传，推断“是金朝实录和国史有意隐讳的结果”。原因有三点：“首先，从杨朴劝说阿骨打称帝的那些话来看，不像是阿骨打刚刚起兵不久的事情”，笔者认为，杨朴的话像不像阿骨打刚起兵之时所说，这种讨论本身就是一个伪命题，由于缺少必要的语言环境，无论作出哪种倾向性结论都是不恰当的。“其次，《契丹国志》和《大金国志》都说杨朴是渤海高永昌起兵时叛辽时归降女真的，……杨朴劝阿骨打称帝不得早于天庆六年（1116）”，[③]该论述重点以《契丹国志》《大金国志》为主进行叙事，而没有兼取《金史》的说法，来纠正《契丹国志》《大金国志》。至于第三点，《质疑》直接撇开杨朴，大谈为阿骨打确定汉姓汉名的韩企先，大有南辕北辙的意思。总之，《质疑》以上的三点分析有待商榷。笔者认为，《金史》没有为杨朴列传，存在着

---

① （宋）徐梦莘：《三朝北盟会编》甲集“政宣上帙三”，台湾大化书局1979年影印本，第28—29页。

② （宋）徐梦莘：《三朝北盟会编》甲集“政宣上帙三”，第29页。

③ 刘浦江：《关于金朝开国史的真实性质疑》，《历史研究》1998年第6期。

多种可能。其中最有可能的是修史时杨朴的史料缺乏，与金朝实录和国史有意隐讳没有直接的因果关系。同样，对于《金史》与其他文献关于杨朴劝进的记载出现矛盾，我们在没有充分论证情况下，不能单方面归解为《金史》刻意隐讳。

另一方面，《质疑》由杨朴劝阿骨打谋求辽朝册封为引，展开金辽早期议和的史实。《质疑》注意到《辽史·天祚帝本纪》“在册封问题上讨价还价，直言不讳，而《金史·太祖本纪》只记载双方互遣使节，不提议和的内容”，只有《金史·耨盌温敦思忠传》透露出阿骨打请求辽朝册封的事实。《金史》虽然有所记载，但是《质疑》一文推测“这篇列传的史料来源可能不是金朝的官方文献”。初衷可能是指责金朝官方掩盖阿骨打起兵以后，因与辽朝实力悬殊，请求辽朝册封这段不光彩的史事。其实大可不必以《金史》作为代表金朝官方的重要文献，连阿骨打及其祖上、父兄数代人都担任过辽朝所授予的节度使一事尚且不加避讳，怎么还会计较阿骨打建国之后谋求辽朝册封一事呢?

随后，《质疑》在“金朝官方伪造本族历史”的语境下展开对《金太祖实录》的分析。

我们知道，实录是中国传统史籍之一。唐朝以后，实录修撰逐渐完善，前代皇帝去世后，继位皇帝即令宰相领衔，组织史官编写先朝皇帝的实录，实录多采用《起居注》《日历》、中央与地方档案等原始资料修撰而成，所记载的历史事件、典章制度，基本都有史实依据。特别在原始档案文献没有或缺略的情况下，其重要的史料价值是无可替代的。所以历代修撰正史，往往重视实录文献。不可否认的是，《实录》的编撰涉及当权者之间的政治斗争、王朝的禁忌，也存在着曲笔、隐晦、失实的现象。

金朝实录早已散佚，其零星记载见于南宋文人的征引。徐梦莘的《三朝北盟会编》引有《金太祖实录》：

> 太祖生于辽咸雍四年戊申秋七月，其先为完颜部人，后因以为氏，以辽天庆五年建国，曰：辽以镔铁为国号，镔铁虽坚刚，终有销

坏，唯金一色，最为真宝，自今本国可号大金。①

《质疑》认为，金朝国号并非得自“金胜镔铁”的寓意，而是源于女真完颜部世代生息的按出虎水（今阿什河），《金太祖实录》对“大金”国号的解释并不可信。《质疑》以此为出发点，认为《金太祖实录》“刻意改造金朝开国史”。再加上，元朝所修《金史》依据的原始材料主要是实录，《金史·太祖本纪》对金国号的得名，也脱胎于《金太祖实录》。因此，“由《金太祖实录》所撰造而为《金史》所承袭的金朝开国史肯定不是真实的”②。不仅如此，对于佐证1115年金朝建国说的《续夷坚志》《高丽史》等文献记载，《质疑》好像并不是从正面进行论证，言外之意，《续夷坚志》《高丽史》这些文献也受《金太祖实录》的影响而造成记载错误。

笔者想强调的是，历史研究要实事求是，不能将文献记载的问题无限放大。《金太祖实录》里面即便“金胜镔铁”说存在问题，但其他部分是不是有问题，我们应该依靠的是实际论证，而不是取决于“金胜镔铁”结论的正确与否。就论证而言，既然围绕《金太祖实录》重点解读的是国号问题，那么将包括开国时间在内的开国史问题和国号问题捆绑在一起，似乎有些不妥。

三　文献中金朝收国建国的记载

刘浦江先生广泛地收集史料和重新论证了金朝开国的时间，已经在学界引起强烈的反响。董四礼先生撰文针对《质疑》所引的史料采取了一步一趋式反驳，且不说这种反驳的范围很小，并有待进一步深入，单从史料运用上看，这种反驳无法抵消《质疑》所产生的影响，由于支持传统观点的史料至今无人梳理，以至于有的学者错以为，即便经过董先生的反驳以后，支持《质疑》的史料依据仍然很充分。那么究竟哪些文献记载了金朝

① （宋）徐梦莘：《三朝北盟会编》甲集“政宣上帙十八”，台湾大化书局1979年影印本，第167—168页。

② 刘浦江：《关于金朝开国史的真实性质疑》，《历史研究》1998年第6期。

于1115年建国或者收国建国？

（一）《高丽史》记载的金朝建国时间

《高丽史》由朝鲜李朝金宗瑞、郑麟趾等奉旨编修，成书于朝鲜李朝文宗元年（1451）。《高丽史》以纪传体的形式记述了上自918年、迄于1392年王氏高丽的治乱兴衰和典章文物。其中比较完整地保存了辽代以来生女真与高丽交往的珍贵史料，可以弥补中国所编纂的《宋史》《辽史》和《金史》等正史的不足。现将《高丽史》记载阿骨打建国前后的四处史料具录如下：

（甲）睿宗十年（1115）正月，生女真完颜阿骨打称皇帝，更名旻，国号金。其俗如匈奴，诸部落无城郭，分居山野，无文字，以言语结绳为约束。土饶猪羊牛马，马多骏，或有一日千里者。其人鸷勇，为儿能引弓射鸟鼠，及壮无不控弦走马，习战为劲兵，诸部各相雄长，莫能统一。其地西直契丹，南直我境，故尝事契丹及我朝。每来朝以麸金、貂皮、良马为贽，我朝亦厚遗银币，岁常如此。①

（乙）睿宗十一年（1116）四月庚午，金主阿骨打遣阿只来。②八月庚辰，金将撒喝攻辽来远、抱州二城，几陷，其统军耶律宁欲帅众而逃，王遣枢密院知奏事韩皦如招谕宁，以无王旨辞，皦如驰奏。王欲令枢密院具劄子送之。宰臣谏官奏曰："彼求王旨，其意难测，请止之。"王乃遣使如金请曰："抱州本吾旧地，愿以见还。"金主谓使者曰："尔其自取之。"③

（丙）睿宗十二年（1117）三月辛卯，辽来远城牒曰："昨为生女真及东京渤海背乱……权时搬借米货五万石赡济民户，比候来秋却具元借米货，硕斗还充，必不缺少。"中书省令判兵马事金缘等传谕统军："若归我两城人物，则不须搬借米货。"再三往复，统军不肯

---

① （高丽）郑麟趾：《高丽史》卷14，睿宗十年正月条，国立汉城大学奎章阁档案馆线装本，第1页b。

② （高丽）郑麟趾：《高丽史》卷14，睿宗十一年四月庚午条，第10页b。

③ （高丽）郑麟趾：《高丽史》卷14，睿宗十一年八月庚辰条，第17页a。

从，及金兵攻取辽开州，遂袭来远城。[①]

（丁）癸丑，金主阿骨打遣阿只等五人，寄书曰："兄大女真金国皇帝致书于弟高丽国王。自我祖考，介在一方，谓契丹为大国，高丽为父母之邦，小心事之。契丹无道，陵轹我疆域，奴隶我人民，屡加无名之师。我不得已拒之，蒙天之佑，获殄灭之。惟王许我和亲，结为兄弟，以成世世无穷之好。仍遗良马一匹。"[②]

刘浦江先生认为，《高丽史》成书晚于《金史》，"故完颜阿骨打称帝建国的记载大概是以《金史》为依据的"[③]。《高丽史》作为一种域外文献，当中的历史记载有属于自己的独特视野。其中，（甲）段史料中对于女真人社会生活以及与高丽交往的大段记载，并不见于《金史》《大金国志》卷首《金国初兴本末》《契丹国志·诸番记》；关于高丽与金朝就抱州的交涉，《金史·高丽传》主要从金朝立场来记载，（乙）、（丙）段史料主要从高丽方面着手，双方记载的侧重点迥然不同。（丁）段史料中的阿骨打给高丽的国书，不但可补《金史》记载的不足，而且国书题首即称"兄大女真金国皇帝致书于弟高丽国王"，足以否定1118年建国说、1122年改国号说。

通过以上《高丽史》《金史》的简单对比不难看出，《高丽史》和《金史》完全是站在不同立场、两种不同的记事路径，即便是记载同一个历史事件，表述的侧重点亦不尽相同。刘先生勉强从中找出阿骨打建国与《金史》类同的只言片语，就断言"大概以《金史》为依据"，所作出的论断是让人难以信服的。

显然，《高丽史》称阿骨打为"金主"，称其政权为"金"，称其部族武装为"金兵"；国书中阿骨打自称"大女真金国皇帝"。除此之外，《高丽史》年表分别以两宋、辽金年号、高丽年号纪年，其中：

乙未年（1115）纪年为：宋政和五年、辽天庆五年、金太祖收国元

① （高丽）郑麟趾：《高丽史》卷14，睿宗十二年三月辛卯条，第19页b—20页a。

② （高丽）郑麟趾：《高丽史》卷14，睿宗十二年三月癸丑条，第21页b—22页a。

③ 刘浦江：《关于金朝开国史的真实性质疑》，《历史研究》1998年第6期。

年、高丽睿宗十年；丙申年（1116）纪年为：宋政和六年、金收国二年、高丽睿宗十一年。[①]

对于丙申年不再采用辽朝天庆纪年，《高丽史》的解释是“以辽为金所侵，正朔不可行。凡文牒除去天庆年号，但用甲子”[②]。不难看出，《高丽史》年表不仅反映出高丽与周边政权交往过程中使用对方年号的事实，而且反映出高丽对周边政权合法性的认可度，《高丽史》中这种以宋辽金年号纪年是很严谨的政治行为，显然不能视为事后修史时追加。

（二）《金史》记载的金朝建国时间

《金史》记载金朝建国时间的史料主要有这样三处：

一是《金史·太祖本纪》的记载。《金史·太祖本纪》载，辽天庆四年（1114）九月，阿骨打在来流水（今拉林河）誓师反辽，随后破辽师于宁江州，“撒改使其子宗翰、完颜希尹来贺，且称帝，因劝进”。阿骨打说：“一战而胜，遂称大号，何示人浅也。”十一月，阿骨打率女真人破辽师于出河店，“吴乞买、撒改、辞不失率官属诸将劝进，愿以新岁元日恭上尊号”。阿骨打再次拒绝。阿离合懑、蒲家奴、宗翰等进曰：“今大功已建，若不称号，无以系天下心。”太祖曰：“吾将思之。”于是，1115年“正月壬申朔，群臣奉上尊号。……（阿骨打）即皇帝位。……国号大金，改元收国”[③]。

二是《金史·胡十门传》的记载。《金史·胡十门传》载：“胡十门善汉语，通契丹大小字，勇而善战。高永昌据东京，招曷苏馆人，众畏高永昌兵强，且欲归之。胡十门不肯从，召其族人谋曰：‘……吾与皇帝皆三祖之后。皇帝受命即大位，辽之败亡有征，吾岂能为永昌之臣哉！”始祖兄阿古乃留高丽中，胡十门自言如此，盖自谓阿古乃之后云。’”[④]高永昌叛乱期间，意图招降曷苏馆女真。曷苏馆女真首领胡十门以与阿骨

① （高丽）郑麟趾：《高丽史》卷86《表一》，第23页b。

② 《高丽史》卷14睿宗十一年四月辛未条也记载：“中书门下奏：辽为女真所侵，有危亡之势，所禀正朔不可行。自今公私文字宜除去天庆年号，但用甲子。从之。”

③ 《金史》卷2《太祖本纪》，第26页。

④ 《金史》卷66《胡十门传》，第1561页。

打同出女真宗族的缘故，拒绝为高永昌效命。关于高永昌据东京叛乱的时间，《金史·太祖本纪》记载：收国二年（1116）闰（正）月，“高永昌据东京，使挞不野来求援”。“五月，斡鲁等败永昌，挞不野擒永昌以献，戮之于军。东京州县及南路系辽女直皆降。”①《辽史·天祚帝本纪》记载大致相当：天庆六年（1116）春正月，“（东京留守）萧保先严酷，渤海苦之，故有是变。其裨将渤海高永昌僭号，称隆基元年”。“五月，清暑散水原。女直军攻下沈州，复陷东京，擒高永昌。东京州县族人痕孛、铎剌、吴十、挞不也、道剌、酬斡等十三人皆降女直。”②由此得知，高永昌据东京叛乱从天庆六年（1116）正月到五月，前后共四个多月。从胡十门的话语中可以确定：高永昌叛乱之际，他已经得知阿骨打即皇帝位的消息。实际上，阿骨打称帝建国要早于这个时间。虽然《金史·胡十门传》这段记载成为收国建国的直接证据，虽然在具体时间上还有待斟酌，但直接否定了1117年和1118年建国说。

三是《金史·移剌履传》的记载。《金史·移剌履传》载：“（移剌）履秀峙通悟，精历算书绘事。先是，旧《大明历》舛误，履上《乙未历》，以金受命于乙未也，世服其善。”③这一点，《元文类》卷57《故金尚书右丞耶律公神道碑》也有类似记载：“（大定）十五年，授应奉翰林文字，兼前职。以《大明历》积微浸差，乃取金国受命之始年，撰《乙未元历》，云：‘自丁巳《大明历》行，正隆戊寅三月朔，日当食而不之食，历家谓必当改作，而朝廷不之恤也。及大定癸丑巳五月朔，甲午十一月朔，日食皆先天，丁酉九月朔乃反后天。臣辄迹其差忒之由，冀得中数，以传永久。’书成上之，世推其精密。”④移剌履亦即耶律履，是元初名臣耶律楚材的父亲。大定年间，金朝以《大明历》“积微浸差”，改行由耶律履推演的《乙未历》。《乙未历》是以“金国受命之始年”来命名，具有重大的历史意义和现实意义。“金国受命之始年”，即金朝建国的时间，相信精于历算的耶律履对此不会不清楚，作为《乙未历》的颁行

① 《金史》卷2《太祖本纪》，第29页。

② 《辽史》卷28《天祚帝本纪二》，第334页。

③ 《金史》卷95《移剌履传》，第2100页。

④ （元）苏天爵：《元文类》卷57《故金尚书右丞耶律公神道碑》，商务印书馆1936年影印本，第825页。

方——金朝官方也不会数典忘祖。这里"乙未"指的就是1115年。

（三）时人记载的收国建国与收国年号

时人记载收国建国与收国年号的文献主要有四处：

一是出自金代中期官修的《大金集礼》。《大金集礼》是金章宗时期由礼部尚书张暐主持编修的典制体政书，全书40卷，包括尊号、册谥、舆服、祠祀、仪仗、诏命、朝会等门类。关于阿骨打称帝建国，《大金集礼》载：

> 收国元年春正月壬申朔，诸路官民耆老毕会，议创新仪，奉上即皇帝位。阿离合懑、宗幹乃陈耕具九，祝以辟土养民之意；复以良马九队，队九匹，别为色，并介胄、弓矢、矛剑奉上。上命国号大金，建元收国。①

刘浦江先生指出，《大金集礼》关于阿骨打称帝建国的描述，藻饰的成分过多，以女真人当时的条件，他们绝不会组织起这么复杂的仪式。②言外之意，这段文字连同金朝收国元年（1115）建国的内容都是难以采信的。笔者认为，《大金集礼》的记载是符合当时的历史事实。金朝建国之前就已经推行猛安谋克制度，阿骨打召集各部族勃堇、成员开会不是难事，从金始建国号的当月，就将夺自辽军"耕具数千，以给诸军"来看，农业生产在女真社会经济中的重要性及规模不可低估，设耕具九，祝以辟土养民，正是反映其生产、生活方式的特点，并无突兀之处。早在宁江州之战，女真骑兵就已经过万人，选择"九队，队九匹"纯色的战马甚为易事；介胄、弓矢、矛剑更是女真平常之物。③阿骨打称帝大典既没有奢华的仪仗、器物、舆服等陈设，也没有繁琐的礼仪、宏大的场面布置，这比较符合女真初兴之际的状况。

---

① （金）张暐：《大金集礼》卷1《帝号》，商务印书馆1936年影印本，第1页。

② 刘浦江：《关于金朝开国史的真实性质疑》，《历史研究》1998年第6期。

③ 董四礼：《也谈金初建国及国号年号》，《史学集刊》2008年第6期。

二是出自金代中期王寂的《辽东行部志》。《辽东行部志》是由金朝提点辽东路刑狱王寂根据明昌元年（1190）二月至四月巡按辽东各部的经历撰写而成的地理著作。它记载了巡按沿途的山川地理、风土人情、历史沿革，具有很高的史料价值。《辽东行部志》载：

> 癸未，登紫霞山，观宇文叔通撰《刘司空神道碑》，刘公名宏，字子孝，唐燕王仁恭之七世孙也，仕辽，任懿州宁昌军节度使。收国初，以阖境归附本朝。①

《刘司空神道碑》的撰者是宇文虚中。宇文虚中（1079—1146），字叔通，建炎二年（1128）出使金国，被软禁。获释后仕金，官至礼部尚书、翰林学士承旨，金初的典章制度多由其亲手裁定。应该来说，宇文虚中亲历金朝崛起、两宋嬗递的时代，更在金朝为官，自然熟悉金朝掌故。宇文虚中根据刘宏家人呈递的刘宏行状，为刘宏撰写神道碑。“收国”年号应该是出现在刘宏的行状之中，再经宇文虚中之手写进神道碑，而不是参考所谓的金朝实录。同样，王寂身为金朝官员，对于收国年号并不陌生，他在看到神道碑后，也没有提出任何疑义。

三是出自金元之际元好问的《续夷坚志》。《续夷坚志》是金末元初著名文学家、史学家元好问晚年撰写的志怪小说，书中除记部分怪诞的奇闻逸事外，还记载了大量宋金元时期的历史、地理、文物、考古、天文、医药、文学、艺术以及人物轶事，具有一定真实性。②《续夷坚志》载：

> 古人上寿皆以千万岁寿为言，国初种人纯质，每举觞惟祝百二十岁而已。盖武元以政和五年、辽天庆五年乙未为收国元年，至哀宗天兴三年蔡州陷，适两甲子周矣！③

---

① （金）王寂：《辽东行部志注释》，黑龙江人民出版社1984年点校本，第94页。

② 康玉庆：《元好问〈续夷坚志〉的史料价值》，《沧桑》1996年第4期。

③ （金）元好问：《续夷坚志》二“历年之谶”条，中华书局1985年，第24页。

在元好问看来，金朝享国120年正好与女真人的祝寿谶语相符。《续夷坚志》明确地记载“收国”年号，并为收国元年提供了宋、辽纪年参照：宋政和五年、辽天庆五年为收国元年。这一点与《高丽史》如出一辙。

四是出自范成大的《揽辔录》所引“小本历”。至于“小本历”所载的收国年号以及金朝收国建国，已在上文作过分析，在此不再赘言。

另外，苗耀《神麓记》载：太祖“自辽天庆四年（1114）甲午岁，年四十七，于宁江府拜天，册立改元，称帝号。侍中韩企先训名曰旻，改元收国。收国三年，天辅六年，共在位九年”。①

上引《三朝北盟会编》载：杨朴建言阿骨打称帝，“阿骨打大悦，吴乞买等皆推尊杨朴之言，上阿骨打尊号为皇帝，国号大金，改元收国”②。

虽然以上两段史料亦有收国的年号，但是收国年号使用年限以及金朝开国时间都与现有文献相互抵牾，故笔者对于这两段史料中的收国年号不加采收。

（四）金代“建元收国”石尊的出土

2006年6月，哈尔滨市阿城区金上京附近的阿什河床内出土了一件石尊，石尊采用玄武岩石凿刻而成，通体呈青灰色，圆形直筒式，通高63厘米，石尊的口径64厘米，底部直径为57厘米，缘厚7厘米，底厚8厘米，口沿部略微外敞，并带有唇边，唇边的厚度约为6厘米，从石尊唇边的缘底到石尊的底部高度为57厘米。

石尊周身外部的前、后、左、右，按照中国传统文化中的四象、四神、四灵、四方的理念，雕刻有代表着“玄武、朱雀、青龙、白虎”的四方之神像的尊位。石尊底部刻有10个汉字铭文，其中玄武图案之下刻“承命建元收国”6个汉字，朱雀图案之下刻“子日典祀”4个汉字。国内外专

① （宋）徐梦莘：《三朝北盟会编》甲集“政宣上帙十八”，第166页。

② （宋）徐梦莘：《三朝北盟会编》甲集“政宣上帙三”，第28—29页。

家一致确认这件石尊为金朝开国典祀的重要文物。[①]

四 结 语

以现有的文献来看，持传统观点的学者无法逐条地将不利于自己的史料进行全面否定，《质疑》同样做不到这一点。因此，对于《质疑》所引用的宋元史料，我们所作的是考辨而不是全面否定、质疑。

尽管本文对《质疑》所使用史料以及论证逻辑的考辨不能从根本上消除宋元史料对金朝开国时间的质疑，但是足以使《质疑》中的1117年说成为孤证、1122年改国号说难以成立。相比支持1118年说的宋元史料，支持传统的金国开国时间的史料来源渠道多，叙事视角宽，数量上也占有一定优势。因此，笔者认为，金国建国于1115年的传统观点应为信史。

① 王禹浪、王宏北：《金代“建元收国”石尊考略》，《黑龙江民族丛刊》2009年第6期。

金代法制变革与民族文化认同*

李玉君

法律作为政治和文化的重要组成部分，其变革必定要受所处历史时期的诸多社会因素的影响，甚至会反过来促进社会的发展和变迁。由北方少数民族女真族建立的金王朝，自1115年建立政权到1234年灭亡，曾先后攻灭辽和北宋，雄踞中国北方与南宋政权形成南北朝对峙的局面长达百年。这个时期先后有南北宋、辽、西夏、金、蒙元政权并立，是中国历史上民族融合的高潮之一。金朝曾与南宋并称华夏正统，其治下的汉、女真、契丹、渤海以及奚等各族之间在政治、经济、文化等各个方面互相影响，民族融合相对其他少数民族王朝来说也更为深入。面对这一社会状况不断变化的、以认同汉文化为主的历史潮流，金朝统治者应对以较为积极、开放的姿态，具体表现之一即是因时制宜地修改法律条文；而法律制度作为社会的重要上层建筑的重要内容，其修订和变革不可避免地要带有时代特征。

一　金代法制变革的民族融合社会背景

建立金朝的女真族是我国东北一个以渔猎为生的少数民族。从在东北一隅到入主中原建立政权，再到百余年后衰亡，金朝社会发生了巨大变化。建国以前的女真社会，尚处于较原始的氏族部落时期，还过着“掘地

* 基金项目：本文为国家社科基金项目（批准号：11CFX011），辽宁省高等学校优秀人才支持计划（资助编号：WJQ2014017），辽宁省“百千万人才工程”人选资助项目（批准号：2014921058）的阶段性成果。

为穴”、夏则出外“随水草以居”、冬则“入处其中”的生活。[①]特别是在金朝政权建立以后，随着社会生产的发展以及对辽和宋的战争、贸易，金朝社会的政治、经济、文化等方面都有了较大的变化，金朝甚至有底气与南宋比肩而并称正统。面对不断发展变化的社会状况，金朝统治者自然要因时制宜地对作为维护社会稳定的重要手段的法律制度进行变革。奥地利法律社会学家埃利希认为，“在当代以及其他任何时代，法律发展的中心既不在于立法，也不在于法学或者司法判决，而在于社会本身”。[②]因此，若想深入理解金代的法制变革，首先要对金代的社会背景，包括政治制度、经济生产和思想文化有一个全面了解。

在政治制度方面，从建国前简单的组织形式发展到等级森严、君权至上，金朝经历了一个不断吸纳辽宋典章制度的由简到繁的过程。熙宗朝以前，金政权的统治决策靠的是勃极烈制度——以少数的高级核心官员来制定统治的方针政策。这种政策类似于集体领导；皇帝接受的是各勃极烈成员的辅佐，同时皇权也受到牵制，并非至高无上。君臣之间“无轻重贵贱之别”，乐则同享，财则同用。太宗继位后“有事集议，君臣杂坐，议毕同歌合舞，携手握臂，略无猜忌”[③]。又如，“金国置库收积财货”，君臣“誓约惟发兵用之”，结果太宗自己却“私用过度”，被谙班勃极烈完颜杲告于粘罕，“请国主违誓约之罪。于是，群臣扶下殿，杖二十毕，群臣复扶上殿。谙班、粘罕以下谢罪。”[④]可见金初的官制中还保留着部落时代朴素的平等观念，而凛然不可侵犯的君主专制体制在当时也尚未确立。历经太祖、太宗两朝，金朝政权逐渐趋于稳定。早在天会四年（1126），金朝“建尚书省，遂有三省之制”。[⑤]等到（1135）渴慕中原文化的熙宗继位，不仅未补上谙班勃极烈（皇储，相当于皇太子）这个空缺，反而迁国论忽鲁勃极烈完颜宗磐为尚书令、太师，迁国论左勃极烈完

---

① 《金史》卷1《世纪·献祖本纪》，中华书局1975年点校本，第3页。

② 〔奥〕欧根·埃利希：《法社会学原理》，舒国滢译，中国大百科全书出版社2009年版本，作者序。

③ 曾代伟：《金律研究》，五南图书出版有限公司1995年版，第34页。

④ （宋）徐梦莘：《三朝北盟会编》卷165《云燕录》，上海古籍出版社1987年版，第1194页。

⑤ 《金史》卷55《百官志》，第1216页。

颜宗干为太傅，以及迁国论右勃极烈完颜宗翰为太保，“领三省事”，又于次年“三月壬午，以太保宗翰、太师宗磐，太傅宗干并领三省事”。[①]这标志着勃极烈制度已经被废除。天眷元年（1138）八月，自幼受教于汉儒韩昉的熙宗在汉族官员韩企先等人的辅佐下，依据汉制开始了史称“天眷新制”的官制改革，“颁新官制及换官格，除拜内外官，始定勋封食邑入衔，而后其（汉官之制）制定。然大率皆循辽、宋之旧”。[②]又“改燕京枢密院（太祖仿辽南面官之制设立）为行台尚书省”[③]，并增设了新的机构——御史台。同时在礼仪方面也作了改革，如“始设仪卫将军”，始有“内廷之禁”[④]，又“始禁亲王以下佩刀入宫”[⑤]，这是按照中原王朝的礼仪标准严格划分了君臣界限。勃极烈制度的废止、新官制的启用，加强了中央集权制的皇权统治，开启了金王朝典章制度汉化进程的序幕。海陵王弑熙宗夺位后，又将改革进一步向前推进：天德二年（1150）废除行台尚书省，政令统一于朝廷；正隆元年（1156）废中书省和门下省，只留尚书省，为最高权力机构；又于天德三年（1151）下诏迁都燕京，将金王朝的统治中心由女真故地迁往汉人居住地区，进一步加强了中央集权。自史称“正隆官制”的改革以后，金朝“职有定位，员有常数，纪纲明，庶务举，是以终金之世守而不敢变焉”，为金朝政治制度的汉化铺平了道路，这才使得章宗能“正礼乐，修刑法，定官制，典章文物粲然成一代治规”[⑥]，达到与中原汉王朝相当的水平。

在经济生产方面，金朝也从渔猎为主、兼有畜牧和耕作逐步转变进入精耕细作的农业文明。要发展农业生产，必须有足够的农户和生产资料（农具、耕地等）。对于农户这一必要条件，金朝是通过人口迁徙来完成的。天辅五年（1121），金太祖“以境土既拓，而旧部多瘠卤，将移其民于泰州，乃遣皇弟昱及族子宗雄按视其地。昱等苴其土以进，言可种植，遂摘诸猛安谋克中民户万余，使宗人婆卢火统之，屯种于泰州。婆卢

---

① 《金史》卷4《熙宗本纪》，第71页。
② 《金史》卷55《百官志一》，第1216页。
③ 《金史》卷4《熙宗本纪》，第73页。
④ 《大金国志校证》卷33《仪卫》，中华书局2011年版，第475页。
⑤ 《金史》卷4《熙宗本纪》，第73页。
⑥ 《金史》卷11《章宗本纪》，第285页。

火旧居阿注浒水，至是迁焉。其居宁江州者，遣拾得、查端、阿里徒欢、奚挞罕等四谋克，挈家属耕具，徙于泰州。仍赐婆卢火耕牛五十”[①]。天会十一年（1133）秋，“起女真国土人散居汉地。女真，一部族耳，后既广汉地，恐人见其虚实，遂尽起本国之土人棋布星列，散居四方。令下之日，比屋连村，屯结而起”[②]，“惟金主及将相亲属卫兵之家得留”，[③]这次移民的规模是空前的。天会五年（1127）金军攻破开封城后，掠“华人男女，驱而北者，无虑十余万”，[④]成为金朝向金源地区迁徙汉族人口最多的一次。由以上史料可知，金朝不仅是将女真人迁往汉地，也将汉族人口迁往金源地区。尽管这些迁徙活动的目的除了屯田外多是出于“虑中国有二三之心”[⑤]而要防范汉人或让女真人来“监视汉人”，但是在客观上也使女真族得以接触中原汉人高度成熟的农耕文明，促进了先进农耕技术的传播。为了促进经济生产的恢复和发展，金朝统治者对汉族人口的迁徙、安置是十分重视的。太祖就曾经三令五申，要求各地军中将领切实解决好掠获人口的安置问题。天辅七年（1123）太祖下诏：“郡县今皆抚定，有逃散未降者，已释其罪，更宜招谕之。前后起迁民户，去乡未久，岂无怀土之心？可令所在有司，深加存恤，毋辄有骚动。”[⑥]这些政策对安抚百姓、避免逃亡是有积极作用的。在农具方面，金朝承袭了北宋中叶以后的发展状况，有铧、犁碗、趟头、牵引、锄、镰、镐、锹、铲、铡刀、垛叉等，种类比北宋更为繁多。这些工具不仅是在中原汉地，而且出现在东北地区，这说明中原地区的生产工具，已广泛传播到东北金源地区。而在耕地多少方面，《金史》记载，世宗大定二十三年（1183），猛安谋克“总计垦田一百六十九万三百八十顷有其奇”[⑦]，超过北宋北方垦

① 《金史》卷46《食货志一》，第1032页。

② 《大金国志校证》卷8《太宗文烈皇帝六》，第126页。

③ （宋）李心传：《建炎以年系年要录》卷68，商务印书馆1936年版，第1162页。

④ （宋）李心传：《建炎以来系年要录》卷4“建炎元年四月辛酉”，上海古籍出版社1992年版，第92页。

⑤ 宇文懋昭撰，崔文印点校：《大金国志校证》卷36《屯田》，中华书局1986年版，第520页。

⑥ 《金史》卷2《太祖本纪》，第40页。

⑦ 《金史》卷47《食货志二》，第1064页。

田数307022顷。可以说，世宗时期是金朝农业经济的迅速转变时期，这种转变除了表现在耕地的发展上之外，还表现在生产关系向租佃制转化上。大定二十一年（1181），世宗对大臣说："山东、大名等路猛安谋克户之民，往往骄纵，不亲稼穑，不令家人农作，尽令汉人佃，取租而已。"①同年又说，"近遣使阅视秋稼，闻猛安谋克人惟酒是务，往往以田租人，而预借三二年租课者"②。可见金朝经济发展的迅猛势头，不但农耕生产有了相当规模，租佃制生产关系也普遍出现了，女真族再也不复立国前的渔猎民族了。

在思想文化方面，金朝的巨大变化体现在奉儒家思想为正统思想上，而其具体表现就是对尊孔和修建孔庙。天会四年（1126），金朝主要针对西京路的汉人发布了第一个改俗令："今随处既归本朝，宜同风俗，亦仰削去头发，短巾左衽。敢有违犯，即是犹怀旧国，当正典刑。"③到天会七年（1129），强制汉族百姓改从女真之俗的措施更为严厉，乃至"下令禁民汉服及削发不如式者死"④。金朝初期的残酷统治导致了中原百姓的不断反抗，统治者急需一套行之有效的、适合于管理新占领的辽宋故地的非女真人群的统治政策，而早已被历代王朝屡试不爽的尊奉儒家思想的统治模式自然成为首选。特别是从熙宗朝起，金统治者都在不遗余力地接续中原王朝在思想文化的统治措施。天会十五年（1137），金熙宗继位后，改变了以往的统治政策，开始尊孔子之制，"兴制度礼乐，立孔子庙于上京"，⑤并于天眷三年（1140）秋"以孔子四十九代孙璠袭封衍圣公"。之后又于皇统二年（1142）令官府拨钱14000贯用于修孔庙圣殿，皇统四年（1144）又拨钱14500贯以修缮孔庙、创盖大成殿。各地方对孔庙的修建也有很多。世宗同样尊孔崇儒，修孔子庙，立宣圣庙碑。世宗于大定三年（1163）七月"以孔总为袭封衍圣公"，⑥大定二十三年（1183）"以

① 《金史》卷47《食货志二》，第1046页。

② 同上书，第1047页。

③ 《大金吊伐录校补》第 106 篇《枢密院告谕两路指挥》，中华书局2001年版，第306页。

④ （宋）徐梦莘：《三朝北盟会编》卷132《炎兴下帙三十二》，第960页。

⑤ 《金史》卷105《孔璠传》，第2311页。

⑥ 《金史》卷6《世宗本纪上》，第132页。

尚书右丞张汝弼摄太尉，致祭于至圣文宣王庙”。从大定三年（1163）至大定二十九年（1189）间，各地重建、新建、修复各地孔庙15座。[①]世宗还大力提倡儒家的忠孝观念，使其成为君臣上下和家庭宗族的关系准则。他曾对皇太子允恭和诸亲王说：“人之行，莫大于孝弟，孝弟无不蒙天日之佑。汝等宜尽孝于父母，友于兄弟。”[②]此外世宗还几次广为散发《孝经》，再三强调“教而后能”。经由熙宗确立，世宗大力提倡，儒家思想终于成为金朝的正统思想观念，以儒家思想为核心的中原文化在价值取向上得到了整个金朝的认同。章宗时还曾“诏赐贵德州孝子翟巽、遂州节妇张氏各绢十匹、粟二十石”[③]。以表彰其恪守儒家伦理，至此女真族已经是“变夷狄风俗，行中国礼乐”[④]。章宗时期被袭封为衍圣公的孔元措曾说：“皇朝重道之宏规，前此所未见闻者。”[⑤]

二　金代立法成果中的多源性和多元性民族因素

随着金朝社会在政治制度、经济生产和思想文化方面与中原汉王朝逐渐趋同，随着以汉、女真、契丹、渤海、奚等各族汉化为主的民族融合逐步深入，金朝的法律制度也发生了巨大变革。其法律制度从不成文的民族习惯法开始，不断吸纳辽、宋、唐等王朝的相关律文，最终产生了可为后世所宗的一代成法，带有鲜明的时代烙印。

金朝立国之初“法制未定，兵革未息”，[⑥]太祖、太宗两朝在“一切依本朝旧制”[⑦]和“姑宜仍旧”[⑧]思想指导下立法。太祖说：“吾虽处大

---

① 张敏杰：《金代孔庙的修建及其在民族融合中的作用》，《北方论丛》1998年第6期。

② 《金史》卷7《世宗本纪中》，第161页。

③ 《金史》卷9《章宗本纪一》，第216页。

④ （金）刘祁：《归潜志》卷12《辩亡》，中华书局1983年版，第136页。

⑤ （清）张金吾辑：《金文最》卷41《孔元措：孔氏祖庭广记序》，成文出版社1967年版，第595页。

⑥ 《金史》卷46《食货一》，第1032页。

⑦ 《金史》卷3《太宗本纪》，第47页。

⑧ 《金史》卷27《河渠志》，第675页。

位，未易改旧俗也。”[①]收国二年（1116）五月，“东京州县及南路系辽女直皆降。诏除辽法，省税赋，置猛安谋克一如本朝之制”[②]。这里针对新占领的辽地女真人，实行的也还是女真习惯法。天辅五年（1121）太祖征辽前，立其弟吴乞买（后来的太宗）辅政，赐诏曰：“汝惟朕之母弟，义均一体，是用汝贰我国政。凡军事违者，阅实其罪，从宜处之。其余事无大小，一依本朝旧制。”[③]

在女真故地或者针对女真人时，还可以“一切依本朝旧制”，但是对于已经被一定程度汉化的契丹族和中原地区的汉族，女真习惯法就不能完全适应统治的需要了。于是出于稳固统治的需要，“太宗虽承太祖无变旧风之训，亦稍用辽、宋法”[④]。金太祖天辅六年（1122）十二月，金攻占燕京，以原辽知枢密院事左企弓行枢密院与广宁，抚定燕京诸州县，始行辽南面，北面官之制。这里的“南北面官”是辽朝创立的制度。到了熙宗天眷三年（1140），“复取河南地”，“约所用刑法皆从律文，罢狱卒酷毒刑具，以从宽恕”，这里所说的律文即辽、宋的法律条文。为安定人心，熙宗甚至于天会五年（1127）册立汉人张邦昌为“大楚皇帝”，又于天会八年（1130）册立汉人刘豫为“大齐皇帝”，用傀儡皇帝对汉地进行统治。熙宗同时制定了一些渤海人同汉人的政策，如天眷元年（1138）“诏官诰命，女直、契丹、汉人各用本字，渤海同汉人”。在这一时期，金朝尚处于因地制宜、借法代用的阶段，称得上是女真、契丹、汉的“一国三制”。

等到政权趋于稳定，熙宗罢伪齐政权，废勃极烈制度，进行了史称“天眷新制”的汉化官制改革。在统一政令后，熙宗也很快开始了系统的成文法的编纂，于皇统年间，“诏诸臣，以本朝旧制，兼采隋、唐之制，参辽、宋之法，类以成书，名曰《皇统制》，颁行中外”[⑤]。这是金朝第一部成文法典，史称《皇统新制》，内容千余条，但早已散佚。其内容“大抵依仿大宋，其间亦有创立者，如殴妻致死，非用器刃者不加刑”。

---

① 《金史》卷70《撒改传》，第1614页。

② 《金史》卷2《太祖本纪》，第29页。

③ 《金史》卷3《太宗本纪》，第47页。

④ 《金史》卷45《刑志》，第1014页。

⑤ 同上书，第1015页。

这里所说的异于宋律而“创立者”，很可能源于女真习惯法。海陵王弑君自立后，于正隆年间编订了《正隆续降制书》。这部法典由“海陵虐法，率意更改”而来，其内容“伤于苛察”，故而质量不高。世宗即位后，“以正隆之乱，盗贼公行，兵甲未息，一时制旨多从时宜，遂集为军前权宜条理”[①]。这是一部临时性法规，内容并不完善，但对大定初年的政治局势的稳定、整顿社会秩序，起到了积极作用。后来金世宗考虑到《皇统新制》《正隆续降制书》《军前权宜条理》并用，“是非淆乱，莫知适从，奸吏因得上下其手”，[②]遂置局，进行法律修订，名为《大定重修制条》。大定二十八年（1188），为使百姓通晓，还对《大定重修制条》进行了删修。从熙宗到世宗，尽管修订了一系列成文法规，但是尚未出现为后世所宗的一代成法。

到了章宗时期，承平日久，宇内小康。章宗鉴于当时“礼乐刑政因辽、宋旧制，杂乱无贯”，[③]于明昌元年（1190）下令详定所审定律令。明昌三年（1192），详定所“用今制条，参酌时宜，准律文修订，历采前代刑书宜于今者，以补遗阙，取《（宋）刑统》疏文以释之，著为常法，名为《明昌律义》”，[④]另将榷货、边部、权宜等事集为《敕条》，虽未颁行，但为泰和制律奠定了基础。泰和二年（1202）五月，金朝修成《泰和律令敕条格式》，它是金朝最具代表性的成文法典。此法典共囊括四大部分：分别是《泰和律义》《律令》《新定敕条》与《六部格式》。因为这一法典产生于民族融合大发展的金章宗时期，此时金朝的发展形势较为乐观，而且这一法典的诸多内容都融入了汉族文化的元素，再加上金统治者执政以来的诸多立法与执法经验，所以形成了这部相对完善的成文法典，此后在金朝相当长的一段时期内（直至其退出历史舞台），基本上一直在沿用。其制定标志着金朝法制文化汉化的高度完成，对元朝也产生了较大的影响。“元兴，其初未行法守，百司断理狱讼，循用金律”[⑤]，元

① 《金史》卷45《刑志》，第1015页。
② 同上书，第1018页。
③ 《金史》卷73《完颜守贞传》，第1689页。
④ 《金史》卷45《刑志》，第1022页。
⑤ （明）宋濂：《元史》卷102《刑法一》，中华书局1973年版，第2603页。

世祖忽必烈在元朝正式建立之后，才宣布“禁行金泰和律”①。

回顾金代法制变革的整个过程，特别是从史籍里“兼采”“参酌”等用语中，可以发现金代法律带有鲜明的时代特点，与其汉化为主的民族融合历史环境是分不开的。在金朝立国之前，处于原始氏族社会和部落联盟时期的女真族与历史上绝大多数其他民族一样，产生了用以处理部落之间纠纷和调整部落内部成员相互关系的行为准则。根据记载，女真完颜部早期首领、始祖函普曾立约，“凡有杀伤人者，征其家人口一、马十偶、牸牛十、黄金六两、与所杀伤之家，即两解，不得私斗。女直之俗，杀人偿马牛三十自此始”②。这可以看成是女真族最早的不成文习惯法，带有浓厚的氏族制色彩。随着社会生产的发展和私有制的出现，完颜部女真习惯法的内容不断丰富，同时不可避免地带有残酷野蛮的特征，而且这种特征一直到太宗朝还很突出。为了威慑犯罪和叛乱，“轻罪笞以柳蓌，杀人及盗劫者击其脑杀之，没其家赀……并以家人为奴隶”。③金太宗时规定凡是“窃盗赃一钱以上”者，“拾遗钱于市”者，“菜圃中拔葱”者，都要被处以死刑。不仅轻罪也可获死刑，施刑的方式还保存和参用了原部落时期的刑罚，如割鼻、割耳、断手足、割舌、投高崖、剥皮等，刑罚手段极为残酷。除了这种简单粗暴的特征外，金朝法律还有值得称道的地方，那就是女真族的传统习惯法中有朴素的平等观念。“金初，法制简易，无轻重贵贱之别。”④如前所述，身为皇帝的太宗也曾因为私用库金而被“群臣扶下殿，杖二十”⑤。

随着熙宗朝汉化改革的展开和儒家思想被奉为正统，金朝法律的刑罚方式趋于温和、文明。熙宗“约所用刑法皆从律文，罢狱卒酷毒刑具，以从宽恕”。在通过“正君臣之礼”⑥“设仪卫将军”“内廷之禁”“禁亲王以下佩刀入宫”⑦来彰显皇权至上的同时，“八议”也被引入以维护贵

---

① 《元史》卷7《世祖本纪》，中华书局1976年版，第138页。

② 《金史》卷1《世纪·始祖本纪》，第2页。

③ 《金史》卷45《刑志》，第1014页。

④ 同上书，第1013页。

⑤ （宋）徐梦莘：《三朝北盟会编》卷165《云燕录》，第1194页。

⑥ 《金史》卷70《撒改传》，第1614页。

⑦ 《金史》卷4《熙宗本纪》，第73页。

族阶层的利益。女真族内再也不复“无轻重贵贱之别”了。

最能突出反映金朝法律这种“多元性”特征的，当属其婚姻制度。女真族“旧俗，妇女寡居，宗族接续之”；[①]“父死则妻其母，兄死则妻其嫂，叔伯死则侄亦如之。无论贵贱，人有数妻。”[②]这与儒家伦理格格不入，被中原王朝视为陋规恶俗，“妻后母，禽兽行也”[③]。实际上，将收继行为等同于“禽兽行”未免言过其实、意气用事，更何况还忽略了在古代社会中收继婚制度对保护私有财产、促进家族兴旺所具有的积极作用。女真人入主中原后，源于游牧民族的收继婚这种旧俗仍然被保留了下来，但是在中原农耕文明的熏陶和影响下，不可避免地发生了很多变化。宋人洪皓于建炎三年（1129）奉命出使金国被扣到绍兴十二年（1142）赦归，生活在金朝长达13年的时间，其间对金朝婚俗多有观察，记载了金朝治下汉人对收继婚的看法——“汉儿则不然，知其非法也”[④]。从政和五年（1115）阿骨打建国号“大金”到绍兴十二年（1142），前后将近30年，金朝治下的汉人依旧视收继婚为“非法”。然而到了第五代皇帝世宗时，大定九年（1169）正月，“丙戌，制汉人、渤海兄弟之妻，服阕归宗，以礼续婚者，听”[⑤]——朝廷立法使收继婚“基本上仅限于兄弟之间，而且必须服终归父母家之后以礼续婚”，[⑥]而且是明确地针对汉人和汉化程度很深的渤海人。由于此时金朝统治者已经接受并在推行封建伦理道德，自然要对收继婚加以限制，在保持收继婚原有风俗的同时，引入了中原的“礼”制。这是女真习俗与中原礼制相融合的典型代表，使无“礼”之婚变为有“礼”续婚。从这条禁令还可以看出，当时一定数量的汉人和渤海人是接受收继婚的，否则也没必要通过法律加以规范。第六代皇帝章宗时制定的泰和律规定，“侄儿娶讫婶母，即是欺亲尊长为婚，同奸法，各

---

① 《金史》卷64《后妃传下》，第1518页。

② 《大金国志校证》卷39《婚姻》，第554页。

③ （汉）班固：《汉书》卷94上《匈奴传》，中华书局1962年版，第1080页。

④ 李澍田：《东北史料荟萃·金史辑佚》，吉林文史出版社2007年版，第9页。

⑤ 《金史》卷6《世宗本纪上》，第144页。

⑥ 刘筝筝：《金代女真的婚姻形式和习俗》，《满族研究》2009年第1期。

离”[①]。这条法令并未局限于某个民族，当然包括了女真族。在这里，将同辈收继婚（兄弟之间的）与错辈收继婚（叔侄之间的）分离开来，明令禁止后者。这样既保留了收继婚，又一定程度迎合了封建伦理；既保留了女真族的传统习俗，又体现了对先进中原文化的认同。就笔者目力所及，尽管金代史籍中未见汉人收继婚的记载，但是紧接着的元代的史籍中有三十多个案例[②]。金朝治下的人口后来归于元朝；元代汉人能够接受收继婚，若没有金代的影响，恐怕不能在短短几十年里有这样大的态度转变。在中原礼教影响下，女真人思想中儒家思想日益加深，接续婚在形式方面有了一定的变化，接续婚的对象在渐渐缩小，基本上仅限于兄弟之间，而且必须服终归父母家之后以礼续婚。金朝中后期，女真接续婚也逐渐被人们抛弃，还出现了许多贞节烈女。类似针对收继婚的折中的法规还有很多，比如世宗大定八年（1168），“二月甲午朔，制子为改嫁母服丧三年”。[③]这是用法令来告诫人们尽孝的重要性，以法令来强制约束。因为金朝不禁止妇女再婚，但是又受到中原忠孝观念的影响，因此为改嫁母服丧三年，正是女真人旧俗与中原思想观念结合的产物。

三　金代法制变革的指导思想与中原传统文化

毋庸置疑，金朝法制变革的根本推动力是不可逆转的民族融合历史趋势。金代统治者只是顺应了这种历史潮流，“兼采”各家法规、因时制宜地对具体条文进行修订，以此来维护社会稳定、调和各族间的关系、发展生产，力求王朝统治稳固、国家长治久安。但是不可否认的是，立法者的主观能动性也会对法制变革产生莫大影响。毕竟在“法自君出”的君主专制社会中，法律总是要体现立法决策者的意志，并将这种意志贯彻到司法实践中去。因此，金朝统治阶层特别是皇帝本人的法律思想，当然会对法制变革产生深刻影响；了解金代皇帝的法律思想，也是深入探讨金代法制

① 曾代伟：《金元法制丛考》，社会科学文献出版社2009年版，第98页。

② 洪金富：《元代的收继婚》，《中国近世社会文化史论文集》卷14，“中央”研究院历史语言研究所1992年版。

③ 《金史》卷6《世宗本纪上》，第141页。

变革的关键之一。

以儒家思想为核心的中原文化在法制上历来都强调“外儒内法”“德主刑辅”“礼法并用”。与之相反，法家讲究“引绳墨，切事情，明是非，其极惨礉少恩”，①因此用法残忍、施行重法也就成了法家思想的典型特征。施行重法虽然可以在短时间内稳定社会秩序，但是，“刻薄寡恩，国祚不昌”，不利于长治久安。只有“外儒内法”“德主刑辅”“礼法并用”，也就是律教并重，才是促使社会稳定的长久之计。正如孔子所说：“道之以政，齐之以刑，民免而无耻；道之以德，齐之以礼，有耻且格。”②女真族统治者在接触和认知中原文化的过程中也逐渐意识到了这一点。

应该注意的是，特别是从熙宗朝起，金朝宗室已经是一个儒学修养很高的群体了，在金代文学史中都能占有一席之地（笔者曾对金朝宗室教育及其文学成就有专门论述）。金统治阶层大力倡导儒家思想文化，使其在金朝广为流传，上到统治者本人，下到普通百姓均热衷学习中原王朝的儒家文化。甚至后人将金朝灭亡的原因，归结为对儒家文化的过度学习。在金朝亡国13年之后，即蒙古定宗二年（1247），藩王忽必烈召见金朝遗老张德辉，并向他提出这样一个问题：“或云‘辽以释废，金以儒亡’。有诸？”当然“辽以释废，金以儒亡”这种说法未必准确，却反映了金朝社会对儒家思想推崇之重，足见儒家思想影响之深，包括在法律方面。在此我们对金朝皇帝的法律思想做一分析，从中一窥中原文化对金朝法制变革的影响。

对于立国之初的太祖、太宗两位皇帝来说，当时国家面临的主要问题是对外征战，“文物度数，曾不遑暇”，还顾不上整顿内政和健全法制，因此他们的法律思想是“一切依本朝旧制”③，针对新占领的辽地的女真人也“置猛安谋克一如本朝之制”④。这里面“兵革未息”固然是一方面原因，另一方面原因也是因为守旧势力大多反对，即使变革法制阻

① （汉）司马迁：《史记》卷63《老子韩非传》，中华书局1982年版，第2156页。

② 《论语译注》为政篇第二，中华书局1980年版，第12页。

③ 《金史》卷3《太宗本纪》，第47页。

④ 《金史》卷2《太祖本纪》，第29页。

力也太大。史载“太祖即位后，群臣奏事，撒改等前跪，上起，泣止之曰：‘今日成功，皆诸君协辅之力，吾虽处大位，未易改旧俗也。’撒改等感激，再拜谢。凡臣下宴集，太祖尝赴之，主人拜，上亦答拜。天辅（1117—1123）后，始正君臣之礼焉”[①]。从一个“感激”就可以看出撒改等大臣、贵族对“旧俗”的态度。这种情况并不鲜见。早在立国前，仅仅是想改动不成文的习惯法，受到的阻力一样很大：“昭祖欲稍立条教，诸父、部人皆不悦，欲坑杀之。”由此我们也可以看到，法制变革何等艰难，若无统治者的大力推行几乎是不可能的。尽管此时未曾出现法律的根本性变革，但是太祖、太宗的法律思想已经在向中原王朝靠近了。女真族早期惯用重法，对于杀人犯和盗贼一律处以“击其脑杀之”[②]的惩罚。这种情况到了金朝立国前后已经有所改变。“康宗（太祖之前的女真首领）七年，岁不登，民多流莩，强者转而为盗。欢都等欲重其法，为盗者皆杀之。”[③]由于年成不好，流民中的强悍者为图生计干起了打家劫舍的强盗勾当，直接触及了女真统治者的统治根基，故而欢都等人提出重治其行“为盗者皆杀之”的主张，不难看出此时女真族旧俗残余犹在。但是太祖反对欢都等人的主张，认为“‘以财杀人，不可。财者，人所致也。’遂减盗贼征偿法为征三倍”[④]。在金太祖的法律意识里，已经有了施法从轻、保人性命的人文关怀。

到金熙宗时期，金朝政权趋于稳定。金熙宗本人儒学修养也很高，“通识汉语，尝授读于韩昉，知诗文，宗室大臣目为汉儿，亶亦鄙宗室大臣若异类”。[⑤]正是在熙宗朝，儒家思想被奉为正统思想。皇统元年（1141），“二月戊子，上亲祭孔子庙，北面再拜。退谓侍臣曰：‘朕幼年游佚，不知志学，岁月逾迈，深以为悔。孔子虽无位，其道可尊，使万世景仰。大凡为善，不可不勉。’自是颇读《尚书》《论语》及《五代》《辽史》诸书，或以夜继焉。”这段记载充分说明熙宗深受汉文化的

---

① 《金史》卷70《撒改传》，第1614页。

② 《金史》卷45《刑志》，第1014页。

③ 《金史》卷2《太祖本纪》，第22页。

④ 同上。

⑤ （宋）确庵、耐庵编，崔文印笺证：《靖康稗史七种》之《呻吟语》，中华书局1988年版，第225页。

影响，这也是他以后着力仿效中原之制、推行汉化改革的原因。虽然“天眷新制”中还带有明显的旧制度的影响，但熙宗宣称，“四海之内，皆朕臣子，若分别待之，岂能致一。谚不有乎，‘疑人易使，使人勿疑’。自今本国及诸色人，量才通用之”。这话并非虚言，比如他就重用了被金世宗评价为“汉人宰相惟韩企先最贤”“本朝典章制度，多出斯人之手”的韩企先为代表的一大批汉族官员。熙宗将大一统思想贯彻到他的改革里，对缓和社会矛盾、稳定社会秩序和促进经济生产都起到了积极作用，顺应了民族融合、文化认同的历史潮流。除了典章制度的改革，熙宗还大力提倡儒家的忠孝观念，使其成为君臣上下和家庭宗族的关系准则，当然这些观念也会影响到熙宗的法律思想。熙宗曾对皇太子允恭和诸亲王说：“人之行，莫大于孝悌，孝悌无不蒙天日之祐。汝等宜尽孝于父母，友于兄弟。”①熙宗之后的海陵王登位后，提出了“朕方以文治”。②他自己“一吟一咏，冠绝当时”，③“国主嗜习经史，一阅终身不复忘。见江南衣冠文物，朝仪位著而慕之”，④是一位与熙宗类似的仰慕中原文化且自身的文学修养很高的皇帝。在这两朝，不仅先后有“天眷新制”和“正隆官制”的改革，还都修订了成文法。虽然所修法规远远比不上后来的《泰和律》，但也算积累了经验。

到了史称“小尧舜”的世宗时期，金源文化与中原文化进一步融合，儒家伦理观念深入人心。世宗曾对宰臣们说：“会宁乃国家兴王之地，自海陵迁都永安，女直人浸忘旧风。今之燕饮音乐，皆习汉风，盖以备礼也。”⑤世宗的生母为辽阳渤海望族，汉化程度很深，所以世宗自幼受都儒家思想的熏陶。继位后，由于政治不稳，且鉴于熙宗、海陵皆亡于宫廷政变，为了防止暴力夺权的事件再次发生，世宗大力提倡和宣扬儒家

---

① 《金史》卷7《世宗本纪中》，第161页。

② 《金史》卷125《文艺上·萧永祺传》，第2720—2721页。

③ 宇文懋昭撰，崔文印点校：《大金国志校证》卷15《海陵炀王下》，中华书局1986年版，第212页。

④ 宇文懋昭撰，崔文印点校：《大金国志校证》卷13《海陵炀王上》，中华书局1986年版，第187页。

⑤ 《金史》卷7《世宗本纪中》，第158页。

的忠孝思想，告诫臣民“惟忠惟孝，匡救辅益，期致太平”[①]。教育皇子和诸王：“人之行，莫大于孝悌，孝悌无不蒙天日之祐。汝等宜尽孝于父母，友于兄弟。”[②]此外世宗还几次广为散发《孝经》，再三强调“教而后能”。早在即位之初，世宗下诏暴扬海陵王十七大罪状，其中主要就是纳了被杀掉的政敌的妻子为妃，包括其婶子、嫂子、侄媳等。按照女真旧俗，这种收继行为并不能构成罪名。此时中原王朝的伦理观已经为女真族所接受，于是女真旧俗就被指为不合伦理了。世宗很注重宗室、贵族的教育，规定“猛安谋克皆先读女真字经史然后承袭”[③]，将习读儒家经史作为承袭猛安谋克的条件，以督促女真人学习儒家文化。另外，还在京师设立女真国子学，在诸路设置女真府学，专门负责招收女真子弟入学，授以儒家经典，既创造了女真人学习儒家文化的便利条件，也使儒家文化广为女真人所接受。世宗对儒家的尊崇，自然也反映在他的法制思想上。世宗也有减轻刑罚的思想。大定九年（1169）三月丁卯，“以尚书省定纲捕走兽法，或至徒，上曰：‘以禽兽之故而抵民以徒，是重禽兽而轻民命也，岂朕意哉。自今有犯，可杖而释之。’”[④]早在太宗天会七年（1129），“诏凡窃盗，但得物徒三年，十贯以上徒五年，刺字充下军，三十贯以上徒终身，仍以赃满尽命刺字于面，五十贯以上死，征偿如旧制”。这条法令规定了盗窃罪的量刑标准；虽然较之立国前的盗贼一律处死要轻得多，但是盗窃五十贯以上仍要被处以死刑。世宗在大定十五年（1175），“诏有司曰：‘朕惟人命至重，而在制窃盗赃至五十贯者处死，自今可令至八十贯者处死’”，[⑤]又将盗窃处死的标准上升为八十贯。五十贯到八十贯处死的量刑标准的变化，正反映出世宗皇帝对人命的珍惜，也体现出“刑”不是目的，“刑而后改”才是目的。此外，世宗还主张“罪疑惟轻、慎防冤情”的思想。大定七年（1167），“左藏库夜有盗杀都监郭良臣盗金珠，求盗不得。命点检司治之，执其可疑者八人鞫之，掠三人死，五人诬伏。上疑之，命同知大兴府事移剌道杂治。既而亲军百夫长阿思钵

---

① 《金史》卷88《纥石烈良弼传》，第1951页。

② 《金史》卷7《世宗本纪中》，第161页。

③ 《金史》卷8《世宗本纪下》，第192页。

④ 《金史》卷6《世宗本纪上》，第144页。

⑤ 《金史》卷45《刑志》，第1017页。

鬻金于市，事觉，伏诛。上闻之曰：‘箠楚之下，何求不得，奈何鞫狱者不以情求之乎。’”[①]另“北京民曹贵谋反，大理议廷中，谓贵等阴谋久不能发，在法‘词理不能动众，威力不足率人’，罪止论斩。石是之。又议从坐，久不能决。石曰：‘罪疑惟轻。’入，详奏其状，上从之，缘坐皆免死”。在证据不足的情况下，以刑逼人、认罪伏法，造成了冤假错案，对于官吏这种不负责任的行为，皇帝责问为何不能在证据不足的情况下，用人情事理来断案审刑。这表现了金朝皇帝在案件不明的情况下，以情夺理的儒化关怀。世宗曾说：“天下大器归于有德”“海陵失道，朕乃得之，但务修德，余何足虑”[②]。可以看出世宗对德政的重视。但是世宗也不主张帝王用法“专务宽慈”，提出“夫朝廷之政，太宽则人不知惧，太猛则小玷亦将不免于罪，惟当用中典耳”，[③]意思是讲求适度，这符合儒家的中庸原则。

金朝发展到了章宗时期，民族文化认同已经趋于完备。章宗时期“承世宗治平日久，宇内小康，乃正礼乐，修刑法，定官制，典章文物粲然成一代治规”[④]。可见，中原文化在历经熙宗、海陵、世宗、章宗四代的数十年里与女真民族文化的冲突与融合之后，已经占据了主流的社会意识形态地位。章宗明昌五年（1194），谕按察司曰：“近制以镇静而知大体为称职，苛细而暗于大体为不称。由是各路按察以因循为事，莫思举刺，郡县以贪黩相尚，莫能畏戢。自今若纠察得实，民无冤滞，能使一路镇静者为称职。”[⑤]将“民无冤滞”作为官吏称职的标准，而不是晋升的标准，可以看出在章宗皇帝眼中，“民无冤滞”、秉公审案是每一位官吏都应具备的素质。到章宗泰和六年（1206）三月，“敕尚书省：‘祖父母、父母无人侍养，而子孙远游至经岁者，甚伤风化，虽旧有徒二年之罪，似涉太轻。其考前律，再议以闻。’”[⑥]中国古代自古便有“父母在，不远游”的说法，这是中国古代孝道的体现，金朝禁祖父母、父母无人侍养，而子

① 《金史》卷45《刑志》，第1015页。

② 《金史》卷7《世宗本纪中》，第157页。

③ 同上书，第171页。

④ 《金史》卷12《章宗本纪四》，第285页。

⑤ 同上书，第270页。

⑥ 同上书，第274页。

孙远游，使其法律化和制度化，用严厉的刑法进一步制止了不孝行为，也是章宗“以礼入法”思想的体现。经由熙宗确认、海陵发展、世宗大力提倡，儒家思想终在章宗时期融入女真民族的思想观念里，以儒家思想为核心的中原文化得到了金朝的普遍认同。这也为制定以中原王朝法律为蓝本的法律制度奠定了思想基础，终有一代成法《泰和律》。

四　金代法律的民族文化认同倾向的必然性

可以说，进入中原地区的少数民族政权最终无一例外地走上了民族融合、文化认同的道路。之所以是这种历史趋势，背后有着深刻的原因。中华大地四周为海洋、高山、沙漠所隔绝，形成了独立封闭的地理环境。在黄河、长江两大流域（主要是中原地区），土地肥沃，气候湿润，适合发展农业，先天的优越自然环境由此滋养了先进的古代农业文明。而在周边地区，气候或寒冷或炎热，人们主要采取游牧、渔猎等较原始的生产方式。再从地理位置上看，中原居天下之中，为八方辐辏，便于学习和吸收周边地区先进的生产技术和经验。适宜农耕的自然条件和居中的地理位置共同造就了中原地区的特殊地位。周边地区的民族想要与其他民族接触，通常要借助于中原地区。中原地区因而成为周边民族不可或缺的交流平台和联结纽带，成为向边远地区传播先进文化的中心。特殊的地理位置、发达的农业经济形成了以“开放”“包容”“兼收并蓄”为特征的中原文化。这些特征突出体现在儒家思想的“夷夏观”上，认为应当“从文化上而不从种族上区分‘夷’‘夏’”①。这种观点非常有凝聚力，很容易为周边少数民族接受并产生文化认同，从理论上和思想意识上大大促进了中华民族的融合与统一。这种民族文化认同体现在各少数民族渴望以炎黄子孙自居、以中原正统王朝自居上。

中国历史上确曾发生过多次的民族大融合，融合过程中各族因为迁徙而造成优势人口的汉族（先秦时期是华夏族）与各少数民族杂居的局面。杂居使少数民族得以学习和吸收汉民族文化的精华，从而促进本民族的飞跃发展；而汉民族也对少数民族文化博采兼纳，从而使汉文化（中原文

---

① 陈其泰：《清代公羊学》，上海人民出版社2011年版，第313页。

化）得到滋养，进而成为更高水平的多元文化。汉族之所以成为全世界人数最多的民族，其原因即在长期发展过程中不断吸收、融合了周边少数民族，因而像滚雪球一样越滚越大。梁启超曾称汉族系“混血”而成，实际上也可以说，中原汉文化也是由中原的汉文化与周边的少数民族文化“混血”而成。血缘和文化上的“混血”分别由各民族之间的通婚和文化上的相互学习、融合来实施和完成，最终造成了今天中华民族内部汉民族与各少数民族你中有我、我中有你、水乳交融的中华多元一体格局。

中华民族的文化，乃是各民族共同创造的。在金朝，民族融合的主流是汉化，这种融合也是多元的。女真族汉化很深，如世宗曾对宰臣们说：“会宁乃国家兴王之地，自海陵迁都永安，女直人浸忘旧风。今之燕饮音乐，皆习汉风，盖以备礼也。”[①]可以看到在金源地区也都“皆习汉风”了。另外，由于汉族与女真族长期的杂处，使女真人的服饰、发式对汉族也产生了影响。南宋人范成大在大定十年（1170）使金语录中有：“民已久习胡俗，态度嗜好与之俱化……最甚者衣装之类，其制尽为胡制。自过淮以北皆然，而京师尤甚。”[②]女真族有“衣布好白，衣短而左衽”[③]的习俗，宣和末年，南宋地区“京师士人行道间，犹著衫帽。至渡江戎马中，乃变为白凉衫。绍兴二十年间，士人犹著白凉衫，至后来军兴又变为紫衫，皆戎服也。”[④]隆兴元年（1163），曾有人称临安士庶“服饰乱常”，建议严加禁止，“不得左衽胡服”[⑤]。女真族的饮食也对汉人产生了一定的影响。《三朝北盟会编》记载:“饮食以糜酿酒，以豆为酱，以半生米饭渍以生狗血及葱韭之属，和而食之。”从今天东北和华北地区喜食葱酱等习俗可窥见一斑。北方寒冷，火炕是女真族具有地域特色的传统习俗。受女真族的影响，当时华北或中原地区已开始使用火炕取暖。赵秉文《夜卧炕暖》有详细的描述：“京师岁苦寒，桂玉不易求。斗米换束薪，掉臂不肯酬。日粜五升米，未有旦夕忧。近山富黑墼，百金不难

① 《金史》卷7《世宗本纪中》，第158页。

② 赵永春编注：《奉使辽金行程录》，《长白丛书》，吉林文史出版社1995年版，第277—278页。

③ （宋）徐梦莘：《三朝北盟会编》卷3，第23页。

④ （宋）黎靖德：《朱子语类·礼八·杂仪》，中华书局1988年版。

⑤ （清）徐松辑：《宋会要辑稿》，中华书局1957年版。

谋。地炕规玲珑，火穴通深幽。”[①]另外还有不少汉人学女真语。陆游有诗云：“大梁二月杏花开，锦衣公子乘传来。桐阴满地扫不得，金辔玲珑上源驿。上源驿中捶画鼓，南人作客北人主。舞女不记宣和妆，庐儿尽能女真语……”[②]由于各族杂居，大梁（即开封）的舞女已经不记得北宋时“宣和妆”的样子，“庐儿”（即奴仆）也学会了讲女真语。中原汉文化对女真民族文化的包容与兼收并蓄的心胸，是民族间融合的重要前提。

五 结　语

社会作为一个关系错综复杂但却有机地结合的一个整体，其政治、经济、文化等各个方面的变化不可能是单独的、孤立的。回顾金代法制变革的历程可以看到，在民族融合的时代背景下，金代法律的创立、修订和变革，与金朝社会认同中原文化的趋势是一致的。

宋朝的包拯认为：“法令者，人主之大柄，而国家治乱安危之所系焉。不可不慎。”这种看法一方面说明在古代社会中，法律的优劣关系到社会秩序是否安定；另一方面也道出了法律乃是统治者借以维护其统治地位的重要手段。在金政权从部落联盟形式到君主专制的发展过程中，统治者大多渴慕中原文化，从而对中原王朝的优秀文化主动学习、积极吸纳。正是因为金朝社会的民族文化认同的价值取向，女真民族的经济文化等各方面都得到迅速发展，金代法律也才能一步步趋于汉化，最终达到与中原王朝相当的水平。金代在法律方面的成果和尝试，不仅有利于女真族，对整个中华民族都是一笔财富。金代的法制变革是中华民族多民族统一与融合的必然发展方向的一个侧面，是各兄弟民族共同创造民族文化的一个有力见证。

---

① （金）赵秉文：《闲闲老人滏水集》卷5，《四部丛刊初编·集部》。

② （宋）陆游：《剑南诗钞·得韩无咎书寄使北时宴东都驿中所作小阕》，《宋诗钞》卷64，中华书局1986年版。

试论金朝水灾的时空分布及其特征

武玉环

在金朝立国120余年的时间里，自然灾害频发。金代自然灾害主要有水、旱、风、雨、霜、雪、蝗虫、地震等。在诸种自然灾害中，尤其以水灾的发生最为频繁。金朝水灾为诸害之首，给人民的生命财产造成重大的损失。研究历史上水灾的发生及其特征与原因，对于今天的防灾救灾能够提供宝贵的历史经验教训。下面就金朝水灾的发生状况及其特点以及水灾发生的原因进行初步探讨。

一　金朝水灾发生概况

关于金朝水灾发生的概况，据袁祖亮、邱云飞先生统计，金朝水灾共发生37次，[①]而本文统计为57次。占金代灾害总数257次的22.14%左右。金朝水灾如表1所示。

表1　金代水灾统计表

次数	等级	季节	地点	灾情	材料出处
1	重大	春正月	庆阳府环、径州；曷懒路	天会二年（1124）正月，庆阳府环、泾州（甘肃）大水，漂军民三千余家	《大金国志》卷3《太宗文烈皇帝一》；《金史》卷3《太宗纪》
2	一般	不明	曷懒（上京）	天会二年（1124）？月，曷懒（上京）移鹿古水霖雨害稼。且为蝗所食	《金史》卷23《五行志》

① 袁祖亮、邱云飞：《中国灾害通史·宋代卷》，郑州大学出版社2008年版，第285页。

续表

次数	等级	季节	地点	灾情	材料出处
3	一般	秋	泰州	天会二年（1124）秋十月，泰州（上京）潦，雨害稼。诏减田租、市租之半	《金史》卷23《五行志》
4	严重	春	山东	天会七年（1129）正月，杜充守东京，虑敌西来，决大河阻之。时山东军民复有河决之患	《大金国志》卷5《太宗文烈皇帝三》
5	大灾	夏	鸭绿江、混同江周围	天会十年（1132）四月鸭绿江、混同江（东京路）暴涨	《金史》卷3《太宗纪》；卷23《五行志》
6	严重	冬	泗州（河南路）	天会十二年（1134）冬，（泗州）大雨雪，乏粮，杀马而食，死亡日多，兵皆嗟怨	《大金国志》卷8《太宗文烈皇帝六》
7	严重	秋	上京按出浒河附近	天眷元年（1138）七月，按出浒河（上京）溢，坏民庐舍，民多溺死	《金史》卷4《熙宗纪》
8	重大	秋	李固度（河南）	皇统五年（1145）九月，河决李固度（河南），漂民五千余家。立借贷饥民酬赏格	《大金国志》卷12《熙宗孝成皇帝四》；《金史》卷4《熙宗纪》
9	一般	夏	汴京太康县	皇统八年（1148）五月，汴京太康县，大雷雨	《大金国志》卷12《熙宗孝成皇帝四》
10	一般	夏	上京	皇统九年（1149）四月，大风雨，雷电震寝殿	《金史》卷23《五行志》
11	一般	秋	嘉祥县（山东）	天德三年（1151）秋，嘉祥县（山东）淋雨异常，余波暴涨及于院门	《全辽金文》下，《嘉祥县洪福院碑》，第4070页
12	一般	夏	北望淀（西京）	大定八年（1168）五月，北望淀大风、雨雹	《金史》卷6《世宗纪》
13	严重	夏	山东	大定八年（1168）六月，河决李固渡，水溢曹州（山东）	《金史》卷27《河渠志》

续表

次数	等级	季节	地点	灾情	材料出处
14	一般	夏	中都	大定八年（1168）六月，滹沱河犯真定	《金史》卷27《河渠志》
15	一般	春	中都	大定九年（1169）二月，以中都等路水，免税	《金史》卷6《世宗纪》
16	一般	春	山东	大定九年（1169）二月，以曹、单（今山东）二州被水，给复一年	《金史》卷6《世宗纪》
17	一般	不详	南京	大定十一年（1171）命赈南京屯田猛安被水灾者	《金史》卷27《河渠志》；《金史》卷23《五行志》
18	严重	不详	孟、卫州	大定十一年（1171）河决王村，南京、孟、卫州界多被其害	《金史》卷6《世宗纪》
19	一般	春	临潢	大定十六年（1176）三月，（临潢府）雨豆	《金史》卷23《五行志》
20	一般	秋	白沟	大定十七年（1177）七月，大雨，河决白沟（河南）	《金史》卷27《河渠志》；《金史》卷7《世宗纪》
21	一般	不详	河北	大定十七年（1177）？月，滹沱河（河北）决白马岗	《金史》卷7《世宗纪》
22	严重	秋	卫州、延津	大定二十年（1180）八月，河决卫州及延津（河南）京东埽，弥漫至于归德府	《金史》卷27《河渠志》
23	严重	春	河南路	大定二十五年（1185）三月，郑、蔡、颖（河南）等州大水，命赈恤之	《大金国志》卷18《世宗圣明皇帝下》；《金史》卷8《世宗纪》
24	严重	二月	河东（山西）	大定二十六年（1186）夏，河东（山西）大水	《大金国志》卷18《世宗圣明皇帝下》；《金史》卷23《五行志》

续表

次数	等级	季节	地点	灾情	材料出处
25	一般	秋	卫州（河南）	大定二十六年（1186）八月，河决，坏卫州城（河南）	《金史》卷23《五行志》
26	严重	春	郑、蔡、颍州	大定二十七年（1187）三月，郑、蔡、颍州（河南）大水，命赈恤之	《金史》卷8《世宗纪》；《大金国志》卷18《世宗圣明皇帝下》
27	一般	夏	中都、河北等路	大定二十七年（1187）六月，免中都、河北等路曾被河决水灾军民租税	《金史》卷8《世宗纪》
28	一般	冬	南京、大名府等处	大定二十八年（1188）十一月，诏南京大名府等处避水逃移不能复业者，官与津济钱，仍量地顷亩给以官牛	《金史》卷8《世宗纪》
29	一般	春	卫州	大定二十八年（1188）初，卫州（今河南）为河水所坏，乃命增筑苏门，迁其州治	《金史》卷8《世宗纪》
30	一般	夏	曹州	大定二十九年（1189）五月，河溢曹州（今山东）小堤之北	《金史》卷23《五行志》
31	一般	秋	不明	明昌元年（1190）七月，淫雨害稼	《金史》卷12《章宗纪》；《金史》卷23《五行志》
32	一般	夏	中都	明昌二年（1191）六月，漳河及卢沟堤皆决，命速塞之	《金史》卷27《河渠志》
33	一般	夏	中都附近	明昌三年（1192）六月，卢沟堤决	《金史》卷27《河渠志》
34	一般	夏	中都	明昌四年（1193）五月，观稼于近郊，癸未，以久雨，荥	《金史》卷10《章宗纪》；《金史》卷23《五行志》

续表

次数	等级	季节	地点	灾情	材料出处
35	严重	夏	卫、魏、清、沧等州	明昌四年（1193）六月，河决卫州，魏、清、沧（今河南）皆被害。十二月，敕都水监官提控修筑黄河堤坝	《金史》卷23《五行志》
36	一般	秋	中都	明昌五年（1194）七月，久雨初霁，有龙曳尾于殿前云间	《金史》卷10《章宗纪》
37	一般	秋	阳武	明昌五年（1194）八月，河决阳武（今河南）故堤灌封丘而东	《金史》卷23《五行志》
38	严重	夏	中都	明昌六年（1195）六月，以久雨，荥	《金史》卷10《章宗纪》
39	一般	秋	中都	明昌六年（1195）八月，大雨雹；有龙起于浑仪鳌趺	《金史》卷23《五行志》
40	严重	不详	长垣县（河南）	承安二年（1197）（长垣）县（今河南）濒大河，时新被水害，庐舍漂没，城壁颓圮	《全辽金文》下，《顺安县令赵公墓碑》第2947页
41	严重	秋	中都	承安四年（1199）七月久雨，令大兴府祈晴。（今北京）	《金史》卷23《五行志》
42	一般	夏	不明	承安五年（1200）六月乙巳，遣有司祈晴，望祭岳渎	《金史》卷11《章宗纪》
43	一般	夏	不明	崇庆元年（1212）五月，连雨，凡二十余日	《大金国志》卷23《东海郡侯下》
44	一般	夏	中都附近	贞祐二年（1214）六月，潮白河溢，漂古北口铁裹关门至老王谷	《金史》卷23《五行志》
45	一般	冬	不明	兴定元年（1217）十月，霖雨	《金史》卷23《五行志》

续表

次数	等级	季节	地点	灾情	材料出处
46	一般	秋	不明	兴定二年（1218）七月，大雨	《金史》卷15《宣宗纪》
47	一般	春	不明	兴定四年（1220）正月壬子，昼晦，大雷电，雨以风	《金史》卷23《五行志》
48	严重	秋	河南	兴定四年（1220）七月，河南大水，唐邓尤甚	《金史》卷16《宣宗纪》
49	一般	夏	钧、许州（河南）、郑州	正大二年（1225）四月钧、许州（今河南）大雨雹，京畿大雨雹	《金史》卷17《哀宗纪》《金史》卷23《五行志》
50	一般	夏	宿、郑州	正大二年（1225）五月宿、郑州（今河南）雨伤麦	《金史》卷17《哀宗纪》
51	一般	夏	河南	正大三年（1226）四月，河南大雨雹；遣使虑囚	《金史》卷17《哀宗纪》。
52	一般	夏	不详	正大三年（1226）五月，大雨	《金史》卷17《哀宗纪》
53	一般	夏	单州	正大五年（1228）五月，大雨。单州（今河南）雨雹伤稼	《金史》卷23《五行志》；《金史》卷17《哀宗纪》
54	一般	冬	不详	正大五年（1228）十月，以霖雨，诏宽农民输税之限	《金史》卷17《哀宗纪》
55	一般	冬	南京	正大七年（1230）冬，御于钧州（今河南），会天大雨雪三日三夜	《大金国志》卷26《义宗皇帝》
56	一般	春	汴京	开兴元年（天兴元年）（1232）正月，决河水，卫京城（今河南）	《金史》卷18《哀宗纪》
57	严重	夏	南京	天兴二年（1233）六月，连日暴雨，平地水数尺，军士漂没甚众	《金史》卷23《五行志》；《大金国志》卷26《义宗皇帝》

资料来源：据《金史》《大金国志》《全辽金文》等原始史料作金代水灾发生的情况统计表，以下各表相同，不再标注。

从上表可知，金朝在第一阶段的34年中（1115—1149），共发生水灾10次，平均每3.4年发生一次水灾。占水灾总数57次的17.6%。占灾害总数284次的3.5%。

第二个阶段为金海陵王至金章宗时期（1149—1209），共计60年，共计发生水灾32次，平均约2年发生一次水灾。占水灾总数57次的56.1%。占灾害总数284次的11.26%。

第三个阶段为金卫绍王至金末（1209—1234），共记26年，共发生水灾15次，平均1.7年发生一次水灾。占水灾总数57次的26.3%。占灾害总数284次的5.28%。

值得一提的是，金朝曾经发生过两次特大水灾，都是发生在金朝初期，第一次在天会二年（1124）正月，庆阳府环、泾州（甘肃）大水，漂军民三千余家；第二次在皇统五年（1145）九月，河决李固度（河南），漂民五千余家。给当时民众的生命和财产造成严重的损失。

二　金朝水灾的时空分布及其特征

金朝水灾的发生有其规律与特点，总结归纳金朝水灾的时空分布及其特点，吸取历史的经验教训，以便更好地防御自然灾害的侵袭。

表2　金朝水灾时间分布表

季节	不明	春季			夏季			秋季			冬季			合计
月份	不明	一	二	三	四	五	六	七	八	九	十	十一	十二	
次数	6	4	2	3	4	9	10	7	5	1	3	2	1	57
百分比（%）	10.5	15.8			40.4			22.8			10.5			100

说明：1.本表在表1收集的原始史料基础上汇集而成；2.本文表格中的月份皆指农历月份；3.表中的“不明”，是指记载不清楚的月份。下表同。

从表2可以看出，金代水灾的发生具有鲜明的季节性。水灾发生的时间主要集中在夏季，这期间共发生水灾23次，占水灾总数的40.4%，其中六月最多，为10次；其次是五月，为9次。秋季也是水患多发的季节，共13次，并主要集中在七八月份。春季发生水灾9次，而冬季发生水灾的情况较少。金代水患多出现在夏秋雨水多发之际，这主要反映了自然和季节的变化规律，但也不能忽视防治不力的人为因素。

从表3可以看出，金朝水灾的发生与地理环境有着密切的关系。金朝水灾的多发地区首推南京地区和中都地区。南京地区由于黄河流经此地，在金朝的近百年间，或决或塞，迁徙无定。史书记载，南京地区发生水灾23次，占水灾总数的40.4%，是水灾的重灾区。其次为中都地区，共发生水灾12次，占水灾总数的21%，由于中都周围有潞水河、高梁河、卢沟河、永定河、温榆河等河流，每到汛期，暴雨连绵，由于河水疏通不当，导致水位猛涨，泛滥成灾。再次为山东东、西路，是黄河流经之地，发生水灾5次，占水灾总数的8.8%。上京地区，有记载的水灾为4次，占水灾总数的7%。金朝的北部地区上京等地，有按出虎水、混同江、来流河、宋瓦江、鸭子河等，在汛期也极易泛滥成灾。地点记载不明的水灾为8次，占水灾总数的14%。金朝的东京地区、北京地区各发生1次水灾，各占水灾总数的1.8%。西京地区发生3次，占水灾总数的5.29%。

表3　金朝水灾空间分布表

地点	上京	东京	南京	中都	西京	北京	山东	不明	合计
水灾次数	4	1	23	12	3	1	5	8	57
百分比（%）	7	1.8	40.4	21	5.2	1.8	8.8	14	100

综上，总结金朝水灾的时空分布特点如下：

（1）金朝水灾发生的时间间隔越来越短。如果按前述把金朝历史分为前、中、后三个阶段的话，在第一阶段金初至金熙宗时期34年中（1115—1149），发生水灾10次，平均每3、4年发生一次水灾。在第二阶段海陵王至金章宗（1149—1209），共计60年，共计发生水灾32次，平均约2年发生一次水灾。在卫绍王至金末（1209—1234）的第三阶段中，共记26年，共发生水灾15次，平均1.7年发生一次水灾。然就表1金代发生水灾的实际情况来看，有时一年发生三次水灾，如天会二年（1124）正月，庆阳府（今甘肃庆阳）环、泾州大水，漂军民三千余家。[①]同年七月，曷懒移鹿古水（今朝鲜清津附近）霖雨害稼，且为蝗所食。[②]同年十月，赈泰州（今吉林乾安北）民被秋潦者。[③]有时连年发生水灾，如大定大定二十五年到明昌六年（1185—1195），连续11年发生水灾。

（2）金朝前后期，水灾发生的地点也有所不同。前期以上京、中都、河北东西路为水灾的主要发生地，后期以南京、河东南路以及山东东、西路为水灾的主要发生地。

（3）金朝水灾发生的季节性较强，大多发生在夏季、秋季多雨的天气，这与大自然四季更替的特点有关，大自然的规律是不可抗拒的，但是水灾也是能够预防的。

三　金朝水灾发生的原因

金朝水灾的频繁发生，究其原因，既有客观的天气方面的原因，也有主观的人为的原因。归纳如下：

（1）由于天气原因即季节性的雨水导致的水灾占28起，给当时的农业生产以及民众的生活造成严重的损失。

（2）因河水冲决堤坝而造成的水灾占18起。对于水患的治理与预防，平时对堤坝的维护很重要。但金朝廷平时防灾防涝的准备不足，这是引发堤坝溃决的主要原因。大定二十六年（1186）八月，黄河泛滥成灾，“河决卫州堤，坏其城。上命户部侍郎王寂、都水少监王汝嘉驰传措画备御。而寂视被灾之民不为拯救，乃专集众以网鱼取官物为事，民甚怨嫉”[④]。御史台言：“自来沿河京、府、州、县官坐视管内河防缺坏，特不介意，若令沿河京、府、州、县长贰官皆于名衔管勾河防事，如任内规措有方能御大患，或守护不谨以至疏虞，临时闻奏，以议赏罚。”[⑤]世宗

① 宇文懋昭：《大金国志》卷3《太宗文烈皇帝一》，中华书局1986年版，第39页。

② 《金史》卷23《五行志》，中华书局1975年点校本，第535页。

③ 《金史》卷3《太宗本纪》，第51页。

④ 《金史》卷27《河渠志》，第673页。

⑤ 同上。

采纳了这个建议。从文中的“自来沿河京、府、州、县官坐视管内河防缺坏，特不介意”来看，说明金朝地方官员平时对于防灾防涝的准备并不十分在意，以致管内的黄河泛滥成灾，这是引发水灾发生的主要原因之一。

（3）土地的开发、植被的破坏而引发的水灾不容忽视。黄河流经黄土高原，高原上的黄土疏松，不耐侵蚀，被侵蚀的黄土辗转流入黄河。又因黄土高原距离沙漠较近，故黄土中多含沙粒，随水流下之后，增加了黄河水中的泥沙含量。随着沿岸人口的增加、土地的开发、植被的破坏，一旦遇到雨水，泥沙俱下，造成黄河泛滥，甚至导致河流改道。景祐元年（1034），河决澶州横陇（今河南濮阳东），经今河北大名至山东滨县入海。这是宋代黄河的第一次大改道，改道后的黄河干流，史称“横陇故道”。14年后，即庆历八年（1048），黄河自澶州（治今河北濮阳县）商胡决口，合御河入海。这是宋代黄河最北端流入渤海的路线。北宋黄河的第二次大改道是皇祐三年（1051），黄河在馆陶县（今河北馆陶县）郭固决口。此次宋朝试图开六塔河引黄河水入横陇故道，由于水流宣泄不及而决口，河北数千里地一片汪洋，人民死伤无数。这种过度开发、导致植被破坏而引发的水灾，沿袭到金朝建国之后，也是引发金朝水患的重要原因之一。

（4）人为地把黄河堤坝掘开而导致的水灾。宋建炎二年（1128），为阻止金兵南下，宋朝留守杜充在开封决开黄河，黄河南行夺淮，经淮河下游河道在今江苏云梯关入海。黄河夺淮改变了江淮间的自然环境。在黄河夺淮的700余年间，黄淮与江淮之间水系紊乱，洪水灾害严重。①黄河改道自然是由于河流泥沙过多，河水容纳不下的缘故，但是金、宋朝廷未能尽力治理或治理不当，或人为的破坏，是其中不可忽视的原因。

---

① 谭徐明：《中国灌溉与防洪史》，中国水利水电出版社2005年版，第47页。

略论金代食盐的生产技术

于小洪

盐是人们日常生活的必需品，是国家财政收入的重要来源，为历代王朝所重视。关于金代盐业问题的研究，以往主要集中在盐业的管理制度与机构上，如金代的盐使司，金代食盐的专卖制度等，对金代食盐的制作技术研究较少。在仅有的几篇涉及金代食盐制作技术的文章中，漆侠和乔幼梅在《辽夏金经济史》一文中介绍了金代海盐刮土淋卤的方法，简略说明解盐制作技术中“种盐”与“盐南风”的运用[①]。李三谋、王贵洪的《金代的解盐经济》认为金代解盐经历了天然成盐到垦畦浇晒成盐的发展过程，并对垦畦浇晒的过程做了简单的说明[②]。郭正忠在《中国盐业史》（古代编）[③]和《我国海盐晒法究竟始于何时》中提到了金代海盐的晒制问题[④]。由此可以看出，金代盐业制作技术的研究还有不足之处，本文主要对金代海盐、解盐和土盐的制作技术做进一步的研究，并对海盐与土盐制作技术的异同进行比较。

一　金代海盐的生产技术

金朝海岸线漫长，海盐在食盐生产中占有较大比重。关于金代海盐生产技术的记载虽然很少，但依然有迹可循。

---

① 漆侠、乔幼梅：《辽夏金经济史》，河北大学出版社1994版。

② 李三谋、王贵洪：《金代的解盐经济》，《盐业史研究》2010年第1期。

③ 郭正忠：《中国盐业史》（古代编），人民出版社1997年版。

④ 郭正忠：《我国海盐晒法究竟始于何时》，《福建论坛》（文史哲版）1990年第1期。

“至宁元年（1213），是日，海水不潮，宝坻盐司惧其亏课，致祷无应。”[①]

“大定二十三年（1183），博兴县民李孜收日炙盐，大理寺具私盐及刮碱土二法以上。……上曰：‘刮硷非煎，何以同私？’”[②]

“泰和七年（1207），若刮硷土煎食之，采黄穗草烧灰淋卤，及以酵粥为酒者，杖八十。”[③]

古代海盐生产技术的发展分为三个时期：直接煮海为盐[④]；人工制卤煎盐；海盐晒制。从以上史料中可以看出，金代海盐有刮土、烧灰淋卤、煎盐、海盐晒制等技术，处于人工制卤煎盐时期，这一阶段的海盐制作一般包括四道工序：刮取咸土或咸灰[⑤]；淋卤；验卤；煎制成盐。

1. 刮取咸土或咸灰环节

晴天时，在涨潮之前，灶户对盐田翻耕松土或者在盐田内撒上草木灰，这样可以增加海水的渗透保存量。《淳熙三山志》就有“方潮未至，先耕埕地使土虚而受信”[⑥]的记载。潮退之后，经太阳曝晒，盐田中会生出开“白花”的土或灰，灶户利用人力或畜力刮取咸土或咸灰的过程被称为刮土（灰）。若海水不涨潮，刮土（灰）环节就难以进行，所以才有“海水不潮，宝坻盐司惧其亏课”[⑦]的记载。刮土或刮灰在使用的盐田上有区别，这跟盐田的质量和特性有关。宋代时，人们将盐田划分为三等：沙质的盐田因易受潮、干燥和淋卤划分为上等；半沙半泥的盐田划为中

① 《金史》卷49《食货四》，中华书局1975年版，第1103页。

② 《金史》卷49《食货四》，第1096页。

③ 《金史》卷23《五行志》，第542页。

④ 对这种说法，目前史学界意见不一致。一种认为，煮海盐就是用海水直接煎煮成盐，所以古人称之为“煮海”或“熬波”。吉成名：《中国古代的海盐生产技术》，《文史知识》1996年第1期；林树涵：《中国海盐生产史上三次重大技术革新》，《中国科技史料》1992年第2期；另一种认为先有制卤之法。王青：《淋煎法海盐生产技术起源的考古学探索》，《盐业史研究》2007年第1期。

⑤ 郭正忠：《略论宋代海盐生产的技术进步——兼考〈熬波图〉的作者、时代与前身》，《浙江学刊》1985年第4期。灰分两种：生灰与咸灰。生灰，即是草灰。咸灰，则指加工过的成土。

⑥ （宋）梁克家：《淳熙三山志》，海风出版社2000年版，第647页。

⑦ 《金史》卷23《五行志》，第542页。

等；泥质盐田与沙质的特性相反，划分为下等。虽然沙质的盐田为上等，但这种盐田如漏丘一样，不利于海水的保存。灶户就将这种盐田加以改造，“有沙土漏过，不能成咸者，必须烧草为灰，布在摊场，然后以海水渍之，俟晒结浮白，扫而复淋”①。撒在盐田中的草木灰易吸收水分，可以改变沙质盐田的“漏斗”性质。所以沙埕采用烧灰淋卤的方法，其余的采用刮土淋卤的方法。

咸土或咸灰并不是经过一次海水侵浸就可以使用，而是要经过“复淋”。灶户将海水侵浸后干燥的咸土刮起，等待下一次潮侵。这是为了增加咸土或咸灰中咸水的含有量，增加卤水浓度。夏天“复淋”的时间比冬季的短，这跟温度和日照有关。“惟五、六、七、八月，土信特厚，盖烈日之功也。”②若是“复淋”的过程中遇上下雨或混入新泥的情况，就会使淋制的卤水过淡，不能使用。《菽园杂记》就有验卤时“（莲子）若沉而不起者，全淡，俱弃不用。盖海有新泥及遇雨水之故也”③的记载。盐田干燥之后，灶户将所刮的咸土或咸灰用车或担子聚集成“溜”——咸土堆，以备淋卤。

2. 淋卤环节

淋卤需要淋卤坑，包括“深坑”和“浅坑”两部分。为方便淋卤，灶户通常在“溜”旁凿地成坑。据《淳熙三山志》记载：“穴土为窟，名为漏丘，以杵筑实，用茅衬底，满贮土信，取咸水淋之惟实，则取卤必咸。旁用芦管引入卤揘。揘在漏丘之下，掘土为窟以受卤，茅草覆之。”④“漏丘”（浅坑）建成后，灶户用杵反复捶打淋卤坑的底部，使之坚实，不易渗漏。淋卤坑需放入起过滤作用的茅草，然后再将咸土放入。负责浇淋的一般多为妇人和少年，他们执芦箕舀海水浇淋，以增加卤水的浓度。“卤揘”用来盛放卤水，略低于“漏丘”，二者之间有芦管连接。其简易剖面图，如图1：

① （明）陆容：《菽园杂记》，中华书局1997年版，第148页。
② （宋）梁克家：《淳熙三山志》，海风出版社2000年版，第62页。
③ （明）陆容：《菽园杂记》，第148页。
④ （宋）梁克家：《淳熙三山志》，第647页。

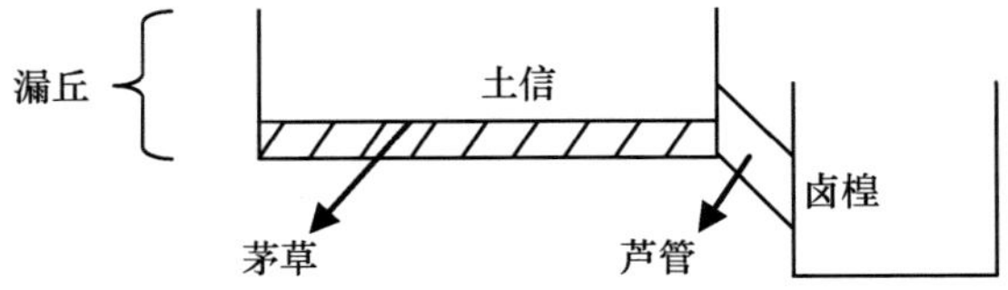

图1　淋卤示意图

3. 验卤环节

淋卤之后需要验卤，检验卤水的浓度是否达到煎盐标准。若卤水浓度过低，不仅费时费力，浪费燃料，还会影响海盐的产量。《西溪丛语》记载的验卤方法为“以莲子试卤，择莲子重者用之。卤浮三莲、四莲，味重；五莲，尤重。莲子取其浮而直，若二莲直，或一直一横，即味差薄。若卤更薄，即莲沉于底，而煎盐不成”①。根据莲子在卤水中漂浮的数量和状态检验卤水浓度的方法一直使用到民国时期，是一种较为普遍的方法。《淳熙三山志》《嘉泰会稽志》《云麓漫钞》都有类似的记载。所以金代应该也有这种方法。通常来说，验卤是为了节省燃料，快速成盐。实际上，卤水的浓度还会影响盐的质量，“若石堰以东，虽用竹盘，而盐色光白，以近海水咸故尔”②。所以验卤是煎盐的重要环节。

4. 煎盐

煎盐使用的工具称为“牢盆”，由官府铸造，有盘与锅两种形态，由铁和竹制作而成。金代所占领的地区并不盛产竹子，所以金代的牢盆应该是以铁质为主。盘有大小之分，由铁片拼接形成，片与片之间的接缝用“蜃灰”弥合（蜃灰，是蛎壳煅烧而成）。大盘通常由十几铁片组合而成，中盘减半，小盘再减半。这可能是为了便于计算食盐的产量。各地使用大盘或者小盘，需根据盐场的大小，因地制宜。虽然大盘质量好，产盐量多，但煎盐时消耗的柴草也多，需要更多的人力，所以适用于大型的盐场。除大小之外，盘的形状也是不统一的。2008年山东寿光市双王城盐业

① （宋）姚宽：《西溪丛语》，中华书局1997年版，第61页。还记载了一种方法验卤：闽中之法，以鸡子、桃仁试之。在《三山志》中《福清盐埕经》也有这种记载。唐代的《岭表录异》记录了唐代是利用饭粒验卤。

② （宋）姚宽：《西溪丛语》，第44页。

遗址发现了宋元时煎盐的牢盆是长方形的铁盘和圆形的铁锅[①]。金代也应是如此。此外，这一时期还发现了其他形制的牢盆。现在的连云港市博物馆收藏着北宋宋神宗时的扇形煮盐铁盘[②]，为我们了解当时的煎盐工具提供了实物。虽然山东寿光市双王城盐业遗址发现了金代煎盐使用的锅，但在金宋的史料中很少有关于锅的记载，可能是锅煎盐量少的缘故。“大盘一干，可得盐二百斤之上。小锅一干，可得盐二三十斤之上。若能勤煎，可得四干。”[③]同样是“一干”，锅的煎盐量约是大盘煎盐量的十分之一，所以锅在使用范围上受到限制，不会应用于大盐场。

虽然引用的资料大部分记载的是浙江和福建等地区的海盐制作，但是刘淼认为“灰压、削土这两种方法行之甚广，为沿海产区通用”[④]。这说明沿海地区海盐的制作方法基本大同小异，没有太大的区别。所以刮土淋卤和烧灰淋卤在金代的海盐产地也是一种通用的方法。

5. 挖井取卤水制盐

2008年考古工作者在山东寿光市双王城盐业遗址发现了宋元时期的海盐制作遗址，“出现了挖掘的卤水井，平面呈圆形，直径4—5米。……井周壁围以木棍和芦苇，内淤积黑色淤沙、淤泥。卤水井与过滤沟相连，过滤沟中有长方形小坑，卤水过滤沟时，淤泥、淤沙沉淀到小坑内。然后通过卤水沟流向盐灶，多位于过滤沟的两侧，一般两座并列为一组，由工作间、仓库、储灰坑、灶室、烟道组成，……均为地穴式”[⑤]。这种海盐制作是在近海地区挖井取卤水，经过滤沟，将卤水提纯，最后煎盐。郭正忠称之为“海潮积卤法”，认为“这种方法至少是北宋前期或许更早的海盐技术”[⑥]。所以金代沿海地区也应该有这种方法的使用。与上述两种方

---

① 山东省文物考古研究所、北京大学中国考古学研究中心、寿光市文化局：《山东寿光市双王城盐业遗址2008年的发掘》，《考古》2010年第3期。

② 盐城市海盐文化研究会、连云港博物馆：《江苏沿海古代煮盐工具初探》，《汉唐社会经济与海盐文化学术研讨会论文集》，2008年，第53页。

③ （明）陆容：《菽园杂记》，中华书局1997年版，第148页。

④ 刘淼：《明代盐业经济研究》，汕头大学出版1996年版，第24页。

⑤ 山东省文物考古研究所、北京大学中国考古学研究中心、寿光市文化局：《山东寿光市双王城盐业遗址2008年的发掘》，《考古》2010年第3期。

⑥ 郭正忠：《略论宋代海盐生产的技术进步——兼考〈熬波图〉的作者、时代与前身》，《浙江学刊》1985年第4期。

法相比，这种方法省去了刮土淋卤的环节；通常使用火把验卤，也较为方便；并且所获卤水经过两次过滤，杂质较少。所以“挖井取卤水制盐”的制作方法较为先进。

6. 海盐晒制

上述的海盐制作属于煎制成盐阶段，但煎盐使用的柴草非常多，费时费力，成本高。金代出现了另一种制盐方法——海盐晒制。关于海盐晒制出现的时期，学界有不同的说法。①实际上，海盐晒制技术在金代就已经出现了，“大定二十三年（1183），博兴县民李孜收日炙盐，大理寺具私盐及刮碱土二法以上。……上曰：‘刮硷非煎，何以同私？’”②“日炙盐”就是晒制的食盐，即利用太阳曝晒卤水，省去煎盐的环节，省时省力。这一事件引起金代宰臣和皇帝的讨论，但是讨论的重点不是技术的推广，而是这种行为是否应划归“私盐”范畴。统治者只担心这种技术的发展可能会导致私盐的泛滥，却没有看到这种技术的进步性，于是以“刮硷科罪”。这一规定使海盐晒制技术受到限制，可能只为部分的沿海居民所掌握，直到元代才为官方认可，得到记载和推广。灶户在生产实践中进行经验总结，促进了金代海盐晒制技术的萌生，是制盐史上的一大进步。

二　金代土盐的生产技术——以肇州的土盐生产为例

土盐，又被称为小盐。2014年考古工作者在吉林省大安市安广镇永丰村尹家窝堡屯发现了一个辽金时期的土盐制作遗址，考古学者认为这是金代肇州的产盐地③。这为我们研究金代土盐的制作提供了参考资料。关于土盐制作的方法，史料记载较少，我们主要以尹家窝堡的土盐制作遗址为

① 宋金说：郭正忠：《我国海盐晒法究竟始于何时》，《福建论坛》（文史哲版）1990年第1期；林树涵：《中国海盐生产史上三次重大技术革新》，《中国科技史料》1992年第2期。元代说：白广美：《我国古代海盐生产考》，《盐业史研究》1987年第1期；田秋野、周维亮：《中华盐业史》，商务印书馆1979年版，第263页。明代说：曾玲：《明代中后期的福建盐业经济》，《中国社会经济史研究》1987年第1期；刘淼：《明代海盐制法考》，《盐业史研究》1988年第4期。

② 《金史》卷49《食货志四》，第1096页。

③ Pauline Sebillaud（史宝琳）等：《吉林发现东北地区首个辽金时期土盐制作遗址——大安尹家窝堡遗址的发掘收获》，《中国文物报》2014年9月26日第8版。

主，加上近代的史料来探究一下金代的土盐制作。

尹家窝堡发现的制盐遗址有淋卤坑5座，灶址2个，灰坑7个。灰坑主要由废弃的水井、窖穴等形成，在这里应该是水井。因为在土盐制作过程中最少需要一口水井，一座淋卤坑，数方盐碱地。“灶址”的发现说明这一地区属于煎制成盐，一般包括三个阶段：刮取盐土、制卤和煎盐。制作土盐使用的工具，遗址并没有相关发现，推断应该是铁锅或者铁盘之类的，或许是因易腐蚀，难以保存。其具体的制作方法如下：

1. 刮取盐土

盐土的刮取是一门学问，制盐的盐土需要达到一定的标准才能刮取，即开着“盐花”的盐土。“盐花”的形成跟时节和天气密切相关，以春秋季节最为合适。春秋季节，雨量较少，雨水在土中渗透二三寸最为合适。雨后一两日，人们将土翻耕，使土地松软，这样可加快水分蒸发，使盐土中的盐分快速析出，形成“盐花”。所以土盐制作对天气的要求是“严格”的，太旱或者太涝都不行。人们不会盲目的刮取“盐花”，因为“盐土千斤，可出盐十斤”①。在漫长生产实践中，人们形成一套辨别“盐花”的办法，即用目力分辨“盐花”的色泽，尝其口感，摸其干湿，以此判断盐土的优劣。如果判断失误就会费时费力，影响产量。金代肇州地区的土盐行销肇州、会宁府、蒲与路、胡里改路等地区，地区广大，会有一定的产量要求，所以应该有判断“盐花”这项技术。之后人们将盐土刮聚成堆，将其运到淋卤处淋卤。

2. 制卤

首先需要淋卤坑，尹家窝堡发现了五座淋卤坑，“由浅坑和深坑两部分组成……浅坑坑底略高于深坑坑口，坑底人为铺有一层白膏泥，起到防渗漏的作用，白膏泥层之上横向置放有圆木，圆木之间的白膏泥层之上有黑色致密淤泥层，淤泥层之上为黄色淤沙层，圆木之上发现纵向铺设的木板痕迹，木板厚度不明；圆木和木板构成了一个低矮的木架，将浅坑内的空间分隔成上下两部分。深坑坑口处用圆木加固。四壁均贴筑有木板，内填充灰黑色淤泥，近坑底处有一层厚2—3 厘米的灰褐色淤沙，沙层之下的坑底部铺有编织的席子，席子的边缘搭在坑壁的木板之上，木板和席

① 刘和：《土盐与农村》，《大公报》1935年8月16日第3版。

子对坑壁和坑底起到了保护的作用。浅坑逐渐倾斜于深坑，二者之间有一圆洞连接，圆洞的直径约为10厘米。”[①]淋卤坑建好之后，将所刮盐土放置在浅坑的木板上。放置盐土也是一门技术活，必须将盐土铺匀，然后以石墩打紧，用井水淋之，这样卤水就会通过浅坑与深坑之间的圆洞流入深坑中。

3. 煎盐

土盐熬制时有一定的技术要求，需要掌握煎盐的火候，“其入锅煎煮时，必视其火之文武，火稍太过汁则沸，而成苦矣”。[②]火若过大，就会制成苦盐，影响盐的质量。

三　金代池盐的生产技术

金朝的池盐主要是解盐池，又称运城盐池。天会五年（1127），金朝占领解州，两盐池归于金朝的统治之下，所产之盐被称为解盐。但是金朝并不像元代接管两盐池之后恢复到自然捞盐的状态，因为金在占领解州后，北宋原有的解州盐司机构可能被保存下来，成为以后解州盐使司的前身。另外，金在占领地区也对百姓进行安抚，组织百姓进行生产。所以金应该继承了唐宋时解盐的生产技术。

解盐最开始的生产方式是自然生产，“水出石盐，自然印成，朝取夕复，终无减损”[③]。这是《水经注》对解盐早期生产方式的描述，这种生产方式受环境的影响非常大，使盐的产量无常，盐有苦味，质量较差。北魏时，人工生产解盐的方法产生，人们将盐池的水引入开垦的畦田，待水耗竭结晶成盐。这是“垦畦浇晒法”的雏形，盛唐时，这种方法发展成熟。宋代继承发展了这一方法，加强了对解盐作业的管理，同时也使畦田的形制更加规范。每年二月开始，由官府给付钱粮，役使解州及周围地区

---

① Pauline Sebillaud（史宝琳）等：《吉林发现东北地区首个辽金时期土盐制作遗址——大安尹家窝堡遗址的发掘收获》，《中国文物报》2014年9月26日第8版。

② 刘文炳撰，乔志强等点校：《徐沟县志》，山西人民出版社1992年版，第44页。

③ （北魏）郦道元著，陈桥驿译注，王东补注：《水经注》，中华书局2009年版，第50页。

的百姓对畦田进行开垦，四月引解池水灌溉，八月停止作业。明代吕子固对宋代百姓开垦畦田等活动也有相关的描述“岁以二月一日，畦户入池，盖庵，治畦，淘沟。俟风至，引水灌种”①。可见百姓还有建造“庵”，疏通沟渠的工作。“庵”是放置盐的场所，其容纳盐的数量有规定，“盐庵以千七百二十四席为额”②，这样便于计算解盐的产量。畦田的形制，柳宗元有生动的描述：“见沟塍畦畹之交错轮囷，若稼若圃。”③实际上，畦田主要包括畦、塍、渠、沟、路等组成，它们彼此交错，像庄稼的苗圃。唐代的崔敖描述为“五夫为塍，塍有渠。十井为沟，沟有路。臬之为畦，酾之为门”④。“塍”指的是田间的土埂，是分界线，高于畦田，将畦田划分为块状。刘淼认为“每一户（夫）分占一块盐田”⑤，所以“塍”由五块畦田构成。塍的旁边是水渠，用来引水灌溉。我国古代有“九百亩一井”的说法，这里的“井”应该是指一个巨大的盐田生产系统⑥。“沟”值得是畦田旁的沟渠，在沟旁边是可供畦户行走的路。“酾”是疏导过滤的意思，在这里是控制卤水进出的阀门。关于盐池与畦地的关系，吕子固有记载“在宋，池次为沟，布畦其间”⑦。所以，畦田的形制应该是盐池旁是沟，沟环绕畦田，各个畦田由塍和渠进行分割。笔者将《重修政和类本草》中的解盐图加以改动，标明畦田的形制，如图2：

解盐的生产系统由蓄水池、蒸发池、过滤池和产盐池四部分组成。蓄水池有大有小，百亩至千亩不等。大蓄水池的水通过沟渠进入到小的蓄水池，经蒸发池蒸发，最后过滤杂质，结晶成盐。⑧具体的制作技术如下：

灌溉到畦田中的水指的是蓄水池中咸淡均匀的水。最初是自然搭配

① （明）吕子固：《盐池问对》，转引自《黄河晨报》2014年4月8日第12版。
② （清）徐松：《宋会要辑稿》，上海古籍出版社1957年版，第5998页。
③ （唐）柳宗元：《柳宗元集》，中华书局1979年版，第424页。
④ （清）王昶：《金石萃编》，中国书店1985年版，第212页。
⑤ 刘淼：《明代盐业经济研究》，汕头大学出版1996年版，第59页。
⑥ 吉成名：《运城池盐生产技术初探》，《盐业史研究》1989年第4期。
⑦ （明）吕子固：《盐池问对》，转引自《黄河晨报》2014年4月8日第12版。
⑧ 吉成名：《运城池盐生产技术初探》，《盐业史研究》1989年第4期。

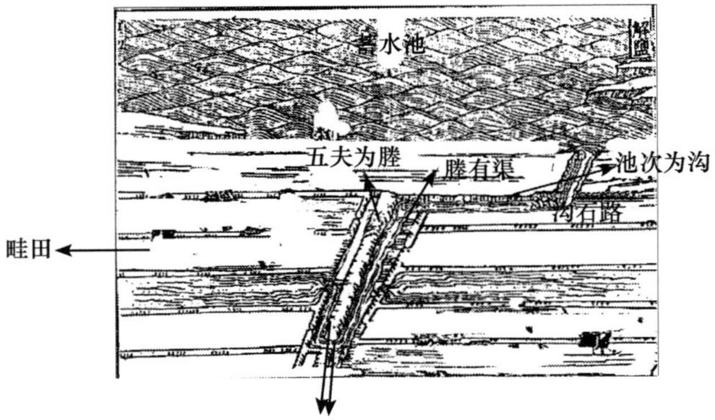

图2　酾之为门

咸淡的方法，“天雨下，池中咸淡得均，即畎池中水”①。雨后，通过沟将蓄水池中的水引入畦田。宋代，这种技术得以发展，出现人工搭配“咸淡”的记载，“解州盐泽凡百二十里，……唯中间有一泉，乃是甘泉。得此水，然后可以聚盐”②。通常来说卤水越浓越有利于盐的形成，但是解盐却需注入淡水。柴继光对此作出解释：“一是，淡水的加入会使硫酸镁和硫酸钠等杂质先行析出或结合成为硝板。卤水更为纯净，盐分增高，从而极易结晶成盐；二是，使畦地的盐与硝板表层结合不很结实，利于铲盐。”③

将蓄水池中的水引到畦田，进入蒸发环节。蒸发靠的是风力和阳光，最主要的是“盐南风”，实际上就是东南季风。解盐池属于温带季风气候，夏天时，东南风通过中条山的各个山谷吹入，这与解盐四月引池水灌溉，八月停止生产的时间相符。宋代沈括也记载“解州盐泽之南，秋夏间多大风，谓之盐南风”④。“盐南风”跟“搨花”的形成以及解盐的质量有关。“在宋，……俟风至，引水灌种。经数时，水面盐花浮上，若凝脂皎雪，谓之搨花，以其必击搨而后成盐也。乃用木扒遍打，沉于水底，风

① 《史记》卷129《货殖列传》，中华书局1963年版，第3260页。

② （宋）沈括：《梦溪笔谈》，胡道静校正，上海古籍出版社1987年版，第127页。

③ 柴继光：《潞盐生产的奥秘与探析》，《运城高专学报》1991年第3期。

④ （宋）沈括：《梦溪笔谈》，胡道静校正，上海古籍出版社1987年版，第127页。

力滚荡，逼以烈日，……色即洁白，粒如斗颗。”[①]在成盐的过程中，人们将表面形成的“搨花”打碎，使之沉入水底。在盐南风和烈日的作用下使卤水均匀增温，蒸发水分，使解盐色白粒大，质量好。可若出现阴天或其他方向的风就会破坏盐的结晶，使解盐受损。若在晒盐的过程中阴雨天过多，就会导致解盐呈青色；遇上南风或东风解盐就变成红白相间；若是东北或西南风就会导致“搨花”消失，导致解盐苦涩，难以食用。所以解盐制作中“盐南风”非常重要。

蒸发之后的盐水进入过滤池，过滤池中的硝板过滤卤水中的杂质，最后进入产盐池，结晶成盐。人工制盐技术下的解盐，如雪一样洁白，提高了解盐的质量。改变了人们对解盐“苦”的评价，赞其“最为精好”[②]。由此我们看出解盐完整的生产工序，包括开垦修理畦田，搭配咸淡，利用“盐南风”蒸发卤水，经过滤池过滤，最后结晶成盐。

金代继承了唐宋时解盐的生产技术。“河南、陕西调度仰给解盐，今正漉盐之时，而敌扰之，将失其利。”[③]“漉盐”是硝板过滤杂质的环节，属于垦畦浇晒技术。另外，金代解盐的产量“承安三年以前和承安三年的产量分别是40732875斤和51621884斤”[④]。北宋至道二年（996），“两池得盐三十七万三千五百四十五席，席一百一十六斤半”[⑤]。天圣以来（1023），两池“以席计，为六十五万五千一百二十席，席百一十六斤”[⑥]。其产量分别是34517992斤、76321450斤。可见金代解盐的产量与宋中前期相比毫不逊色，这也从侧面反映出金代对解盐技术的继承。

以上就是金代三种盐的生产方法，土盐和海盐的生产技术存在相似性，而解盐的生产基本上是“另辟蹊径”，所以笔者对土盐与海盐的生产技术进行了比较。

---

① （明）吕子固：《盐池问对》，转引自《黄河晨报》2014年4月8日第12版。

② （宋）唐慎微：《重修政和经史证类备用本草》，人民卫生出版社1957年影印本，第106页。

③ 《金史》卷112《完颜合达传》，第2465页。

④ 郭正忠：《中国盐业史》（古代编），人民出版社1997年版，第410页。

⑤ 《宋史》卷181《食货志》，中华书局1977年版，第4414页。

⑥ 同上。

四　金代肇州土盐与海盐生产技术的比较

金代土盐与海盐的生产技术虽有相似之处，但是也存在不同。第一，二者都利用土存储盐分，作为淋卤的“原始资料”。但是海盐除了刮土淋卤这一方法外，还有烧灰淋卤的方法。海盐的盐土是由于海水的侵浸，将盐分留于土中。土盐的盐土是地下水所含的盐分，在蒸发的作用下，使地下盐分升至土壤表层，形成盐碱地。形成盐碱地的原因不同，刮取盐土的季节也就存在差异。海盐生产效率最好的是夏季，一年四季都可以生产。土盐对季节的要求较为严格，主要是春季和秋季。第二，翻土的前后不一样，海盐是在海潮侵蚀之前将土地翻松，这可增加土中咸水的含量，从而增加卤水的浓度。土盐是在“小雨”之后翻耕土地，这样有利于加快蒸发，形成盐花。第三，海盐还存在挖井取卤水以及晒制的方法，相比土盐，海盐的制作技术较为进步。第四，淋卤坑的结构相似，都是土筑的，但在细节上也有差异。海盐和土盐的淋卤坑都由“浅坑”和“深坑”组成，有圆洞连接，“浅坑”是放盐土淋卤的地方，有相关的过滤装置，“深坑”用来盛放卤水且略低于“浅坑”。二者使用的过滤材料不一样。肇州出土的浅坑中使用的是木板、席子、圆木；海盐用的是茅草或者是席子。肇州土盐“浅坑”中有白膏泥起防渗漏的作用，海盐是以杵捶打底部来防渗漏。二者的淋卤坑结构如图3、图4。第五，虽然对海盐与土盐验卤的方法以及灶的形制无法作出比较，但是二者在成盐的速度上有区别。“惟河北盐是卤地，其地甚广，非如井、池可以为墙园篱堑封守；又才煎便成，非如海盐必待煎煮，可以禁察，所以最易得犯禁。”[①]可见土盐的成盐速度快于海盐。第六，土盐和海盐的质量有差别。土盐有苦味，海盐的味道较好。但从1981年对大安市土盐含碘情况的调查来看，这一地区土盐碘的含量能满足人体机能[②]，这可能也是这一地区到近代一直吃土盐的原因。第七，土盐的制作成本比海盐要高很多。虽然金代并无相关的史料

① （元）马端临：《文献通考》卷16《征榷三》，中华书局1986年版，第161页。

② 孙晓楼等：《吉林省大安县食土盐地区地方性甲状腺肿调查研究》，《地方病通讯》1982年第2期。

图3 《天工开物》——海盐

图4 尹家窝堡——土盐

记载，但是近代人做的一些统计，我们可以做一下参考，“熬制土盐成本较高，工值、工具折旧费及燃料消耗计算，每担成本约为6.48元。（估价偏高）同期，青岛二等海盐公收价，每担为0.46元”[①]。土盐的成本远大于海盐，如若同样的卖价，土盐的利润非常低。

综上所述，虽然土盐淋卤坑的结构与海盐大同小异，但是总的来说土盐的制作工艺较为简单，其制作方法基本保持不变，到新中国成立初期时，个别地方还存在这种制作方法。海盐的制作方法却在不断地发展变化，而且在盐的晒制技术上，海盐比土盐起源早。

金代“国家经费惟赖盐课”[②]，这与金代海盐、土盐、解盐技术的继承与发展有关。金之前制盐技术处于直接煮海和煎盐阶段，金代出现的“日炙盐”，使人类从煎盐阶段进入晒制盐阶段，是制盐史上的一大进步。大安市尹家窝堡的肇州土盐制作遗址弥补了金代土盐制作的空白，其中的淋卤坑结构与海盐相似，这种结构在近代某些地区的土盐制作中仍被使用，是一种较为先进的制作方法。金代对人工垦畦浇晒法的运用使金代解盐的产量不可小觑，承安三年（1198）之前仅次于山东盐使司的产盐量，为金朝所重视，所以漉盐时有“敌扰之，将失其利”[③]的担心。

① 山东省盐务局：《山东省盐业志》，齐鲁书社1992年版，第215页。
② 《金史》卷49《食货志四》，第1103页。
③ 《金史》卷112《完颜合达传》，第2465页。

金世宗“燕人诡随”论探析

符海朝

用中时段眼光考察“燕人”上层的民族心理[①]，金世宗就曾经留意过，且留下一段“至理名言”“燕人自古忠直者鲜，辽兵至则从辽，宋人至则从宋，本朝至则从本朝，其俗诡随，有自来矣！虽屡经迁变而未尝残破者，凡以此也。南人劲挺，敢言直谏者多，前有一人见杀，后复一人谏之，甚可尚也”；[②]其实，这段话前半段的最早类似表述，已经见于“燕人”马植之口，宣和五年（1123）三月，他在和北宋枢密院同知郑居中谈论收复燕云十六州之后，北宋如何守卫这一带地区时说道：“（燕人）契丹至则顺契丹，金人至则顺金人，王师至则顺王师，但营免杀戮而已。”[③]

诡随行为实际上反映的是“燕人”上层的一种民族心理，学者们曾对此问题有过直接或间接的探讨。王德忠教授曾在《金世宗与宋孝宗之比较研究》一文中从民族歧视的角度谈及这一问题，“金朝作为女真族建立的政权，民族政策中的歧视、压迫色彩势所难免，但在历代皇帝中像金世宗那样把对本民族以外的民族的猜忌、防范乃至仇视赤裸裸地形之于言表尚不多见”[④]；李秀莲在《试论金初宰相韩企先与隐者政治》一文中，以

---

① 年鉴学派的时段理论认为长时段主要是结构，中时段主要是局势，短时段主要是事件。笔者认为可将辽、宋、金三政权围绕幽云地带的争夺及统治时期定位为中时段。

② 《金史》卷8《世宗纪下》，中华书局1975年点校本，第184页。

③ （宋）徐梦莘：《三朝北盟会编》卷15，政宣上帙十五，宣和五年三月，上海古籍出版社2008年版，第104页。

④ 王德忠：《金世宗与宋孝宗之比较研究》，《史学月刊》1999年第6期。

韩企先为例，分析"燕人"的"诡随"心理，她认为"'诡随'并非贬损燕人，实则是认识到了燕人在特殊政治环境中识时务灵活务实的共同性格"[①]。

长期生活于农耕文化和游牧文化交界地带的"燕人"上层的民族心理，是否真如马植和金世宗所说，变幻莫测，游移不定，一切服务于生存？如果的确如此，原因何在、目的何在、有何影响？金世宗"燕人"诡随论评价出笼的背景、标准、目的是什么？为了纠正"燕人"上层模式化的诡随行为，金世宗又做了哪些持之以恒的纠偏举措、效果如何、如何评价？笔者拟在学者们研究的基础上，对此问题做一番较为全面、较为深刻的探讨，不当之处，敬请方家指正。

一 辽代"燕人"上层中的奸人与忠直者

"燕人"奸猾形象的刻画，最早由辽朝汉人世家大族最重要人物韩德让（耶律隆运）提出，统和九年（991），他在上奏中再次提出，"燕人挟奸，苟免赋役，贵族因为囊橐"[②]，从而主张打压"燕人"中部分势力强大的汉人上层，并请求皇帝先派北院宣徽使赵智前去戒谕，实际上是警告，辽圣宗接受了他的主张。

辽代"燕人"上层中的奸人与忠直者，孰多孰少，且看《辽史》中的有关记载。

先看奸人的例子：杨遵勖，字益诚，涿州范阳人，辽兴宗重熙十九年（1050）进士，耶律乙辛诬陷皇太子时，杨为南府宰相，皇帝下诏让他和燕哥调查此事，杨"不敢正言，时议短之"[③]。辽末重臣析津李氏家族，李俨，"执政十余年，善逢迎取媚"，其侄子李处温，因为萧奉先为其靠

① 李秀莲：《试论金初宰相韩企先与隐者政治》，《辽宁工程技术大学学报》（社会科学版）2009年第1期。但是，在金代，"诡随"一词，在政治场合为绝对的贬义词，除金世宗那句"至理名言"外，《金史》卷99《孙即康传》，第2198页，评价孙即康"诡随，乃骤至宰相。古所谓斗筲之人，即康之谓矣"。

② 《辽史》卷82《耶律隆运传》，中华书局1974年点校本，第1290页。

③ 《辽史》卷105《杨遵勖传》，第1464页。

山，“倾心阿附，以固权位，而贪污尤甚，凡所接引，类多小人”[①]。

再看忠直者的例子：张砺，磁州人，原为后唐翰林学士，后唐亡国后到辽国，“临事必尽言，无所避”[②]；马得臣，南京人，辽景宗保宁年间为翰林学士，“常预朝议，以正直称”[③]。室昉，辽圣宗时期的汉人名臣，担任南京副留守期间，晋国公主“建佛寺于南京，上许赐额”，室昉上奏表示反对，因为此前，皇帝刚刚下诏处罚无名寺院，现在因为公主的缘故，皇帝就违反刚刚发布的诏令，“不惟违前诏，恐此风愈炽”[④]，直接反对皇帝的朝令夕改举措，也不怕得罪公主。武白，原为北宋国子博士，被俘后到辽国。有人告宰相刘慎行与儿媳姚氏私通，当时刘慎行几个儿子都在要害位置为官，因此，司法部门不敢追究他的法律责任，辽圣宗让武白重新审理此案，武白“正其事”[⑤]，自己随后即受到刘家的打击报复。王士方，“正直敢言”，辽道宗相信枢密使耶律乙辛的话，“谗杀其太子，世无敢白其冤者”，王士方后“击义钟以诉，辽主感悟，卒诛乙辛”[⑥]。张俭，宛平人，统和十四年（996）进士。某年，“有司获盗八人，既戮之，乃获正贼”，显见是一起重大司法冤案，家人诉冤，无人理睬，张俭三次请求皇帝审理，第三次提议后，辽兴宗勃然大怒地说道：“卿欲朕偿命耶！”从此言可见皇帝发怒的程度，见此情景，张俭却没有害怕，坚持自己的主张，“八家老稚无告，少加存恤，使得收葬，足慰存没”[⑦]，由于他的坚持，皇帝接受了他的意见。刘伸，字济时，宛平人，辽兴宗重熙五年（1036）进士。辽道宗曾经对大臣说：“今之忠直，耶律玦、刘伸而已！”[⑧]时立爱，字昌寿，涿州新城人，大康九年（1083）进士，累迁至御史中丞，“刚正敢言，忤权贵。”[⑨]

---

① 《辽史》卷102《李处温传》，第1440页。

② 《辽史》卷76《张砺传》，第1252页。

③ 《辽史》卷80《马德臣传》，第1279页。

④ 《辽史》卷78《室昉传》，第1272页。

⑤ 《辽史》卷82《武白传》，第1294页。

⑥ 《金史》卷96《王赍传》，第2131页。

⑦ 《辽史》卷80《张俭传》，第1278页。

⑧ 《辽史》卷98《刘伸传》，第1417页。

⑨ 《金史》卷78《时立爱传》，第1775页。

显见在辽代，“燕人”上层中的忠直者还是多于奸人，即使奸人杨遵勖和析津李氏李俨、李处温叔侄，也要考虑他们“为奸”的政治环境。

虽然皇帝下诏让杨遵勖和燕哥调查太子被诬陷一事时，杨“没敢正言，时议短之”，但要考虑到道宗朝的政治生态，皇后被处死后，乙辛党羽弹冠相庆，“谗谤沸腾，忠良之士斥逐殆尽”，而在耶律乙辛诬陷太子的过程中，恐怕皇帝怀疑，“引数人庭诘，各令荷重校，绳系其颈，不能出气，人人不堪其酷，惟求速死”①，当时北人谚云：“宁违敕旨，无违魏王（耶律乙辛封魏王）白帖子。”②辽道宗却对他非常信任，连大批正直的契丹贵族都被他杀害，在此背景下，杨遵勖别说仗义执言，连保持沉默的权利都没有。李氏叔侄掌权主要在道宗朝晚期和天祚帝时期，道宗朝晚期“谤讪之令既行，告讦之赏日重。群邪并兴，谗巧竞进。贼及骨肉”③；天祚帝时期，“既丁末运，又觖人望，崇信奸回，自椓国本，群下离心”④，江河日下的时刻，出现李氏叔侄这样的奸人，也不奇怪。

辽朝的政治生态，允许臣僚说真话、直言极谏的机会并不多，作为汉人臣僚，处于这样的政治生态环境中，心理上的顾虑更多，且看《辽史》对辽兴宗的结论性评价，即可看出兴宗朝的政治生态，“兴宗即位年十有六矣，不能先尊母后而尊其母，以致临朝专政，贼杀不辜，又不能以礼几谏，使齐天死于弑逆，有亏王者之孝，惜哉！若夫大行在殡，饮酒博鞠，叠见简书。及其谒遗像而哀恸，受宋吊而衰绖，所为若出二人。何为其然欤？于时左右大臣，曾不闻一贤之进，一事之谏，欲庶几古帝王之风，其可得乎”⑤？辽道宗即位后的第一年，即清宁元年（1055）十二月，辽道宗感叹道：“朕以眇冲，获嗣大位，夙夜忧惧，恐弗克任。欲闻直言，以匡其失。今已数月，未见所以副朕委任股肱耳目之意”，无奈之下，只好下诏，“其令内外百官，比秩满，各言一事。仍转谕所部，无贵贱老幼，皆得直言无讳”⑥。

---

① 《辽史》卷110《奸臣上·耶律乙辛传》，第1485页。

② 马端临：《文献通考》卷346《契丹下》，中华书局2011年版，第9609页。

③ 《辽史》卷26《道宗纪六》，第314页。

④ 《辽史》卷30《天祚皇帝四》，第359页。

⑤ 《辽史》卷20《兴宗纪三》，第248页。

⑥ 《辽史》卷21《道宗纪一》，第252—253页。

辽朝末年，燕云一带，由于其重要的地理态势和特殊的历史文化环境，辽、宋、金三国激烈争夺，北宋欲雪汉人近二百年割地之耻，不惜玩弄“以夷制夷”的鼠目寸光之策，辽国欲保住最后一块地盘，希望联宋抗金，金国则希望联宋灭辽之后从该地掠夺大量的财富。风云变幻莫测时期，汉人上层的民族心理，肯定不同于辽宋关系较为和缓时期的民族心理，显示出剧烈的动荡性，甚至不是渐变，而是每天都在“制作”之中、“创造”之中，此种民族心理，应该是一种历史的、现实的必然。

二　金世宗“燕人”诡随论提出的背景

金世宗说此话的背景是右司郎中段珪去世，世宗评价他：“是人甚明正可用”，接下来又以巨构作为反面例子，说巨构“每事但委顺而已”。案：巨构，字子成，蓟州平谷（今北京市平谷区）人。20岁登进士第，金世宗大定二十五年（1185），除南京副留守，此前世宗曾就此任命对宰臣说：“巨构外淳质而内明悟，第乏刚鲠耳。佐贰之任贵能与长官辨正，恐此人不能尔”；《金史》如此评价巨构，“性宽厚寡言，所治以镇静称，性尤恬退，故人既贵不复往来，先遗以书则裁答寒温而已”[①]，可见其为人处世之谨慎。金世宗在另外一个场合也说过类似的话，是当面赞扬贺扬庭的话。案：贺扬庭，曹州济阴（今山东省菏泽市）人，天德三年（1151）经义进士，曾任范县主簿兼县尉，大定十三年（1173），由安肃令补尚书省令史，后授泌南军节度副使，入为监察御史，历右司都事、户部员外郎、侍御史、右司员外郎等官职。金世宗喜其刚果，说到“南人矿直敢为，汉人性奸，临事多避难。异时南人不习词赋，故中第者少，近年河南、山东人中第者多，殆胜汉人为官”[②]；金世宗应该不止两次以他们二人为例，来评价“燕人”和“南人”，《金史》卷九十七在贺扬庭传后的赞语中说道：“巨构骫骳，贺扬庭骨鲠，大定于二人而屡评南北士习之优劣”。金世宗此处所说的“汉人”，也即“燕人”。

金世宗以他们二人为例，屡屡对“燕人”和“南人”臣僚的心理做

① 《金史》卷97《巨构传》，第2151页。
② 《金史》卷97《贺扬庭传》，第2151页。

出如此绝对的评价，应该不是他一时心血来潮的说法。金世宗拿段珪和巨构作为例子来评价燕人和南人臣僚，在大定二十三年（1183）六月，时年他60岁，这样的评价，出自做了23年皇帝的60岁的老人之口，应该是他相当长时间观察和思考的结果；金世宗并非对汉文化了解肤浅之人，从《金史·世宗本纪》来看，他对汉朝和唐朝的历史书籍阅读得很多，理解得也很深刻。也不应该是他一个人的看法，应该是作为民族属性中的他者（女真族贵族），作为旁观者，在对“燕人”和“南人”臣僚中一定数量的人的做人与做事，做了较长时期考察后的评价，且不仅为其个人的观点，应该是代表一定数量人的看法。

那么，金世宗出于什么心理考察“燕人”和“南人”臣僚呢？

这需要从金世宗即位的背景开始考察。

完颜亮通过弑君的血腥手段上台，上台之后，自然要采用各种手段除掉残余的对手及对自己统治不满意的臣僚。据《金史》记载，有三次大规模的杀戮。第一次是天德二年（1150）四月，被杀者包括太宗之子宗本等一百五六十人。第二次发生在同年十月，被杀者包括太皇太妃萧氏等一百二三十人。第三次发生在贞元二年（1154）正月，被杀者包括完颜亮昔日弑君时候的重要帮凶萧裕等多人。这些被杀者大多是女真贵族；残酷的杀戮，使政治生态空前恶化，作为异族的“燕人”和“南人”臣僚，面对复杂的政治环境，更是噤若寒蝉。再加上完颜亮“为人僄急，多猜忌，残忍任数”[①]的性格，导致他们自身也常常有遭到杀戮或者被杖责的危险。

张浩，字浩然，辽阳渤海人，天会八年（1130）进士。贞元三年（1155）三月，身为左丞相的张浩和平章政事张晖，因为“每见僧法宝必坐其下，失大臣体”[②]，各被杖二十下。翟永固，字仲坚，中都良乡人，天会六年（1128）进士；海陵王考试贞元二年（1154）进士，翟永固出《尊祖配天赋》题，海陵王认为他猜度己意，召翟永固问他说：“赋题不称朕意。我祖在位时祭天拜乎？”翟永固回答说“拜”，海陵王说：“岂有生则致拜，死而同体配食者乎？”翟永固又回答说：“古有之，载在典

① 《金史》卷5《海陵纪》，第91页。

② 同上书，第103页。

礼。”海陵王说：“若桀、纣曾行，亦欲我行之乎？”[①]从海陵王和翟永固的三问三答，即可看出海陵王纯粹是欲加之罪、何患无辞，最后，翟永固和张景仁皆被杖二十；进士张汝霖赋第八韵中有“方今将行郊祀”一句话，海陵王质问道：“汝安知我郊祀乎？”[②]也被杖三十。完颜亮即将发动对南宋的战争之前，张浩在上奏中指出“诸将皆新进少年，恐误国事。宜求旧人练习兵者，以为千户谋克”，完颜亮“恶闻其言，乃杖之”[③]，张浩第二次被杖责。贞元三年（1155）八月，因为主管“尚食烹饪失宜”[④]，庖官各被杖二百，左宣徽院敬嗣晖也被杖责。韩锡，字难老，天会十年（1132）进士，正隆二年（1157）正月，完颜亮将韩锡的官职由工部侍郎改为同知宣徽院事，韩锡没有当场表示谢意，被“杖百二十，夺所授官”[⑤]。正隆三年（1158）正月，完颜亮因为其子矧思阿补病死，杀太医副使谢友正及其乳母等人，谏议大夫杨伯雄入值禁中，因与同值人议论此事，杨伯雄说道：“宿王（指矧思阿补）之死，盖养于宫外，供护虽谨，不若父母膝下。岂国家风俗素尚如此。”[⑥]有人将他的话告诉了完颜亮，杨伯雄被杖四十。正隆四年（1159）十二月，太医使祁宰上疏反对对南宋发动战争，被杀[⑦]。正隆六年（1161）前后，金朝国内矛盾激化，各族人民的起义风起云涌，完颜亮“恶闻盗贼事，言者辄罪之”[⑧]。

金世宗初即位后和移剌履的一段对话也说明了这个问题，金世宗问：“朕比读《贞观政要》，见魏征嘉谋忠节，良可称叹。近世何故无如征者？”移剌履回答说：“忠嘉之士，何代无之，但上之人用与不用耳。”金世宗说：“卿不见刘仲诲、张汝霖耶，朕超用二人者，以尝居谏职，屡有忠言故也。”移剌履说：“臣未闻其谏也。且海陵杜塞言路，天下缄

---

① 《金史》卷89《翟永固传》，第1975页。
② 同上。
③ 《金史》卷83《张浩传》，第1863页。
④ 《金史》卷91《敬嗣晖传》，第2028页。
⑤ 《金史》卷5《海陵纪》，第107页。
⑥ 《金史》卷82《海陵诸子传》，第1855页。
⑦ 《金史》卷5《海陵纪》，第111页。
⑧ 同上书，第115页。

口，习以成风。愿陛下惩艾前事，开谏诤之门，天下幸甚。”①

有鉴于此，金世宗即位后，屡屡要求臣下讲真话，且希望通过自己持之以恒的努力，矫正“燕人”臣僚中存在已久、影响较大的“诡随”心理，以培养忠君爱国的理念，来巩固自己的帝位，确保女真贵族统治的长治久安。

三 金世宗矫正“燕人”臣僚诡随行为的努力

大定七年（1167）十二月，东京留守徒单合喜、北京留守完颜谋衍、肇州防御使蒲察通朝辞，金世宗赐予蒲察通金带，然后对他说，“卿虽有才，然用心多诈，朕左右须忠实人，故命卿补外”，可见，对女真人中的奸诈者，金世宗照样批评。接着，金世宗又对在场的左宣徽使敬嗣晖说：“如卿不可谓无才，所欠者纯实耳！”②案：敬嗣晖，字唐臣，易州人，金熙宗天眷二年（1139）进士。海陵王贞元三年（1155）八月，因为“尚食烹饪失宜”，海陵王将庖官各杖二百，左宣徽使敬嗣晖与同知宣徽院事乌居仁也各被杖责。但后来又升任参知政事。敬嗣晖的升迁，估计主要和其善于逢迎有关，因为金世宗即位后，厌恶敬嗣晖的巧佞，御史大夫完颜元又劾奏他和许霖等六人不可再用，敬嗣晖被降为通议大夫，放归田里。但是由于敬嗣晖非常熟悉朝仪，进止应对闲雅，后又起复为丹州刺史，但是金世宗当面戒谕他说：“卿为正隆执政，阿顺取容，朕甚鄙之。今当竭力奉职，以洗前日之咎。苟或不悛，必罚无赦。”③当面如此训斥他，颜面全无，后又起复他为左宣徽使。但以后又有人“榜匿名书于通衢”，称海陵时期的旧臣不被重用者，背地有怨望世宗之心，且将图不轨，金世宗接报后说道：“岂有是哉？”又对敬嗣晖说：“正隆时，卿为执政，今指卿以为怨望，朕极知其不然。卿性明达能辨，但颇自眩，钓众人之誉，所以致此媒蘖，后当改之。”④这一次的训斥，较为和缓。大定八年

① 《金史》卷95《移剌履传》，第2099—2100页。

② 《金史》卷6《世宗纪上》，第140页。

③ 《金史》卷91《敬嗣晖传》，第2028页。

④ 同上书，第2029页。

（1168）二月，金世宗又对敬嗣晖说："凡为人臣，上欲要君之恩，下欲干民之誉，必亏忠节，卿宜戒之！"[①]一个"燕人"臣僚敬嗣晖，金世宗几次和他谈做人、为官方面忠实的问题，可见金世宗对此问题的重视。

大定八年（1168）十月，金世宗又对宰臣说："海陵时，修起居注不任直臣，故所书多不实。可访求得实，详而录之。"参政孟浩进回答说："良史直笔，君举必书，自古帝王不自观史，意正在此。"[②]

大定九年（1169）正月，金世宗与左宣徽使敬嗣晖、秘书监移剌子敬讨论古今史事，说道："如海陵以张仲轲为谏议大夫，何以得闻忠言。朕与大臣论议一事，非正不言，卿等不以正对，岂人臣之道也！"[③]案：张仲轲，幼名牛儿，"市井无赖，说传奇小说，杂以俳优诙谐语为业"。从张仲轲仕宦前的职业看来，应该是燕京一带的民间艺人。正隆二年（1157），海陵王以张仲轲为左谏议大夫，修起居注，当海陵意欲取江南前夕，屡次"先设禨祥以讽群臣，是以仲轲每先逢其意，导之南伐"[④]。海陵王时期的张仲轲，是又一个让金世宗非常厌恶的"燕人"臣僚。大定九年（1169）四月，金世宗对宰臣说："朕观在位之臣，初入仕时，竞求声誉以取爵位，亦既显达，即徇默苟容为自安计，朕甚不取。宜宣谕百官，使知朕意。"[⑤]该年九月，金世宗对台臣说："比闻朝官内有揽中官物以规贷利者，汝何不言？"台臣回答"不知"，金世宗气愤地说道："朕尚知之，汝有不知者乎？朕若举行，汝将安用。"[⑥]

大定十年（1170）四月，金世宗和新任命的参知政事宗叙谈做人、做官的原则问题，并对在场的左丞石琚说："女直人径居达要，不知闾阎疾苦。汝等自丞簿至是，民间何事不知，凡有利害，宜悉敷陈。"[⑦]金世宗同样希望牵涉女真贵族事宜的时候，汉人臣僚能大胆直言。十月，金世宗又对宰臣说："朕凡论事有未能深究其利害者，卿等宜悉心论列，无为面

① 《金史》卷6《世宗纪上》，第141页。
② 同上书，第143页。
③ 同上。
④ 《金史》卷129《张仲轲传》，第2781页。
⑤ 《金史》卷6《世宗纪上》，第144页。
⑥ 同上书，第145页。
⑦ 同上书，第146页。

从而退有后言。”[①]金世宗甚至指出如果是自己的错误，臣僚们也要及时指出，且不能当面不说、背后乱说。同年十二月，金世宗又对宰臣说：“今观所奏事，皆依条格，殊无一利国之事。……卿等尤当注意。”[②]尽管世宗一再要求宰臣们大胆直言，但是他们的奏状，还是让世宗失望，只好继续鼓励直言。

大定十一年（1171）六月，金世宗在一封诏令中说道：“诸路常贡数内，同州沙苑羊非急用，徒劳民尔，自今罢之。朕居深宫，劳民之事岂能尽知？似此当具以闻。”[③]看语句应该也是对高级臣僚们说的。八月，由于太白金星白日出现，金世宗对朝臣说：“朕尝谕汝等，国家利便，治体遗阙，皆可直言。外路官民亦尝言事，汝等终无一语。凡政事所行，岂能皆当？自今直言得失，毋有所隐。”朝臣们还是不敢直言，世宗很失望，也很无奈，但还是在鼓励。该月，金世宗又在和宰臣的谈话中说道：“五品以下缺员甚多，而难于得人。三品以上朕则知之，五品以下不能知也。卿等曾无一言见举者。欲画久安之计，兴百姓之利，而无良辅佐，所行皆寻常事耳，虽日日视朝，何益之有。卿等宜勉思之。”[④]这一次训话，世宗看来很生气，“无一言见举”“无良辅佐，所行皆寻常事耳，虽日日视朝，何益之有”，语气说得很重，就差说换人了。十月，金世宗又对宰臣说：“朕已行之事，卿等以为成命不可复更，但承顺而已，一无执奏。且卿等凡有奏，何尝不从。自今朕旨虽出，宜审而行，有未便者，即奏改之。或在下位有言尚书省所行未便，亦当从而改之，毋拒而不从。”该月，金世宗又对宰臣说：“衍庆宫图画功臣，已命增为二十人。如丞相韩企先，自本朝兴国以来，宪章法度，多出其手。至于关决大政，但与大臣谋议，终不使外人知觉。汉人宰相，前后无比，若褒显之，亦足示劝，慎无遗之。”[⑤]金国立国之初的汉人宰相韩企先“前后无比”，在座的汉人宰臣听后不知有何感想。由于该月初一敬嗣晖刚被任命为参知政事，在场的肯定有他。十一月，金世宗当着群臣的面对皇太子说：“唐太宗有道

① 《金史》卷6《世宗纪上》，第147页。
② 同上书，第147—148页。
③ 同上书，第149页。
④ 同上。
⑤ 同上书，第150页。

之君，而谓其子高宗曰：‘尔于李勣无恩。今以事出之，我死，宜即授以仆射，彼必致死力矣。’君人者，焉用伪为。受恩于父，安有忘报于子者乎？朕御臣下，惟以诚实耳。”[①]即使是一代明君李世民，世宗认为他在该问题上的做法也不足效仿，表示自己要带头诚实做人。

大定十二年（1172）二月，金世宗对诸王府长史说：“朕选汝等，正欲劝导诸王，使之为善。如诸王所为有所未善，当力陈之，尚或不从，则具某日行某事以奏。若阿意不言，朕惟汝罪。”随之又下达专门的诏令：“自今官长不法，其僚佐不能纠正又不言上者，并坐之。”[②]十一月，曹国公主家奴犯事，受到宛平县令刘彦弼的杖罚，曹国公主于是折辱县令，金世宗听说后，既深刻责罚公主，“又以台臣徇势偷安，畏忌不敢言，夺俸一月”；该月，金世宗与宰臣议事，记注官按例退下，金世宗说：“史官记人君善恶，朕之言动及与卿等所议，皆当与知。其于记录无或有隐，可以朕意谕之。”[③]金世宗希望从此之后，给史官秉笔直书的机会。

大定十六年（1176）十二月，金世宗对宰臣说：“凡已经奏断事有未当，卿等勿谓已行，不为奏闻改正。朕以万几之繁，岂无一失？卿等但言之，朕当更改，必无吝也！”[④]金世宗对于自己由于日理万机所导致的已有过失，也希望宰臣们及时指出，以便弥补。

大定十七年（1177）六月，金世宗对宰臣说：“朕年老矣！恐因一时喜怒，处置有所不当，卿等即当执奏，毋为面从，成朕之失。”[⑤]时年54岁的世宗，面对迈入老年的现实，直言自己由于老年人常见的喜怒无常的性格变化所导致的犯错误概率增加，希望宰臣们不要为了维护皇帝的面子而助长自己的过失。该年十月，金世宗对宰臣说：“近观上封章者，殊无大利害。且古之谏者既忠于国，亦以求名，今之谏者为利而已。如户部尚书曹望之、济南尹梁肃皆上书言事，盖觊觎执政耳，其于国政竟何所补。达官如此，况余人乎！昔海陵南伐，太医使祁宰极谏，至戮于市，此本

① 《金史》卷6《世宗纪上》，第150页。
② 《金史》卷7《世宗纪中》，第155页。
③ 同上书，第157页。
④ 同上书，第165页。
⑤ 同上书，第167页。

朝以来一人而已。”[①]对于臣僚的奏章，世宗很不满意这种徒具形式的文字。而对出于利益动机的劝谏者，金世宗同样讨厌，直接点了户部尚书曹望之、济南尹梁肃的名字。而对祁宰舍生取义的行为则高度评价。

案：曹望之，字景萧，其祖上为临潢人，辽代迁移到宣德。天会年间，以秀民子选充女直字学生，后进士及第。曹望之曾经与监修国史纥石烈良弼、同修国史张景仁、刘仲渊一起主持修《太宗实录》，修成之后，金世宗赐纥石烈良弼金带一、重彩二十端，曹望之等皆赐予不等的银币。曹望之感叹赏薄，对人说：“栽花接木乃加爵命，勤劳者不迁官”；没多久，张景仁迁翰林学士，曹望之又发牢骚说道：“止与他人便遣，独不及我哉”，金世宗听说后，出曹望之为德州防御使，对他说：“汝为人能干而心不忠实。朕前往安州春水，人言汝无事君之义。朕敕臣下，有过即当谏争。汝但面从，退则谤议，此不忠不孝也。汝自五品起迁四品，《太宗皇帝实录》成，优赐银币，不思尽心竭力，惟官赏是觊。今出汝于外，宜改心涤虑。不然，则身亦莫保。”[②]金世宗讨厌曹望之背后发议论，认为这是对皇帝不忠实，并严厉警告了曹望之。曹望之到德州后，“有惠政，百姓为立生祠”，后改同知西京留守事，在此任上，曹望之上了一封较长的奏折，“多见采纳”；后召拜为户部尚书，金世宗数落他说：“汝前为侍郎，以不忠外补，颇能练习钱谷，故任以尚书之重，宜改前非，以图新效也”，虽然提拔了他，还是警告他要痛改前非。由于曹望之久习吏事，“有治钱谷名，性刚愎，颇沾沾自露，希觊执政”，而刑部尚书梁肃出使南宋回来后，金世宗尝欲以为执政，但是“久而未用，亦颇眩耀求进”，金世宗于是对左丞相纥石烈良弼说：“曹望之、梁肃急于见知，涉于躁进”[③]，遂出梁肃为济南尹，曹望之则官位原地不动，直到去世。

梁肃，字孟容，奉圣州（今河北省涿鹿县）人，天眷二年（1139）进士。从《金史·梁肃传》看来，其为官时候的政绩还是很不错的。大定二十三年（1183），梁肃因年老请求致仕，金世宗对宰臣说：“梁肃知无

① 《金史》卷6《世宗纪上》，第169页。

② 《金史》卷92《曹望之传》，第2037页。

③ 同上书，第2037—2040页。

不言，正人也。卿等知而不言，朕实鄙之。”[①]

专制体制下的帝王，其言论和行动经常反复无常，有时候一句话就把臣僚的功劳全部抹杀，优点全部忽略，缺点则大肆张扬。

大定十九年（1179）三月，金世宗与宰臣讨论史事时说道：“朕观前史多溢美。大抵史书载事贵实，不必浮辞谄谀也。”此前大定十二年（1172）十一月，世宗已经谈论过一次史官的秉笔直书问题，这次则对前史的溢美问题又提出批评。该月，金世宗又对宰臣说：“朕观前代人臣将谏于朝，与父母妻子诀，示以必死。同列目睹其死，亦不顾身，又为之谏。此尽忠于国者，人所难能也。”[②]

大定二十一年（1181）四月，金世宗对宰臣说：“朕之言行岂能无过？常欲人直谏而无肯言者。使其言果善，朕从而行之，又何难也。”[③]大定二十三年（1183）二月，御史台进所察州县官罪，金世宗看后说道：“卿等所廉皆细碎事，又止录其恶而不举其善，审如是，其为官者不亦难乎？其并察善恶以闻。”[④]御史台考察官员不能全面收集资料，同样不能让世宗满意。闰十一月，尚书省左司员外郎徐伟上朝奏事，金世宗对宰臣说，“斯人纯而干，有司郎中郭邦杰直而颇躁”[⑤]，为人虽然直，但脾气急躁，同样不能让世宗满意。

大定二十七年（1187）二月，金世宗对宰执说：“朕自即位以来，言事者虽有狂妄，未尝罪之。卿等未尝肯尽言，何也？当言而不言，是相疑也。君臣无疑，则谓之嘉会。事有利害，可竭诚言之。朕见缄默不言之人，不欲观之矣。”[⑥]金世宗能够做到言者无罪，对于一味沉默的官员，金世宗见都不愿见了。十月，金世宗又对宰臣说：“朕观唐史，惟魏征善谏，所言皆国家大事，甚得谏臣之体。近时台谏惟指摘一二细碎事，姑以塞责，未尝有及国家大利害者，岂知而不言欤？无乃亦不知也。”[⑦]宰臣

① 《金史》卷89《梁肃传》，第1986页。
② 《金史》卷7《世宗纪中》，第172页。
③ 《金史》卷8《世宗纪下》，第183页。
④ 同上书，第185页。
⑤ 同上书，第197页。
⑥ 同上。
⑦ 同上书，第199页。

们听了，还是无言以对。

大定二十八年（1188）十月，金世宗对右丞张汝霖说：“前世忠言之臣何多，今日何少也？”张汝霖回答说：“世乱则忠言进，承平则忠言无所施。”金世宗反驳说：“何代无可言之事，但古人知无不言，今人不肯言耳！”[①]面对金世宗的驳难，张汝霖无言以对。

金世宗曾经问宰臣说：“御史中丞马惠迪与张亨人才孰尤？”平章政事张汝霖回答说：“惠迪为人虽正，于事不敏，亨吏才极高。”金世宗听后说道：“如汝父（张）浩，于事明敏少有及者，但临事多徇，若无此过，则诚难得之贤相也。”[②]当着张汝霖的面，即指出其父为臣多顺从的缺陷。案：张亨，字彦通，大兴潞阴（今北京市通州区）人，皇统六年（1146）进士。马惠迪，字吉甫，潞阴人，天德三年（1151）进士。累迁至左司郎中，此前邓俨居是职，世宗喜欢邓俨的明敏，马惠迪一日奏事退下，金世宗对宰臣说：“人之聪明，多失于浮眩，若惠迪聪明而朴实，甚可喜也。朕尝与论事，五品以下朝官少有如者。”[③]未几，超授御史中丞，拜参知政事。在明敏与朴实中间，金世宗宁愿选择为人朴实的大臣。

金世宗甚至认为，“燕人”臣僚不忠实的做派，会传染给女真人，大定十三年（1173）三月，金世宗对宰臣说：“女直人寖忘旧风。朕时尝见女直风俗，迄今不忘。今之燕饮音乐，皆习汉风，盖以备礼也，非朕心所好。东宫不知女直风俗，第以朕故，犹尚存之。恐异时一变此风，非长久之计。甚欲一至会宁，使子孙得见旧俗，庶几习效之。”四月，金世宗到睿思殿，命歌者用女直语演唱，然后对皇太子及诸王说：“朕思先朝所行之事，未尝暂忘，故时听此词，亦欲令汝辈知之。汝辈自幼惟习汉人风俗，不知女直纯实之风。”[④]在金世宗的女真文化本位主义思想支配下，他从骨子里认为汉文化中有许多虚伪的成分，“燕人”臣僚恰恰在这方面表现得最为突出，这种心理，支配着他对“燕人”臣僚的认识；而女真原始文化中则有许多纯实的东西，对女真人来说，这是非常宝贵的。为此，

---

① 《金史》卷8《世宗纪下》，第201页。

② 《金史》卷97《张亨传》，第2147—2148页。

③ 《金史》卷95《马惠迪传》，第2117页。

④ 《金史》卷7《世宗纪中》，第158—159页。

他甚至采取了一些极端措施，五月，禁女直人把自己的姓氏译为汉姓。大定十四年（1174）三月诏令："应卫士有不闲女直语者，并勒习学，仍自后不得汉语。"[①]世宗希望用矫枉过正的手段，来挽救受汉文化浸染越来越严重的女真文化。大定十六年（1176）正月，金世宗与亲王、宰执、从官等讨论古今兴废事时说道："经籍之兴，其来久矣，垂教后世，无不尽善。今之学者，既能诵之，必须行之。然知而不能行者多矣，苟不能行，诵之何益？女直旧风最为纯直，虽不知书，然其祭天地，敬亲戚，尊耆老，接宾客，信朋友，礼意款曲，皆出自然，其善与古书所载无异。汝辈当习学之，旧风不可忘也！"[②]金世宗所说的"知而不能行"的文化，明显指向的是汉文化中虚假的东西，然后又一次强调自然的、纯直的女真文化的重要性。

从大定七年（1167）到大定二十八年（1188年，下年金世宗去世），21年的岁月中，围绕臣僚应该如何忠直的问题，金世宗简直是不厌其烦地谈论这个问题，大多时间是和宰执谈，也和其他高级臣僚谈，受批评的对象，大多为"燕人"臣僚。

四 金世宗燕人"诡随"论及其矫正行为之评价

其实，金世宗这种对特定区域人士作出的全盘否定性的道德评判，肯定不客观。金代"燕人"臣僚中，无论是金世宗即位之前，还是金世宗统治时期，都有敢言直谏的人，甚至有忠于前朝的人。

天会年间，"皇子郎君破真定，拘境内进士，立试场……大抵以徽宗无道、钦宗失信为问。……（主文）刘侍中名霄产，辽咸雍中状元，怨宋人海上之盟，故发此问"[③]。刘霄产当为刘霄，刘彦宗之父，大兴宛平人，"辽朝灭亡后刘霄虽然改仕金朝，但对辽朝存有深厚感情"[④]。刘彦宗孙刘仲诲，海陵王时为应奉翰林文字，"海陵严暴，臣下应对多失次。

---

① 《金史》卷7《世宗纪中》，第161页。

② 《金史》卷7《世宗纪中》，第163—164页。

③ （宋）周密著，吴企明点校：《癸辛杂识》别集下，《褚承亮不就试》，引元好问《续夷坚志》，中华书局1988年版。

④ 王善军：《世家大族与辽代社会》，人民出版社2008年版，第119页下注。

尝以时政访问在朝官，仲海从容敷奏，无惧色”，海陵为此称赏他。刘仲海平素立朝峻整，容色庄重，就连金世宗都说：“朕见刘仲海尝若将切谏者。”[①]张大节，字信之，代州五台（今山西省五台县）人，海陵王天德三年进士（1151）。先调崞县丞，后改东京市令，金世宗“改元于辽东，或劝赴之，富贵可一朝遂”的关键时刻，张大节却说：“自有定分，何遽尔。”金世宗曾经对宰臣说：“张大节赋性刚直，果于从政……惜乎用之太晚”[②]，又屡次对近臣说：“某某非不干，然不及张大节忠实也”，在金世宗眼里，张大节刚直、忠实。刘仲洙，字师鲁，大兴宛平人，大定三年（1163）进士。金世宗曾经对宰臣说：“人有言语敏辩而庸常不正者，有语言拙讷而才智通达、存心向正者，如刘仲洙颇以才行见称，然而口语甚讷也。”《金史》对刘仲洙的评价是“性刚直，果于从政，尤长于治民，所在皆有功迹，盖一时之能吏”[③]。马百禄，字天锡，通州三河人，大定三年词赋进士。御史台评价他“刚直能干”[④]。

金世宗统治时期，为人奸猾的“南人”臣僚也有。

刘玑，字仲璋，益都人（今山东省青州市），天德三年（1151）进士。金世宗问宰臣说：“玑为人何如？”参知政事程辉回答说：“玑执强跋扈，尝追济南府官钱，以至委曲生意而害及平民。”金世宗接着说道：“朕闻玑在北京，凡奴隶诉良，不问契券真伪，辄放为良，意欲徼福于冥冥，则在己之奴何为不放？”又说：“玑放朕之家奴，意欲以此邀福，存心若是，不宜再用。”[⑤]刘玑这种两面派的做法，金世宗极为讨厌。

《金史》于《世宗本纪》的最后如此评价金世宗的求直言行为：“举贤之急，求言之切，不绝于训辞，而群臣偷安苟禄，不能将顺其美，以底大顺，惜哉！”[⑥]

其实汉人上层中的“燕人”也好，“南人”也罢，都不能用金世宗那么绝对的语言来评价，因为人的性格本身是一个非常复杂的系统。“任何

---

① 《金史》卷78《刘仲诲传》，第1774页。

② 《金史》卷97《张大节传》，第2145—2146页。

③ 《金史》卷97《刘仲洙传》，第2154—2155页。

④ 《金史》卷97《马百禄传》，第2156页。

⑤ 《金史》卷97《刘玑传》，第2158页。

⑥ 《金史》卷8《世宗纪下》，第204页。

一个人，不管性格多么复杂，都是正反两极所构成的。这种正反的两极，从生物的进化角度看，有保留动物原始需求的动物性一极，有超越动物性特征的社会性一极，从而构成所谓‘灵与肉’的矛盾；从个人与人类社会总体的关系来看，有适于社会前进要求的肯定性的一极，又有不适应社会前进要求的否定性的一极；从人的伦理角度来看，有善的一极，也有恶的一极；从人的社会实践角度来看，有真的一极，也有假的一极；从人的审美角度来看，有美的一极，也有丑的一极。此外，还可以从其他角度展示悲与喜、刚与柔、粗与细、崇高与滑稽、必然与偶然等等的性格两极。任何性格，任何心理状态，都是上述两极内容按照一定的结构方式进行组合的表现。”①在女真人建立的政权中，不管是“燕人”臣僚，还是“南人”臣僚，社会心理都较之汉人政权中的汉人臣僚要复杂，长期在“胡化”环境中浸染的“燕人”臣僚，心理更加复杂一些；相对于普通人，汉人臣僚中的士人，性格所导致的心理，则更加复杂。

最为典型的例子莫过于张浩。海陵王欲发动对南宋的战争，张浩虽然不敢直谏，但还是用委婉的言辞表达了对战争的反对。但是，当海陵王派遣宦官梁珫来监督汴京城营建工城，“凡一殿之成，费累巨万”，而梁珫则说“某处不如法式”②，张浩于是马上命令撤掉，不敢与之对抗。海陵王如此评价他：“左丞相张浩练达事务，而颇不实”③，不实，也即不实在，奸猾。但在科举制的废立问题上，张浩则旗帜鲜明地亮出了自己的观点。金世宗时期，有近侍提出废除科举制的动议，金世宗就此征求张浩的意见，金世宗问张浩：“自古帝王有不用文学者乎？”张浩回答说“有”，世宗问是谁，张浩说“秦始皇”，金世宗听后，说道：“岂可使我为始皇乎！”④

再如邓俨，字子威，懿州宜民人（今辽宁省阜新市境内），海陵王天德三年（1151）进士。金世宗曾经对宰臣曰：“人言邓俨用心不正，朕视俨奏事，其心识甚明，在太府监心亦向公”，第二天，让邓俨任吏部

---

① 刘再复：《性格组合论》，上海人民出版社1986年版，第59—60页。

② 《金史》卷83《张浩传》，第1863页。

③ 《金史》卷88《纥石烈良弼传》，第1950页。

④ 《金史》卷83《张浩传》，第1864页。

侍郎。但是，邓俨致仕后又因缘求进，金章宗问左右说："邓俨可复用乎？"平章政事完颜守贞回答说："俨有才力，第以谋身为心"，金章宗说："朕亦知之。然俨可以谁比？"完颜守贞说："（邓俨）临事则不后于人，但多务自便耳。俨前乞致仕，陛下以其颇黠，故许之，甚合众议。今使复列于朝，恐风化从此坏矣。"[①]听了此话，金章宗不许邓俨再度出仕。

掌握国家核心大权的统治民族的皇帝和臣僚，对人数较多的汉人臣僚，不能没有心理上的偏见，夸大其缺点，缩小其优点，因为汉人臣僚一个人的缺陷，就把这种缺陷扩展到所有的或者绝大多数汉人臣僚身上，这种现象，在辽、金、元三朝，应该是一个普遍的现象。

燕人臣僚，由于其长期处于特殊的地缘政治环境中，导致他们"不能完美地融于辽、宋、金任何一朝政治生活之中，无论北方少数民族还是中原汉族，都不将其视为己类，使其在民族心理上边缘化于各民族"[②]。北宋苏辙《出山》一诗的最后两句，"仰头呼天问何罪，自恨远祖从禄山"，可以说正是幽云汉人上层，在面对各种尴尬处境时苦涩而又无奈的心理的真实写照。金宣宗虽非有为之君，但其对类似问题的分析却颇为合理，元光二年（1223）五月，参知政事完颜毅夫说道："胁从人号'忠孝军'，而置沿淮者所为多不法，请防闲之。""忠孝军"是金末义军之一，参知政事完颜毅夫对他们的表现显然很不满意，也很不信任，金宣宗听后却说道："人心无常，顾驭之何如耳。驭之有术，远方犹且听命，况此辈乎！不然，虽左右亦难防闲。正在廓开大度而已。若是而不能致太平者，命也。"[③]

---

① 《金史》卷97《邓俨传》，第2150页。

② 纪楠楠：《论辽代幽云十六州的汉人问题》，硕士学位论文，东北师范大学，2006年，第45页。

③ 《金史》卷16《宣宗纪下》，第366页。

王寂与东北*

吴凤霞

王寂（约1127—1193），字元老，号拙轩，金代中期著名的文学家、诗人。他虽是蓟州玉田（今河北玉田）人，但他与东北有很深的缘分，他少年随父在东北居住过，成年后因为科考、公务等多有活动于东北的经历，尤其是他的两部行部志（《辽东行部志》和《鸭江行部志》）是研究东北历史文化的重要文献。

一　王寂在东北的经历

（一）少年时曾居海州析木县

据《鸭江行部志》和《拙轩集》的《先君行状》，王寂幼年因其父王础任职海州析木县令，曾在析木县（治今辽宁海城市东南析木镇析木城）居住约一年。明昌二年（1191）他经过析木，有回归故里的感觉，其所撰《鸭江行部志》对当时的情形和他的心情有如下记述：

> 析木，盖先君之旧治。父老郊迎，欢呼塞路；及入城市，观者如堵，里巷为之一空。中有扶杖年高指予而言曰："此吾明府君之子也。明府君清正仁恕，宜其有后乎？"叹仰不足，或有以手加额者。

---

* 本文为国家社会科学基金一般项目"辽金元时期辽西地区的移民及其影响研究"（项目编号：13BZS083）阶段性成果。

本文王寂生平参考王庆生所作王寂年谱，见《金代文学家年谱》，凤凰出版社2005年版，第149—166页。

既而询及故旧，得三人焉，乃胡奉歌、李狗儿、高当得，皆当时与予游戏者；自余墓木皆已拱矣；或得其子或得其孙焉。呜呼！吾先君去此凡四十九年矣。当时一门满三百指，今之存者，惟予一老奴。①

王寂父亲为析木县令当在金熙宗皇统元年（1141）②，那年王寂15岁。从上段记述可知王寂对他年少时在析木的生活有较清晰的记忆，他也询问起当年一起游戏的伙伴，只找到三个，其余多已离世，他因此无限伤感，想起他家当时有30口人，49年过去了，现在仅剩下已年老的他。

（二）成年后在东北的活动

（1）25岁时赴会宁御试前后活动于东北。金海陵王天德三年（1151），王寂25岁，他再次活动于东北，《辽东行部志》记述他到归仁县（治今辽宁昌图县西北）时曾提及："壬戌，追念吾友高公无忌，天德辛未岁，尝为归仁簿。予时赴会宁御试过此，高公馆予甚勤，于今四十年矣。"③当时金朝都城在会宁（今黑龙江省哈尔滨市阿城区），他北上参加御试经过了咸平府归仁县，在那里为官的好友高无忌盛情款待了他。关于王寂在天德三年时参加科考，元好问《续夷坚志》也有所提及，除去其中离奇的京娘相助，可知，他经过辽河淀时，霖雨泥淖，车行艰难④。从他在晚年巡按部封时经过宜民县（治今辽宁北票市大平房镇）所记"又念壮岁献赋上都，尝出此途，今四十年矣"⑤看，他去金上京会宁府科考也经过了兴中府宜民县。需要说明的是，王寂科举及第的天德三年，其父守官白霫，其晚年所作诗序中明确提到："天德辛未，家君守白霫，仆是

---

① 罗继祖、张博泉：《鸭江行部志注释》，黑龙江人民出版社1984年版，第17—18页。

② 此段之前王寂讲与李子安一家的交情时也曾提到："皇统辛酉，吾先君来为析木令。"（第13页）

③ 张博泉：《辽东行部志注释》，黑龙江人民出版社1984年版，第56页。

④ （金）元好问：《续夷坚志》卷2《京娘墓》，载姚奠中主编，李正民增订《元好问全集》下，山西古籍出版社2004年版，第1128页。

⑤ 张博泉：《辽东行部志注释》，第26页。

岁登上第。”[①]辽金时人所说的白霫多数时候是指辽中京大定府所在，金取辽中京大定府后，仍置中京路，治大定府（治今内蒙古宁城县西大明镇），此后先后改称奚路、六部路、中京路，直到贞元元年（1153）改为北京路，而天德三年仍称中京路[②]，从王寂所作《先君行状》看，其父王础当时任中京转运判官。他若随侍父母身旁，很可能他去会宁前已在中京，那么他在天德三年前后身居东北的时间会更长一些。

（2）31岁或曾为官在辽东。王寂有《还乡》诗云："乱后人烟到处稀，马寻归路趹如飞。谁怜膝上狂文度，却作辽东老令威。”[③]王庆生联系《辽东行部志》提到的“予丁丑筮仕”，认为王寂在海陵王正隆二年（1157）赴吏部选，得官辽东。但王寂任职州县所在和时间长短已不可确知。

（3）48—49岁在平州为官时曾两度前往东北。金世宗大定十四年（1174），甲午年，王寂48岁，他任平州观察判官，曾因公务去东北，《辽东行部志》提到懿州（治今辽宁阜新县东北塔营子乡塔营子村）返照菴记载说：“予尝两过宁昌，皆宿于此，故北轩有予《自平州别驾审刑北道假宿宝严寺诗》。北轩杂花烂熳，所恨主僧行脚未归，不得款接晤语，为留三绝句，且图他日重来不为生客，实大定甲午暮春二十有二日也。”[④]说明王寂大定十四年的春天到过今辽宁阜新县东北的塔营子，宁昌为懿州的军号。这一年，王寂也到了咸平（治今辽宁开原市东北老城镇），他在那里曾游李氏园，园中有牡丹数百种正烂漫盛开，并留墨宝于园中小砚屏[⑤]。大定十五年（1175），王寂49岁，他还在平州为官，又一次因公务去东北，《觉华岛》诗引讲：“大定乙未之秋仲月十有四日，予自白霫审理冤狱归，投宿龙宫下院，谋诸老宿，期一往焉。”[⑥]可见，这

① （金）王寂：《拙轩集》卷2，丛书集成初编本，中华书局1985年版，第22页。

② 参见余蔚《中国行政区划通史》（辽金卷），复旦大学出版社2012年版，第649页。

③ （金）王寂：《拙轩集》卷3《还乡》，第33页。

④ 张博泉：《辽东行部志注释》，第31页。

⑤ 同上书，第87页。

⑥ （金）王寂：《拙轩集》卷1《觉华岛》并引，第7页。

次他是去北京路大定府审案，公务完成归来时所经之地离觉华岛很近，所以前往参观。辽金时期的觉华岛，又称桃花岛，后世又称菊花岛，今属于辽宁省葫芦岛兴城市①。

（4）50—51岁为辽东路转运司同知。金辽东转运司驻扎于咸平府。《辽东行部志》在记述咸平时提到："昔予漕运辽东居此者，凡二年，以是迁移区并，粗得知之。"②具体是哪两年，从王寂所说"予官守于此，寺已荒废，今十有五年"③，可以推知其任职咸平在大定十六年（1176），他在那里为官凡二年，那么大定十七年（1177）他还在咸平，他记懿州返照菴时也提到："大定丁酉，予贰漕辽东，以朝命按治冤狱，复寓于此。"④他父亲王础在大定丁酉四月初一去世，丁酉正是大定十七年，他丁父忧。

（5）63—64岁为提点辽东路刑狱。从《拙轩集》卷六《曲全子诗集序》"大定己酉，余被命提点辽东等路刑狱事"的记述看，大定二十九年（1189），己酉年，王寂受命为提点辽东等路刑狱事。从他的两部行部志提到他出按部封的出发地为辽阳看，当时辽东路提刑司驻地为辽阳府（治今辽宁辽阳市）。直到明昌二年（1191）二月初十至三月十二日鸭绿江之行，他都在东北生活，大概在这一年下半年，他被调任中都路转运使。他所作《谢带笏表》提及他"去国五年"⑤，他在大定二十六年八月被贬蔡州⑥，至明昌二年回京，时间上看正好离京五年。

综上，王寂一生与东北有割舍不断的缘分，在东北有他小时候的玩伴，有他结交的友人，有他因生活、工作在那里而留下的许多印象深刻的地方，他也以他的诗作和两部行程录传扬了东北的风俗文化。

---

① 尤李：《金代文人心目中的觉华岛——以王寂为中心》，载尤李《多元文化的交融——辽代历史与文化研究》，中国社会科学出版社2013年版，第120页。

② 张博泉：《辽东行部志注释》，第83页。

③ 同上书，第100页。

④ 同上书，第31页。

⑤ （金）王寂：《拙轩集》卷5《谢带笏表》，第57页。

⑥ 《金史》卷27《河渠志》，中华书局1975年标点本，第672页。

二 王寂笔下的东北自然环境与人文景观

王寂喜欢作诗，也有吊亡怀古的情怀，对历史文化遗产有自觉的保护意识，他笔下的东北（主要是辽西、辽东半岛地区）有山有水，文物传情，充满诗情画意。

（一）山水、气候与物产

1. 山水

王寂在辽东、辽西活动，有时在山间穿行。医巫闾山是明昌元年王寂出按部封经过的最有名的山，王寂在其所赋长韵中描述道："地封连蓟北，天遣镇辽西。桧影森旌节，松声殷鼓鼙。雕梁通蜥蜴，画栋落虹蜺。像古虫书藓，庭卑蚓篆泥。垂杨空袅袅，蔓草自萋萋。"①另外他也提及咸平附近的和鲁夺徒（汉语松山）。明昌二年王寂的鸭江之行到过灵岩山（今千山），其所作的诗文有诗句："几经天步蹑危峰"②、"我来连日苦风霾，不见千峰剑戟排。要识玉山真面目，雪晴明月射苍崖。"③他经过了位于析木县城南的鸡山，但没有作描述，他引其父亲所作诗中却有"鸡山孤立水东流"④之句，可视为对鸡山景致的概括。王寂登临了龙门山，在龙门山南有大山，崇高峻拔，诸峰环列，王寂认为可能就是熊岳山，但询问土人，却都不知道。龙门山西岩有佛屋、僧舍、钟阁等，龙门山的北岩，有瀑布，王寂记述道："其水，初出于东北一峰之肋，悬流数十尺，盘转于洼石之上，蓄之为池，从横可二丈，池满则倾泻于石壁之下。水殿，最为龙门佳处。北望苍岩瀑布，如千尺玉虹，飞落沧海，下瞰云涛雪浪，舂撞击搏，其声如奔雷骤雨，跳珠溅玉，倒射轩牕，虽六月，不知暑也。少东，有大石，屹然介于两水之中，其平如掌，上可容三十客。方夏秋霖潦，水势湍猛，非以此石杀其怒，则水殿无复有焉。大抵如

① 张博泉：《辽东行部志注释》，第12页。

② 罗继祖、张博泉：《鸭江行部志注释》，第6页。

③ 同上书，第8页。

④ 同上书，第18页。

瞿塘之滟滪堆也。”[①]王寂在复州永康到顺化营的中途曾望见西南有两山巍然浮于海上，野老称之为“苏州关”，又南约百里，有山叫铁山，据说常屯甲士千人。再西南水行五百余里，有山被称为红娘子岛。[②]在新市之次，王寂还提到龙岩寺一舍而近的路人所说的“速鲁忽山”，其山势“笔立五千尺，秀出诸峰，望之如浮图”，还提到这座山的绝顶有池方丈，池中“有鲤鱼长余尺许”[③]。明昌二年三月乙未（三月十一），王寂“发龙岩山前数十里”“北望大山，连延不绝，数峰侧立，状如翠屏，秀色可掬，里人谓之磨石山，以出磨石故也”[④]。王寂从龙岩山奔赴大宁镇的途中经过乱石之路后又东行四五十里，又见可观连绵的群山：“南望层峦叠嶂，空翠溟濛，百道飞泉，环流山麓。”[⑤]

王寂对东北地区河流的着墨较少，没有作为重点记述，他到胡土虎寨时，解释说：“胡土虎，汉语浑河也。”[⑥]然后就讲“水边野寺”的情况，可以推知他所见的野寺大概就在浑河边上。王寂明昌元年三月丁巳从懿州出发去灵山县路上由于风沙太大，驿吏迷路了，他们到了东北山下，见“横流汹涌，深不可济”，张博泉先生认为他们见的这条河当是今天的绕阳河。[⑦]王寂到庆云县也曾将从者所得双鱼送到辽河中流。

2. 气候

王寂的记述中也涉及东北的气候，其中，风大、寒冷是主要特点。

风大：大定十五年（乙未年）秋八月十四，王寂往北京路审冤狱归途经觉华岛，投宿于龙宫下院，想要去游他向往已久的觉华岛，和诸老宿商量，老宿说：“今秋风劲，波浪汹涌……”，他没有听，坚持要去，“明日登舟，行未几半，风涛掀簸，舟人为之变色，于是收帆弭楫，维石于北渡……”[⑧]这里提到的是秋天海上的风往往很大。明昌元年三月丁巳（三

① 罗继祖、张博泉：《鸭江行部志注释》，第31—32页。
② 同上书，第48页。
③ 同上书，第54页。
④ 同上书，第55页。
⑤ 同上书，第56页。
⑥ 张博泉：《辽东行部志注释》，第28页。
⑦ 同上书，第47页注释［2］。
⑧ （金）王寂：《拙轩集》卷1《觉华岛》并引，第7页。

月初三），王寂早晨从懿州出发，他记载称："是日大风，飞尘暗天，咫尺莫辨。驿吏失途，至东北山下，横流汹涌，深不可济。"[①]王寂叙述韩州治址时也间接言及其地风沙大，"而改城在辽水之侧，常苦风沙，移于白塔寨"[②]。明昌二年二月壬辰（二月十三），王寂在千山，记天气为："大风雪。对目不辨牛马，抵暮稍霁。"他所作七言绝句也反映了其时的天气："我来连日苦风霾。"[③]明昌二年三月壬子（三月初四），王寂一行走在复州道中，遭遇大风沙，他记述说："辰巳间，风大作，飞沙折木，对目不辨牛马。所幸者，自北而南，若打头风，则决不能行也。午后，风势转恶。予怪而问诸里巷耆旧云：'飘风不终朝，何抵暮尚尔？'耆旧云：'此地濒海，每春秋之交，时有恶风，或至连日，所以禾黍垂成，多有所损，固亦不足怪也'。"[④]

寒冷：王寂多次提到东北的天气寒冷，比如在韩州见到路旁的鸡儿花，有"今寒乡久客"[⑤]之句。在胡底千户寨见到耐冻青花，也意指其地冬季较为寒冷。在特拨合寨见到杏花开，王寂更以对比的手法讲了当地的寒冷，即"晚登小山，山南杏数株，方蓓蕾矣。忽忆旧年京洛间，才元宵后，时有卖花声。今春将尽，方得见此"。他所赋诗表达的更清楚："朔漠杏花初破蕾，南州梅子已垂枝。寒乡倍费生成力，但得阳和莫恨迟。"[⑥]在清安县见樱桃开花少而可怜，也间接言及其地的寒冷，所谓"此方地寒，经冬畏避霜雪，辄埋于地，以是顿挫如此"[⑦]。

3. 一些地区的物产

王寂在他的行部志中也偶尔提到一些地方物产、花草。比如广宁的秋白梨，王寂有这样的记述："其色鲜明，如手未触者。予问驿吏，吏曰：'其法，大概候其寒燠而辄易其处。'食之，使人胸次洒然，如执热以濯也。为赋一诗：'医巫珍果惟秋白，经岁色香殊不衰。霜落盘盂批玉

---

① 张博泉：《辽东行部志注释》，第46页。
② 同上书，第60页。
③ 罗继祖、张博泉：《鸭江行部志注释》，第8页。
④ 同上书，第43页。
⑤ 张博泉：《辽东行部志注释》，第60页。
⑥ 同上书，第72页。
⑦ 同上书，第97页。

卵，风生齿颊碎冰澌。故侯瓜好真相敌，丞相梅酸谩自欺。向使马卿知此味，莫年消渴不须医。’”[①]又如，韩州的鸡儿花，因为这花在王寂的家乡原野间特别常见，寒乡久客见到家乡常见之花有所感触，所以“为驻马久之”“欣然有会于心”[②]。胡底千户寨的路旁的野花，王寂描述它“状如金莲而差小，其叶琐细，大率如鱼藻，土人谓之耐冻青。生于祁寒，拨雪而见之，已青青然”[③]。此外，王寂还提到了特拨河寨山南的杏树花、辟罗寨渤海高氏家屋檐下的燕子、咸平李氏园中的牡丹、咸平的李花和桃花、清安县的樱桃树花、千山的龙泉谷“松柏参云”[④]、曷苏馆西园轩前花木。

（二）东北的人文景观及书画、文物等

王寂每到一处都有意识地探胜、访旧、征献、吊古[⑤]，而且多有发现，如望平县僧寺及寺中的佛塔和金显宗完颜允恭的御题；闾阳僧寺；同昌萧寺；宜民县福严院寺僧所藏画作（十六罗汉像）；胡土虎寨水边野寺；名之为建福的小兰若及浮屠；懿州宝严寺返照菴及张谭王乐之的《游山诗碑》；懿州宝严寺悟公法书数幅；懿州宝严寺经阁上炽圣佛坛的壁画和九曜坛像；懿州宝严寺溥公出示的王平仲所集的《和蒙求始末》一书和墨竹画四幅；懿州宝严寺收藏的高丽王尧发心敬造的《银字藏经》；荣安县萧寺壁间以墨腊石本装饰成轴的《施食放生记》；归仁县南城道院；柳河县澄心菴；韩州大明寺及卧榻围屏四幅；南谋懒千户寨术勃辇家屋壁两横幅画；松瓦千户寨的水碓；鼻里合土千户营村家瓦龟砚；咸平高丽废城；咸平卧屏三僧围棋图；咸平紫霞山宇文叔通所撰《刘司空神道碑》；咸平方丈壁间著色维摩居士像；咸平紫霞山崇寿寺及其九曜阁蔡正甫所撰《弘理大师碑》；咸平先师宣圣庙；辽阳白鹤观之鹤鸣轩及其题牓墨书；千山九圣殿、舍利塔、度水殿、六祖画像、王栖云题诗、正观堂、龙泉谷；澄州明秀亭、有宓斋及完颜信之手书，还有当时人左君锡、雷西仲、

① 张博泉：《辽东行部志注释》，第9—10页。
② 同上书，第60页。
③ 同上书，第67页。
④ 罗继祖、张博泉：《鸭江行部志注释》，第8页。
⑤ 罗继祖：《读〈鸭江行部志〉小记》，《社会科学战线》1988年第1期。

李子美、魏元道、李子安留题明秀亭榜；李子安妹妹尼智相所送的十枚小壶；析木县法云寺；汤池县护国寺；汤池县东面坡阳邑人之别墅；辰州兴教寺；故友申君与所收藏《龙门招隐图》、王羲之的《得书帖》、王献之的《贤弟帖》、张芝的《消息帖》、唐怀素的《草书歌》、唐僧亚栖书《观怀素草书歌》；熊岳县兴教寺及经阁；熊岳县王元仲海岳楼；龙门山云峰院；龙门山北岩石壁上张仲宣、申君与留题岁月和纥石烈明远留题三诗；曷苏馆公明轩题牓、睡榻四周素屏纥石烈明远的旧书；西山石室（土人谓之“石棚”[①]）；曷苏馆西园小轩；复州宝岩寺及卧室屏后的绢扇图、僧屋壁间的冰溪鱼叟诗及后序；新市民家壁齐、赵、魏、楚四公子画；新市附近龙岩寺。王寂十分珍视这些寺、塔建筑及书法、画作等文化遗产，因此，在他的两部行程录中，他用了较大的篇幅记述它们的基本状貌及其见后的感受，有的作了简单的评价。比如，他记荣安县萧寺壁间《施食放生记》其后题为：“至和二年四月八日，嘉禾陈舜俞记。熙宁七年五月七日，眉山苏轼书”，王寂认为记文“辞理俱妙”“其字端谨，大小颇与《枕中经》相类，真所谓传世之墨宝”[②]。王寂对他所见建筑和文物的记述也为后人了解东北历史文化提供了弥足珍贵的文献记录。

关于东北地方民俗，王寂在其所撰《先君行状》中提到海州析木的一个恶劣的旧俗，即“多畜蛊毒杀人以祈富”，王寂父王础“为出秘方，转相传付，所活不可胜计。”[③]这种恶俗在王寂记述咸平松山尹皮袋这个人物的传闻时也有提及：

又问：“尹皮袋何人也？”吏曰：“本陕右人，居此山者，凡五十年，无贵贱少长，皆以尹皮袋呼之。自称曰‘得得’。或问得得之说？渠云：‘知得来处，知得去处。’世以此为达人。有素约，虽风雨不愆。一日，山下渤海人家召饭，阴置蛊毒，既觉，辄漱新泉，危坐数日，所苦良已。既而复召，复去，门人娄先生者，事尹岁久，切戒之曰：‘今中毒凡五，幸无恙，当辞以不赴。’尹曰：‘予不诺

① 罗继祖、张博泉：《鸭江行部志注释》，第41页。
② 张博泉：《辽东行部志注释》，第50—51页。
③ （金）王寂：《拙轩集》卷6《先君行状》，第70页。

其请，则是家必不满意也。’后竟为蛊所困，乃闭目不食，漱水凡七昼夜。晨起谓先生曰：‘汝尝吾粪秽否？’娄有难色。尹笑曰：‘汝尚有此尔。’乃自取以舐之，曰：‘无秽矣，吾将行上矣。’娄且泣且恳，曰：‘愿师见教。’尹曰：‘少吃盐，莫吃醋，别人爱你，你休做踯跌。’”①

可见，尹皮袋死于蛊毒。这种恶俗的存在反映了巫术在东北一些地方流行。其他民俗，王寂还言及有熟食节的“上冢”②，另外，王寂在耶塔剌处寨（大概在今辽宁西丰县城附近③）附近的山溪上见挑菜女子的“素面洁服，绝无山野尘俗之态”，其实也反映的是其地民俗喜欢洁净。

关于镇山文化，王寂也有所论及，他到广宁，以文祭广宁公，其文为：“伏以医巫闾，维朔之镇山，广宁公有唐之封爵，威行千里，血食一方，职司虽异于冥阳，类应不愆于顷刻。某祗服王命，周按部封，雪孤穷无告之冤，去乾没横行之蠹，仰祈英鉴，洞照微衷，期使事之告成，赖神休之阴相。尚飨！”④他的祈愿体现了他的信仰，即对自然神的崇拜。除了文祭，他在公务之暇也“携香楮酒茗”亲临广宁神祠祭奠。并为“其栋宇庳漏，旁风上雨，无复有补完者”感到疑惑，询问赞者说：“医巫闾，天下之名山也；况其神，位置尊显，而此邦之人，独不加敬，何也？”赞者所说“人非不敬，以其神不妄作威福，故视之平平耳”⑤。让王寂颇为不平。

三　王寂所记辽东半岛及辽西部分州县的沿革及人物

王寂《拙轩集》和两部行部志所提到的东北的州县有辽阳（治今辽宁辽阳市）、沈州（治今辽宁沈阳市）、望平县（治今黑山县东北姜屯镇

① 张博泉：《辽东行部志注释》，第91—92页。

② 张博泉：《辽东行部志注释》，第26页。

③ 日人岛田好《辽东行部志研究》谓此寨在今西丰县城附近，见张博泉《辽东行部志注释》，第75页注［5］。

④ 张博泉：《辽东行部志注释》，第11页。

⑤ 同上书，第12页。

古城子）、广宁（治今辽宁北镇市）、闾阳县（治今辽宁北镇市西南闾阳驿镇闾阳驿村）、同昌县（治今辽宁阜新市西北红帽子乡西红帽子村）、宜民县（治今辽宁北票市东北黑城子镇黑城子古城）、懿州（治今辽宁阜新县东北塔营子乡塔营子村）、灵山县（治今彰武县东）、庆云县（治今辽宁康平县东南郝官屯镇瓦房村）、荣安县（治今辽宁康平县东南郝官屯镇齐家屯附近）、归仁县（治今辽宁昌图县西北四面城镇）、柳河县（治今辽宁昌图县西北八面城镇西南）、韩州（治今吉林梨树县北偏脸城）、咸平（治今辽宁开原市东北老城镇）、清安县（治今辽宁昌图县西老城镇）、铜山县（治今辽宁开原市南中固镇）、澄州（治今辽宁海城市）、析木县（治今辽宁海城市东南析木镇析木城）、汤池县（治今辽宁大石桥市东南汤池镇）、辰州（治今辽宁盖州市）、熊岳县（治今辽宁营口市昔年鲅鱼圈区熊岳镇）、曷苏馆（治今辽宁省瓦房店市西北永宁镇）、复州（治今辽宁瓦房店市西北复州城镇）、顺化营（今大连金州区）、新市（今新金县近海处）、大宁镇（治今辽宁岫岩满族自治县）①。这些州县都是王寂到过的地方，王寂在其文其诗中言及它们的建置沿革，有的州县上溯自传说时期，有的上溯自唐朝，多数上溯自辽朝。虽然他所讲的建置沿革不完全正确，但还是包含了一定的历史信息，或可补史之阙，或可与其他史料相互参证。比如，韩州，《辽史·地理志》记载："韩州，东平军，下，刺史。本藁离国旧治柳河县。高丽置鄚颉府，都督鄚、颉二州。渤海因之。今废。太宗置三河、榆河二州。圣宗并二州置。隶延昌宫，兵事属北女直兵马司。"②《金史·地理志》记载："韩州，下，刺史。辽置东平军，本渤海鄚颉府。户一万五千四百一十二。县二：临津、柳河。"③可见，辽金两朝都设有韩州，但具体历史沿革如何并不十分清楚，王寂所作《辽东行部志》关于韩州的人口来源、州治变化及其原因都有明确的记述，其文为：

① 本段王寂所到州县今治参考罗继祖、张博泉先生注释和余蔚《中国行政区划通史》（辽金卷）相关州县今治而定。

② 《辽史》卷38《地理志二》，中华书局1974年标点本，第468页。

③ 《金史》卷24《地理志上》，第554页。

> 韩州，辽圣宗时并三河、榆河二州为韩州。三河，本燕之三河县，辽祖掠其民于此置州，故因其旧名。而改城在辽水之侧，常若（苦）风沙，移于白塔案（寨）。后为辽水所侵，移于今柳河县。又以州非冲途，即徙于旧九百奚营，即今所治是也。①

王寂的上述记述被今天的考古工作者所证实②。其记述补史之缺略是可以肯定的。

王寂记述的历史人物和当代人物很多，但涉及人物事迹者三要有辽司空大师海山、渊唯识、高公无忌、乡人王生、松山尹皮袋、刘宏、道人孙公、王栖云、太后大师、千山休粮谷僧、辽季东京副留守高其姓者、李子安、李致道、纥石烈明远。这些人物的事迹有些不见于他书，史料价值很高，比如李致道、纥石烈明远，有些虽然他书有记载，但不尽相同，比如刘宏、海山大师。值得重视的是，王寂记述较详细的人物或品行高尚而令人尊敬，或其人生经历足以引人深思。其中反映了他的宗教观和文化观、人生观。大致说来，王寂重点记述的人物有三类，一类是宗教人士，一类是故友同乡，一类是地方官吏。王寂对于高僧和道人如海山、渊唯识、尹皮袋、道人孙公、太后大师、休粮谷僧、辽季东京副留守高其姓者的记述表达的是他对达到一定境界的得道者的敬意，比如关于辽司空大师海山，他不仅讲了大师海山的姓名、早年举进士第，出家，修行成名，而且记述了辽兴宗对海山大师的推慕，彼此交往酬对的诗词和问候的内容等。字里行间流露出他对海山大师的敬仰，当然也多少表明了他对辽代推行的佛教政策的认同。而对于高公无忌、乡人王生及李子安一家的记述主要表达的是友谊和对他们人生经历的感叹。至于王寂对刘宏、李致道、纥石烈明远等人的记述，主因是见到了有关这些人的碑志、园林和书法、诗句等，出于传扬地方文化的目的予以记述，当然，他们的行为、志向或才学也是他称许的。

---

① 张博泉：《辽东行部志注释》，第60页。

② 参见段一平《韩州四治三迁考》（《社会科学战线》1980年第2期）和《〈韩州四治三迁考〉补正——初迁白塔寨考》（《社会科学战线》1985年第4期）。

总之，王寂是有历史感和文化素养的文人，他笔下的东北（主要辽河东西、辽南地区），虽处边地，却不乏胜景，虽是寒乡，却也有温情，尤其是处处都可见的人文景观、文物、诗画，表明儒家文化、宗教文化深入人心，王寂也以他的记述为东北历史文化的传承作出了突出的贡献。

《事林广记·江北郡县》与金朝行政区划研究

周立志

一 引 言

和刻本（日本元禄十二年刻本，1699）《事林广记》乙集四卷为今存《事林广记》其他版本所未载，十分珍贵。[①]笔者对其中卷一、卷二内容有所探讨，得出这二卷图文是被忽视了的宋金交聘文献。[②]而卷三《江北郡县》是一份完整的金朝行政区划清单，卷四《江南郡县》是一份完整的南宋行政区划清单，更值得引起关注。《江北郡县》系金代行政区划、《江南郡县》系南宋行政区划（如阅读这二卷内容当不难发现）并非笔者独创，著名史家金毓黻（1887—1962）点评《事林广记》：

> 《事林广记》卷三所载江北郡县，为金末郡县之制，可与《金史》地理互参而颇有异同，且可补《金史》之未备，此真难得之史料也。[③]

① 陈元靓：《事林广记》乙集卷一至卷四，长泽规矩也编：《和刻本类书集成》第一辑，上海古籍出版社1990年版，第216—230页。下文凡引《事林广记·江北郡县》均出自此，故不一一标注，仅标页码。

② 周立志：《二卷被忽视的宋金交聘图文研究》，《中国历史地理论丛》2012年第4期。

③ 范寿琨：《金毓黻先生对若干古籍的评论》，《图书馆学研究》1987年第4期。

王颋指出：

> 关于大金国政治地理的原始资料，首推《金史·地理志》和《大明清类天文分野之书》，次则《事林广记》及当时文集、笔记如《滏水集》《遗山集》《归潜志》《汝南遗事》等。①

笔者广泛网罗前人成果，仅见金毓黻、王颋、王珂三人述及这一问题，且金毓黻除引文外并未见后续研究；王珂在研究《事林广记》版本问题时旁及《江北郡县》《江南郡县》，并未展开；②王颋《完颜金行政地理》一书仅两处对《江北郡县》有所引用和研究，认定《江北郡县》断限当为承安二年或稍晚。③可以说，《事林广记·江北郡县》的研究仍十分薄弱，与它对金朝行政区划史的重要性、"真难得之史料"地位极不匹配，亟待加以深入细致的研究。

金朝行政区划史研究近年来取得了丰硕的成果，④尤其是王颋《完颜金行政地理》、余蔚《中国行政区划通史·辽金卷》、李昌宪《金代行政区划史》三本专著的面世。三书探讨了金朝疆域、路镇州县四级统辖政区、京府州县沿革、地方行政区划断代年限（皇统三年、正隆二年、大定二十九年、泰和八年）、少数民族居住区域的地方行政制度等内容，极大拓宽了金朝行政区划史的研究领域，将金朝行政区划史研究水平推向了新的高度。然而，作为金朝行政区划研究重要的原始文献，《事林广记·江北郡县》却未引起以往研究者足够的重视，如余蔚、李昌宪有关

① 王颋：《完颜金行政地理》，香港天马出版有限公司2005年版，"导言"，第2页。

② 王珂：《宋元日用类书〈事林广记〉研究》，博士学位论文，上海师范大学，2010年，第29、137页。

③ 王颋：《完颜金行政地理》，第28—30页。

④ 有关金代行政区划史研究现状，余蔚《中国行政区划通史·辽金卷》一书（复旦大学出版社2012年版，第16—20页）作了精练的概括。此外，尚需加以补充，如李昌宪：《金代行政区划史》，上海古籍出版社2015年版；温海清：《画境中州：金元之际华北行政建置考》，上海古籍出版社2012年版；韩光辉：《宋辽金元建制城市研究》，北京大学出版社2011年版；孙佳：《金代行政路制研究》，博士学位论文，吉林大学，2014年，等等。

金朝行政区划史专著中未见引用和研究，令人不解。[①]而也有学者因其下《书指序略》“大元”等相关书写而认为是元朝行政区划的文献。[②]基于这种状况，本文选定《事林广记·江北郡县》为研究主题，侧重从《事林广记·江北郡县》的史源与传承、断限系年、与《金史·地理志》比较、价值等方面考察，进一步挖掘它对我们认识金朝行政区划史、金元知识传承以及金元之际行政区划调整的意义，力图以它为中心来观察金朝行政区划，并以此来警惕以《金史·地理志》为视角、中心、结论可能带来的金朝行政区划认识僵化、局限和误区。

二 《事林广记·江北郡县》的传承

《事林广记·江北郡县》（下文简称《江北郡县》）的传承，需要从《事林广记》谈起。和刻本《事林广记》据元泰定二年（1325）刊本翻刻，从中可以窥见元泰定刊本的内容，可知《事林广记》乙集四卷在元泰定二年时便已存在。《事林广记》乙集四卷往往被视为一个整体，但这四卷的具体史源并不一致。乙集目录和卷一、卷二内容属于元泰定二年刊刻时新增补，增补卷一、卷二内容出自南宋出使金朝使节之手（这也是卷一、卷二的史源），与卷三《江北郡县》、卷四《江南郡县》并无关联。[③]有关《江北郡县》与《江南郡县》之间的关系及由来，卷三《江北郡县》之下《书指序略》作了说明：

开辟以来，尧帝奄有四海，五服止五千里。舜帝肇十有二州。禹王分天下，州不逾九。武王大会诸侯，南止羌髳微庐彭濮人，西北

① 李昌宪《金代行政区划史》在参考文献中列出《事林广记》一书，但书中未见引用。

② 清末著名的元史学者李文田便将《事林广记》乙集四卷内容包括乙集卷三《江北郡县》、乙集卷四《江南郡县》单独抄录成书，命名为《元舆地略》。温海清将《事林广记》乙集作为研究元朝腹里地区具体区划的现存史料，并指出“《事林广记》仅按‘江北郡县’‘江南郡县’两大类来区分各路，没有揭示出腹里的区划状况”（温海清：《画境中州：金元之际华北行政建置考》，第223页）。

③ 周立志：《二卷被忽视的宋金交聘图文研究》，《中国历史地理论丛》2012年第4期。

> 豳岐之外不能有。下至秦汉唐宋以来，其封域之广，未有如大元之盛也。至于四夷八蛮九溪十洞及沙海外国，罔不归附，甚盛矣。今将南北混一郡县刊作二卷，聊述大略。若欲观天下之大，则有六合混一图在，非此而止。

这段文字流露出元人对本朝封疆之广、大元之盛、天下之大的自豪之情，显然此时南宋已亡，江南、江北都已“混一”进入大元版图。元人出于一种将“天下之大”与众人观的使命感，“今将南北混一郡县刊作二卷”，于是有了《江北郡县》《江南郡县》各一卷，且知《江北郡县》《江南郡县》是捆绑在一起同时出现在《事林广记》版刻中的。而“今”字将《江北郡县》《江南郡县》二卷内容的刊刻及在《事林广记》的出现归于元人之手。但“今”是否指代泰定二年刊刻《事林广记》之时？笔者持否定态度。

有关元泰定二年版刻的情况，通过甲集目录后的牌记可以窥见：

> 此书因印匠漏失版面，已致有误君子。今再命工修补外，新增添六十余面，以广其传。收书君子幸垂鉴焉。泰定乙丑仲冬增补。

泰定二年版刻所作的工作，一是修补此前漏失版面，一是新增添六十余面，即“增”“补”。此前印匠所据版本自然是泰定二年版刻之底本，除新增六十余面外，泰定二年刊本基本保留了原底本之貌。胡道静根据甲集卷九“正统门”之大元圣朝“今上皇帝中统五年、至元万万年”这一明确系年的关键线索推断底本为前至元（1264—1294）刊本，[①]当为公论。从和刻本到元前至元刊本之间的转换变得更加通畅，故而“今将南北混一郡县刊作二卷”之“今”当为前至元年间（1264—1294）。《江北郡县》之下《书指序略》“大元”国号的存在，元世祖忽必烈于前至元八年（1271）改国号为“大元”，而《江南郡县》福建路福州下有“新建行省”，即福建行省，设立于前至元十五年（1278），又将这一时间压缩为

---

① 胡道静：《前言》，陈元靓《事林广记》，中华书局1963年影印元至顺间建安椿庄书院刻本，第11页上。

1278—1294年，即《江北郡县》《江南郡县》出现在《事林广记》版刻中的时间为1278—1294年。

陈元靓与《事林广记》的关系仍是不可回避的问题，这关系到《江北郡县》《江南郡县》撰者问题。近年有学者指认《事林广记》系《博闻录》同书异名，《事林广记》改名系元朝对《博闻录》的禁令，《事林广记》成名并非陈元靓所为，《事林广记》内容出于陈元靓之手无疑。[①]王珂找到了一个关键线索，即胡三省《资治通鉴音注》（成书于元前至元二十三年，1286）引用了两条明确为陈元靓的文字：

> 陈元靓曰："大元于锦州置临海节度，领永乐、安昌、兴城、神水四县，属大定府路。"
>
> 陈元靓曰："大元建州领建平、永霸二县，属大定府路。"

这两条引文与《江北郡县》之"大定府路"相符。王珂从顾炎武《日知录》中直接找到了此处引文中"大元"二字的由来，认为"大元"二字并非陈元靓旧文，而是胡三省或他人所增，凿实"陈元靓曰"两段引文出典当是宋代之作，由此推知《江北郡县》《江南郡县》这两卷内容在宋亡元兴之时，即已存在。胡三省撰写《资治通鉴音注》时参考引用的陈元靓著作应是《博闻录》而非《事林广记》。王珂极力促成陈元靓《博闻录》即《事林广记》，故而认定《华夷一统图》祖本绘于南宋时（并与《博闻录》成书时间吻合）。[②]顺着王珂的思路，则《江北郡县》《江南郡县》均出自陈元靓之手，且陈元靓《博闻录》中已收录。这一结论解答了《江北郡县》的作者和出处，实际上是有问题的。

所谓"陈元靓曰"仅是沿袭陈元靓作为《事林广记》（《博闻录》）一书编集者的称法，而非指代《事林广记》（《博闻录》）全部内容均出

---

① 〔日〕宫纪子：《关于对马宗家旧藏元刊本〈事林广记〉》，《东洋史研究》第67卷第1号，2008年；王珂：《〈事林广记〉源流考》，《古籍文献研究》第15辑，凤凰出版社2012年版，第342—352页。

② 王珂：《宋元日用类书〈事林广记〉研究》，博士学位论文，上海师范大学，2010年，第29、137页；王珂：《〈事林广记〉源流考》，《古籍文献研究》第15辑，第345—352页。

自陈元靓之个人创造，这是毋庸置疑的。从《江北郡县》与《江南郡县》的记载来看，《江北郡县》载有“上都路”这一蒙古建置，上都路建于中统四年（1263），考虑到宋蒙之间的对立局面，陈元靓本人记载“上都路”的可能性微乎其微；《江南郡县》夹杂有“行省”这一蒙元之制，如福建“新建行省”，时间为前至元十五年（1278），实际上1276年，南宋临安被元军攻陷，宋帝被俘，南宋已然亡国。而《江北郡县》之下《书指序略》站在大元子民的立场记录了大元疆域之广、南北混一之盛，陈元靓生平仍不可知，如作为南宋遗民（这仅是推测），断然不会撰写如《书指序略》这类文字，也难以想象陈元靓会编辑《江北郡县》《江南郡县》这种混一南北（抹灭南宋）的文献。

而王珂对关键线索胡三省《资治通鉴音注》引文“大元”的逻辑判断来看，也大有问题。《资治通鉴音注》涉及“大元”的内容，除前引“陈元靓曰”两处外，仍有五处：“大元以朔州置顺义节度，领鄯阳、窟谷二县，而以马邑县置固州。”①“大元以丰州置天德军节度，属大同府路。”②“大元辽阳府路有盖州、辽海军节度，领建安、汤地、熊岳、秀岩四县。”③“今大元大同府治大同县，领云中、白登二县；又有云内州，领柔服、蛮川二县。”④“大元顺州领怀柔、密云二县，属大同[都]府路。”⑤陈垣曾指出第一则引文“所据盖陈元靓《事林广记》乙集之文也”⑥。针对陈垣的这一见解，王珂则认为“胡氏不曾明言该注引自《事林》，且《事林》乃类书，或胡注所据与之同出一源亦未可知，故对其出处我们只能存疑”。经查证，这五则引文均源于《事林广记·江北郡县》，结合胡三省已引用“陈元靓曰”，很难想象胡三省征引同一文献

① 《资治通鉴》卷172，中华书局1956年版，第5360页。

② 《资治通鉴》卷187，第5848页。

③ 《资治通鉴》卷197，第6219页。此处标点本“盖州、辽海军节度”中间顿号当省。“汤地”当据《事林广记·江北郡县》《金史·地理志》改为“汤池”，疑“池”“地”相近而胡三省误抄。

④ 《资治通鉴》卷246，第7963页。

⑤ 《资治通鉴》卷268，第8765页。陈垣指出：“顺州元初沿金旧，属中都路，不属大同府路，此疑误。”陈垣《通鉴胡注表微》，科学出版社1958年版，第14页。故而此处标点本将“大同府路”改为“大都府路”，误。

⑥ 陈垣：《通鉴胡注表微》，第10页。

而依据不同出处。

问题的关键仍集中于胡三省对“大元”的处理。《江北郡县》路府州县清单并没有“大元”一词，所以“大元”出于胡三省的书写。顾炎武认为胡三省之所以用“大元”是由于“以宋无此地，不得已而书之也”①。陈垣指出“亭林此言，诚得身之微意”②，即赞成顾炎武的这一言论。然而，《江北郡县》内容指向的是金朝行政区划，而非大元。且胡三省在《资治通鉴音注》中全然没有回避金朝、金人的存在，如金人、金人疆域图等多次出现。胡三省完全可以摆脱个人身份的尴尬（宋遗民用“大元”国号）及书中“我宋”“我朝”与“大元”的矛盾，采用“金人”即可。胡三省之所以采用“大元”，显然是并未意识到《江北郡县》乃金朝行政区划，而受到所见《江北郡县》之误导。顾炎武极有可能没有见到《江北郡县》内容，所得见解建立在胡三省《资治通鉴音注》文本的“理解”之上（而未能产生质疑），从前文可知，陈垣已经见到《事林广记》乙集四卷，之所以认同顾炎武见解及胡三省“大元”的书写也是因为认同《江北郡县》系元代行政建置而致误。胡三省所征引的《江北郡县》已然经过元人的书写和改造，极易使人（如胡三省）产生这是元朝行政建置的认识，而这也与今存《江北郡县》让人（如陈垣）产生这是元朝行政建置的认识是一致的。且前引胡三省《资治通鉴音注》中“云内州”下辖“蛮川”县，《江北郡县》亦作“蛮川”，而“蛮川”实为“云川”之误（《金史·地理志》《元史·地理志》均作“云川”），错都一样，也印证胡三省所见《江北郡县》与今存《江北郡县》两者间的对应关系。由此，胡三省《资治通鉴音注》元前至元二十三年（1286）成书时，所见《江北郡县》无疑为元前至元年间刊本《事林广记》，结合前文已将时间限定于1278—1294年，故而《江北郡县》《江南郡县》出现在《事林广记》版刻中的时间限定为至元十五年（1278）到至元二十三年（1286）之间。

和刻本仍保存着“封面”，其中标示“事林广记”“洛阳书肆镌行”，元泰定二年刊本作为修补之作，封面自然应当维持元前至元刊本之

① （清）顾炎武撰，（清）黄汝成集释，栾保群、吕宗少校点：《日知录集释（全校本）》卷13，上海古籍出版社2006年版，第819页。

② 陈垣：《通鉴胡注表微》，第11页。

旧貌，故《事林广记》元前至元刊本系洛阳书肆刊行，仅从《江北郡县》《江南郡县》刊刻时间为线索，可知洛阳书肆于至元十五年（1278）到至元二十三年（1286）之间刊行了《事林广记》。洛阳在蒙元治下已和平四五十年，相较南宋混乱重建局面更易成为经济、文化、出版的繁盛之地。洛阳作为北方，也更容易理解缘何《江北郡县》在《江南郡县》的前一卷。由洛阳书肆刊行《江北郡县》《江南郡县》，而陈元靓作为宋人（不排除入元），显然与《江北郡县》《江南郡县》二卷内容没有关联。

《江北郡县》《江南郡县》的刊行是特定情境下的产物，迎合了元朝南北统一的现实需求，一方面原金人、原宋人被囊括在一起，他们需要了解自己故地以及相对陌生的原“敌国”之地的行政建置；另一方面两者虽分作江北郡县、江南郡县，实则糅合为一个整体，共同支撑了大元封疆之广与南北统一的事实。《事林广记》甲集仍有几处强调天下一统、混一，如甲集卷二“至于大元，天下混一，盛矣哉”“华夷一统图”，甲集卷八“大元一统南北，天下尽归附矣”。这类书写在元至顺间（1330—1333）建安椿庄书院刻本及之后刻本中减少，尤其是《事林广记》（元至顺刻本）前集卷三《地舆类·舆地纪原》与《江北郡县》下《书指序略》引文相对应，强调历史时期舆地情况，将元朝置于这一背景之下，缺少了对大元疆域之广的激情和宣扬的力度。更值得关注的是，在元至顺及之后的元代刻本中，《江北郡县》《江南郡县》所记录的北（金）、南（南宋）行政区划被“郡邑类”这一完全的元朝行政区划所取代，《华夷一统图》也被《大元一统图》所取代，《江北郡县》与《江南郡县》及乙集四卷内容这时所代表的陈旧知识已难以获得青睐，故而在此后中国《事林广记》版刻史上消失。

元泰定二年（1325）刊本据前至元刊本（1278—1286）已过去40多年，出版商仍采用前至元刊本为底本，仅增补了六十余面，知识相对陈旧，士人的兴趣和情感需求也有所转移，可以预见泰定二年的这次版刻发行并不成功。于是仅过了5—8年时间，建安椿庄书院拿出了一种新式的《事林广记》刻本，更多的本朝知识书写，如前集目录后牌记所云：

事林一书，资于博物洽闻之士尚矣。道散天下，事无不该，物无不贯，其纪载容有能尽之者乎？是编增新补旧，视它本特加详焉。收书君子幸鉴。椿庄书院谨咨。

从牌记的位置到内容明显能够看出建安椿庄书院版本对泰定二年刊本或前至元刊本的抄袭，但该版“增新补旧”“视它本特加详”这一点还是能够吸引时人的眼球，而郡邑类元朝区划、《大元一统图》等实用性的“新”内容自然也能引起时人的关注。

从前至元、泰定到至顺的时间推移，出版商对类书内容的调整，迎合并引导了这一趋势，即疆域、统一、故国等因素对公、私空间下的士人知识兴趣和情感需求的影响弱化，新国家和行政权力也伴随着新的国家权力分配与执行、制度的调整与完善、文化运动牵引、遗民的老去而获得时人的认同。

元泰定二年（1325）刊本《事林广记》在中国版刻地图上被自然的淘汰了，而域外文献又使它重获新生。日本作为他国，已然超脱了对金、宋抑或元、明行政区划的现实需求，故而日本元禄十二年（清康熙三十八年，1699）和刻本以泰定二年为底本时，这部《事林广记》因不同于中国现存的版本而又被时人视为具备“新”知识，自清末以来再次受到中国学人的重视，而和刻本无意间将《事林广记》乙集四卷内容再次公布出来，对研究金、宋行政区划与历史地理意义重大。和刻本为我们提供了了解《事林广记》版刻、乙集四卷尤其是《江北郡县》《江南郡县》传承的钥匙。

三 《事林广记·江北郡县》的史源

回到至元十五年（1278）到至元二十三年（1286）洛阳书肆刊刻《事林广记》之时，《江北郡县》《江南郡县》的史源仍应继续追寻。因《江北郡县》系金朝行政区划、《江南郡县》系南宋行政区划，尽管洛阳书肆对两者内容作了某些形式上的整齐划一，但仍能看出两者形式上的不同，两者史源自然也应分开找寻。因主题所限，本文此处主要对《江北郡县》的史源进行追寻。

从现存史料中，笔者并没有发现《江北郡县》史源的记载，只能从《江北郡县》的文本中找寻线索。为论述行文的方便，现将《江北郡县》书写形式举例罗列如下：

南京路旧镇改务八处，新添务三十一处。共十州。

开封府留守、统军司　　县名开封、通许、封丘、洧川、祥符、分用、中牟、尉氏、扶沟、鄢陵、太康、陈留、杞县　　十三镇

延州刺史　　县名延津、阳武、原武　　二镇

河北东路镇务二百二十八处。共八州。

河间府总府　　河间公　　县名河间、肃宁 三镇

通过对《江北郡县》与《金史·地理志》细致的比较研究，笔者惊奇地发现：《江北郡县》路下府州与《金史·地理志》路下府州的排列顺序大致相同，如河北东路、陕西西路、临洮路、庆原路（按：《江北郡县》作“熙河路”，涵括临洮、庆原二路）、鄜延路府州顺序相同。至于其他诸路府州顺序不同的情况，今先列出《江北郡县》情形，其下附《金史·地理志》排列顺序的不同之处。

中都路（14州）：大兴府、通州、蓟州、易州、涿州、顺州、平州、（栾）[滦]州、雄州、霸州、保州、遂州、安肃州、安州。《金史·地理志》中都路（14州），仅安州置于遂州前，余同。

南京路（10州）：开封府、延州、睢州、归德府、单州、寿州、陕州、邓州、唐州、裕州。中京路①（14州）：金昌府、嵩州、汝州、许州、钧州、（毫）[亳]州、陈州、蔡州、息州、郑州、颍州、宿州、虢州、泗州。《金史·地理志》南京路（22州），未单列延州，系开封府下辖延津县升州，虢州不载，余同。

西京路（21州）：大同府、云州、弘州、丰州、桓州、抚州、德兴府、镇州、宣德州、朔州、固州、武州、应州、忠州、浑源州、蔚州、安定州、云内州、东胜州、宁边州、净州。《金史·地理志》西京路（16州），未单列云州，系大同府下辖怀仁县升州，丰州置于弘州前，净州置于桓州前，未单列镇州，系德兴府下辖缙山县升州，昌州《江北郡县》此

---

① 有关中京路的辖区详见下文，因《金史·地理志》南京路囊括《江北郡县》南京路、中京路，故而合并对比。

处未载，未单列固州，系朔州下辖马邑县升州，忠州、浑源州未单列，系应州下辖山阴、浑源二县升州，未单列安定州，系蔚州下辖安定县升州，宁边州置于东胜州前。西京路是《江北郡县》与《金史·地理志》府州顺序对比差异最多的路，不过除去双方互不单列州，差异仍不算太多。

除去未单列州外，陕西东路诸州顺序相同，其余诸路大多仅有一、二州顺序不同，如山东西路仅曹州顺序不同，河东南路仅怀州顺序不同，河东北路仅成州、岢岚州二州顺序不同，河北西路（按：《江北郡县》误作山东东路）仅滑州因《江北郡县》失载而不同，其他诸路恕不一一罗列。

《江北郡县》与《金史·地理志》的相同之处，除路下府州顺序大致相同外，部族节度使八处、详稳九处、群牧十处的记载也大致相同。

《江北郡县》部族节度八处：迭剌部、唐古部、石叠部、助鲁部、计鲁部、孛恃本部、讹里部、（萠）［萌］古部。又有“吾昆神鲁部族节度使，军兵事属西北路招讨司”。《金史·地理志》部族节度使下首列“乌昆神鲁部族节度使，军兵事属西北路招讨司，明昌三年罢节度使，以招讨司兼领”。可知《江北郡县》未将“吾昆神鲁部族节度使”列入部族节度之列，当是明昌三年已罢节度使。另外，《金史·地理志》“石叠”作“石垒”“孛恃本”作“孛特本”“讹里部”作“乌古里部”（按《江北郡县》“讹里部族节度使”“乌古里群牧”，与《金史·地理志》“讹里都群牧”“乌古里部族节度使部”互换），且缺失“萌古部”（《金史》卷44《兵志》有“萌骨部族”，可知《金史·地理志》有脱漏）。

《江北郡县》群牧十处：耶鲁椀、蒲速斡、乌古里、斡、殴里本、讹都椀、乌展、牧满、驼驼部、讹鲁部。《金史·地理志》“讹都椀”作“斡独椀”“牧满”作“特满”“驼驼部”“讹鲁部”作“驼驼都”“讹鲁都”。

《江北郡县》详稳九处：咩红乣、朱典乣、骨典乣、唐古乣、耶剌都乣、移典乣、苏谟典乣、胡都乣、霞马乣。《金史·地理志》“朱典乣”作“木典乣”“苏谟典乣”作“苏木典乣”。

行文至此，《江北郡县》与《金史·地理志》存在众多相同之处，《江北郡县》与《金史·地理志》有些记载犯了同样的错误，如秦州下辖的“冶城县”，两者均作“治城县”，又如“祁州”，两者均作“祈州”，这种巧合只能从史源方面加以思考。今存《金史》成书于元末，《江北郡县》刊刻无疑早于《金史》，但《金史·地理志》的相关书写比《江北郡县》更为详细（可以排除《金史·地理志》据《江北郡县》成书而出现两者相同记载的情形），站在《江北郡县》形成的角度，《江北郡县》与《金史·地理志》当存在共同的史源。

围绕《金史》编修过程，考虑到《江北郡县》刊刻时间的限定，王鹗编修《金史》（此《金史》有《地里志》）值得我们高度重视。元世祖中统二年（1261）王鹗任翰林修撰兼国史院编修官。作为金朝遗民的王鹗对《金史》修撰十分重视，七月，他曾向朝廷请求修立《辽史》《金史》，并向元世祖请求任命右丞相史天泽监修国史，左丞相耶律铸监修《辽史》、平章政事王文统监修《金史》，仍采访遗事。这一请求得到元世祖的许可，但“监修阶衔，俟修史时定之”[①]。王鹗“又亲笔作《金史》大略付恽，如帝纪、列传、志书，卷秩皆有定体”。[②]王恽也在《玉堂嘉话》中展示了王鹗定夺的《金史》目录，其中“志书七”有“地里志（边境附）”。[③]从《玉堂嘉话》中统二年“书示仲谋”的内容来看：

王相修史事，宜急不宜缓。多半采访，切恐老人渐无。费用不可惜，……

元裕之、萧公弼奏用银二千定，今即编修书写请俸、饮食、纸劄费用。若作定撰，三五百定都了。

采访文字，令言者旌赏，隐者有罚。仲谋所宜着心。编修且要二员，直须选择魏太初、周斡臣。

谓如仲谋兼编修，徒单云甫受直学士兼同修，李仁卿学士兼同修。胡绍开年小也，宜唤去。

史事早成，其他不预史事者在于文庙，自当退去。此明年话也，仲谋宜知之。书写、典史、杂使，以后必须用。谓文字未集，且

① 《元史》卷4《世祖纪一》，中华书局1976年版，第71—72页；《元史》卷206《叛臣·王文统传》，第4595页。

② 王恽：《玉堂嘉话》卷1，第41页。

③ 王恽：《玉堂嘉话》卷8，第180—181页。

定编修二人。若踏逐书写二名，更佳。杂使亦不可阙，将来院官不要人使唤。①

“王相修史事”显然系平章政事王文统监修《金史》事。这也说明中统二年《金史》编修得到了朝廷的支持，绝非王鹗个人的行为。“书示仲谋”前一则便是王鹗定夺《金史》，结合王鹗曾对王恽强调：“太史张中顺，金一代天变皆有纪录。就此公未老，可亟与论定，亦是志书中一件难措手者。切念。”②又如引文中“切恐老人渐无”及尊卑关系可以推知“书示仲谋”系王鹗围绕《金史》修撰书示同官王恽。③从引文中“宜急不宜缓”“切恐老人渐无”“史事早成”，可以看出王鹗对修成《金史》的迫切心情。王鹗编订《金史》目录、卷帙、体例之外，“书示仲谋”引文还给我们提供了王鹗编修《金史》更多的信息，如已规划好修史步骤（采访老人、采访文字、文字集中与编辑、撰定）、所需经费、所需人员、办公场所、完成时间（从“史事早成”“此明年话也，仲谋宜知之”一段文字可知王鹗预定中统三年修成《金史》）。王鹗预计中统三年（1262）修成《金史》迎合了“宜急不宜缓”，这是以往学者所未获知的。

王鹗组织起一支编修《金史》队伍，充分利用国家权力、典藏和物质奖励，即便这样，王鹗等人为此也付出了辛劳，如“卫绍王被弑，记注无存。元初王鹗修《金史》，采当时诏令，及金令史窦祥所记二十余条，杨云翼日录四十条，陈老日录三十条，及女官所记资明夫人授玺事以补之”④。可知王鹗等搜寻涉卫绍王事件颇为用力。钱大昕给出了另一种说

① 王恽：《玉堂嘉话》卷8，第181—182页。引文有所删节。

② 王恽：《玉堂嘉话》卷1，第41页。

③ 王鹗与王恽用书信交流而非对话，表明二人分隔两地，故而“书示仲谋”非常关键。从书信中能够观察王鹗编修《金史》的规划和两人间的互动，王恽也成为中统二年编修《金史》的重要组织者，有时甚至独当一面。如此，我们便能理解缘何王鹗将《金史》目录、卷帙、体例交给王恽，也能理解王恽在《玉堂嘉话》（恰是王恽参与《金史》编修的时期）中存有不少《金史》编修的文字。

④ 赵翼：《廿二史札记校证》卷27《金史》，中华书局1984年版，第597页。

法："卫绍王一朝记注亡失，今见于纪者，元中统三年王鹗所采摭。"①钱大昕中统三年的结论是否可靠也无从获知。王鹗《金史》编修工作却未按照规划开展，中统三年（1262）二月，监修《金史》的王文统因李璮叛乱而被元世祖处死。《金史》编修工作肯定受到了冲击，如《金史》编修的重要人物王恽便受王文统牵连，在中统三年返回故乡卫州汲县（今河南卫辉市），赋闲在家。②

《元史·王鹗传》"至元元年，……宜置局纂就实录，附修辽、金二史"、《元史·商挺传》"至元元年，入拜参知政事。建议史事，附修辽、金二史"均指明至元元年（1264）附修《辽史》《金史》，商挺给出建议修史名单，王鹗、李冶、徐世隆、高鸣、胡祗遹、周砥等，结合中统二年"书示仲谋"中李仁卿（即李冶）学士、胡绍开（胡祗遹），且商挺中统二年也曾任参知政事，可知至元元年说法有误。

我们无法评定王鹗编修《金史》的具体进度，阿鲁图《进〈金史〉表》指出："张柔归金史于其先，王鹗辑金事于其后。是以纂修之命，见诸敷遗之谋，延祐申举而未遑，天历推行而弗竟。"③王鹗编修《金史》被认为是在《金实录》基础上辑录金事，并未完全成书。阿鲁图所进《金史》（即正史）大量参用一先一后之《金实录》与王鹗《金史》稿。行文至此，王鹗《金史》满足了脱脱《金史》史源的问题。

棘手的是洛阳书肆刊行《江北郡县》与王鹗《金史》之间是如何建立联系的？从时间线索上看，两者并不矛盾，《江北郡县》刊于至元十五年（1278）至二十三年（1286）间，王鹗《金史》稿中统三年（1262）便已定型，王恽极有可能携带着编修《金史》的成果返回卫州汲县，而洛阳书商完全有可能接触到王恽，并从他那里获取有关《地里志》的内容。或者，王鹗《金史》稿流出，洛阳书商得见并采用了其中《地里志》的内容。

从内容来说，一份完整的金朝行政区划包括路府州县镇信息对常人来

① 钱大昕：《十驾斋养新录》卷8，上海书店1983年版，第192页。

② 蔡春娟：《李璮、王文统事件前后的王恽》，《中国史研究》2007年第3期。

③ 《金史》附录《进金史表》，第2900页。

说是难以悉知的（需要花费超乎寻常的精力），今存《江北郡县》的内容除了《书指序略》及最后一路“上都路”（系洛阳书商自撰或参考其他史源）外，其余内容均应出于王鹗《金史》稿。只有这样，才能解释《江北郡县》与《金史·地理志》存在府州顺序大致相同这一问题。

从《江北郡县》诸路及“长城外直北诸部族”的时间断限来看，[①]因章宗明昌断限存在，金毓黻“金末郡县之制”并不准确，王颋《完颜金行政地理》认定《江北郡县》断限当为承安二年或稍晚也有问题。诸路时间断限不尽一致，甚至是杂乱的。中都路断限系明昌二年（1191）至六年（1195），南京路及中京路断限系兴定二年（1218）至兴定五年（1221）间，西京路内部断限便有矛盾，既有明昌三年（1192）与四年（1193）的矛盾，又有贞祐三年（1215）与四年（1216）的矛盾，河北西路断限系兴定三年（1219），山东西路断限系泰和八年（1208）至贞祐三年（1215）间，河东南路断限系元光二年（1223），河东北路断限系兴定四年（1220）后至元光元年（1222）前，河北东路断限系贞祐二年（1214）后，陕西西路断限系贞祐四年（1216）后至元光二年（1223）前，陕西东路断限系贞祐三年（1215），益都府路断限系贞祐四年（1216）四月后，辽阳府路断限系明昌六年（1195）到泰和元年（1201）七月，大定府路、临潢府路均系承安二年（1197），熙河路断限系贞祐四年（1216），上京路断限系大定二十九年（1189）至承安三年（1198）间，“长城外直北诸部族”时间断限系明昌三年（1192）至承安三年（1198）。从《江北郡县》诸路断限时间的迥异，西京路内部还存在断限上的矛盾，足以印证其史源的记载仍不成熟，即王鹗《金史》稿《地里志》中每路、府州、县资料汇集但仍未厘清。如南京路和中京路本是同一路，却因中京路单独提出，而导致两路辖区出现混乱，《江北郡县》的问题当承继自王鹗《地里志》，脱脱《金史·地理志》则回避了这一问题。从该角度，《江北郡县》成为我们观察王鹗《金史·地里志》某些内容的窗口。至此，《江北郡县》的史源问题也应该得以凿实，即源自王鹗《金史·地里志》。

---

① 有关《事林广记·江北郡县》时间断限的考察，笔者拟专文探讨，兹不展开。

四 论《事林广记·江北郡县》的价值

回到《事林广记》，在类书收录文献以实用简单的书写体系下，造就了《事林广记·江北郡县》今日之样貌。尽管《江北郡县》存在着一些不足，但它毕竟是与《金史·地理志》同源且面世较早、更为原始的金朝行政区划史料。从史源与传承的角度，王鹗《金史·地里志》到《江北郡县》、王鹗《金史·地里志》到《金史·地理志》的不同传承，《江北郡县》与《金史·地理志》对金朝中后期行政区划沿革的书写与关注，无疑渗透着王鹗《金史·地里志》的因素。《江北郡县》与《江南郡县》伴随着元朝前至元刊本、元泰定刊本《事林广记》的流传而影响了原金朝、原宋朝区域时人的地理认识，为元朝江南与江北人员互动与融合提供了便利条件。具体来说，《江北郡县》大致有七个方面的价值。

一是揭示了金朝行政区划的两种模式，一种是路府州县制，一种是部族制。尤其是金朝完整的部族制内容在这里得以保存，即“长城外直北诸部族”。在部族体制下，有招讨司三处，部族节度使八处，路分节度四处（曷苏馆路、胡里改路、蒲与路、速（须）［频］路），路分总管二处（曷懒路、婆速路），群牧十处，详稳九处。有了路分节度、路分总管的区分，则有关“路下有路”将不再成为问题。元人修《金史·地理志》将金朝部族制统辖模式完全生夹入路府州县制之下，衍生了“路下有路”这一本不该有的问题，且省去了“长城外直北诸部族”和蒙古部族节度使，即隐藏了蒙古部族节度使及蒙古部族在金章宗时期仍是受金朝统辖的事实，而将部族节度使、详稳九处、群牧十二处全部置于西京路后，极易给人产生西京路下辖的错觉，其实是错误的。有关金朝行政区划两种模式尤其是部族制模式应该引起金史及民族史学界的高度重视。

二是与《金史·地理志》对比，订正《金史·地理志》及标点本校勘之误。[①]如《金史·地理志上》广宁府“县三”（小注：旧有奉玄县，天

① 需要指出的是，《江北郡县》存在着版刻先天的不足，有着诸多错误，如“河北西路”误作“山东东路”，州县重复、缺州县，误字更是不胜枚举。故而《江北郡县》与《金史·地理志》比较研究，笔者拟专文讨论，此处仅略举几例，不再展开。

会八年改为钟秀县），据《江北郡县》可知广宁府四县，钟秀县应置于正文而非注文。《金史·地理志中》校勘记十三，“穰城，按穰县古今皆称穰，金代不宜独异。‘城’疑是衍文”。（第619页）按《江北郡县》亦作穰城，“城”非衍文。《金史·地理志中》校勘记四十九，经过多则史料引证“是金有沭阳绝无可疑”。（第624页）按：《江北郡县》有“沭阳”，可补《金史》之阙，省校勘长文。

三是提供了路制的新信息，即中京路、陕西东路、陕西西路三路辖区，《江北郡县》中京路下辖十四州，如前所述，此处中京路的辖区是有问题的，但并不妨碍中京路下辖州县的事实，而标点本《金史》几处将“中京路”与其下辖州断开标点，实有误。陕西东路，余蔚指出京兆府路“或亦可称‘陕西东路’，然此称呼并不多见”①。此处明确称为“陕西东路”，另元光二年《草堂寺印公开堂疏》“陕西东路京兆府谨请（下略）”，②可以断定陕西东路曾取代京兆府路成为路级称谓。而同理“陕西西路”当取代凤翔路成为新的路级称谓。

四是州格、支郡，《江北郡县》详细记录了府级和州格，并基本上遵循了节度—刺史体系下节镇与支郡统辖关系，为我们获取相关信息提供了便利。《江北郡县》的某些记载可以订正某些已有成果。③

五是倚郭县，《江北郡县》县名下置首之县为倚郭县，可以补充或者订正我们对于金朝倚郭县的认识，如《金史·地理志》未载，而《江北郡县》蔡州“确山”置首，系倚郭县。

六是镇、务、店、城、堡、寨。《江北郡县》提供了镇务店、镇改务、新添务、镇务城寨、镇寨堡务等县级之下基层行政建置内容，镇等记载与《金史·地理志》多有不同，显现了新的信息。

七是《江北郡县》作为一份与《金史·地理志》不同的金朝行政区划文献，为我们提供了观察金朝行政区划的另一种途径。《江北郡县》本身便介入问题，极具研究价值，如时间断限的拼凑及其背后的金蒙战争形

---

① 余蔚：《中国行政区划通史·辽金卷》，第552页。

② 王新英：《全金石刻文辑校》，吉林文史出版社2012年版，第551页。

③ 如温海清：《画境中州：金元之际华北行政建置考》表5-2《金元之际华北地区由县升州一览表》，第196—200页；李昌宪：《金代行政区划史》表4《金代节镇的支郡》，第94—97页。

势、疆域危机和权力干预下的金朝行政区划调整，考察金朝统治与非统治行政区域的动向以及对金元之际行政区划的影响，又如元人对《江北郡县》实用性的调整，等等。

北京地区金代墓志、墓碑和石象生浅析

丁利娜

贞元元年（1153），金海陵王完颜亮迁都到今天的北京，改称中都。金中都作为金朝的国都长达62年，占金朝历史的一半时间，同时也是金朝最为鼎盛的时期。北京地区金代考古发现、文物信息承载着金中都厚重的都城历史。墓志、墓碑和石象生作为墓葬的附属设置，是金中都社会丧葬习俗的一个重要方面，为研究金代历史提供了重要的文字和石刻信息。目前，北京地区发现的金代墓志共计28方，墓碑6通，墓前明确摆放有石象生的墓葬3处。墓志、墓碑和石象生的使用与墓主人的身份等级、社会阶层以及家族背景等密切相关，对之进行研究有益于进一步探讨金代中都地区的社会构成和等级结构，本文浅析如下。

一　墓　志

北京地区发现的28方金代墓志（包括1方赵珪墓碣），除了个别墓志由于墓葬被破坏征集来以外，其他均出自墓葬。出土墓志的墓葬有石椁墓和砖室墓两种类型，墓主人为女真贵族、汉族品官、个别契丹贵族以及佛教人士等。墓志有的有志盖，有的无盖，志石质地多为青石，仅有个别为汉白玉石。汉白玉石质的墓志多位于房山，除了与墓主身份有关外，也可能与当地盛产汉白玉石有一定关系。

1. 墓志的年代

28方墓志的年代以金世宗和金章宗时期最多，分别为10方和8方。其他有太宗天会年间1方、熙宗皇统年间4方、完颜亮贞元正隆年间1方、卫绍王时期1方，初刻于辽、金章宗时期重刻的墓志2方，还有1方仅存志盖，根据墓葬形制和随葬品推测是辽末金初所刻（见附表）。从数量上来看，墓志的使用与石椁墓的发展、鼎盛基本同步，世宗、章宗时期定型并达到极致[①]。从规格上来说，最大的一方墓志是卫绍王大安元年（1209）所刻乌古论元忠妻、鲁国大长公主的墓志，其次是泰和元年（1201）所刻的乌古论元忠墓志。这两方墓志的主人分别为金国公主和驸马，是权贵的皇室成员。

2. 墓志的等级

据分析，28方墓志的使用者以女真贵族和汉族品官为主，也有个别契丹贵族和佛教徒。墓志的大小与墓主身份和官品有密切联系。金代史料中并没有记载有关墓志使用规制的情况，从对28方墓志的统计来看，一品官员墓志志石尺寸一般在100厘米以上；二、三品官员墓志志石尺寸一般在81—100厘米之间；四、五品官员墓志志石尺寸一般在61—80厘米间；六品至九品官员墓志志石尺寸一般在60厘米以下。按照现在1米折合金代3.16尺来换算[②]，则一品官员的墓志尺寸在宋尺3尺以上，二、三品官的墓志在2.5—3尺之间，四、五品官的墓志在2—2.5尺之间，六品至九品官的墓志尺寸在2尺以下（见表1）。

表1

品阶	墓志尺寸	折合金尺
一品	100厘米以上	3尺以上
二、三品	81—100厘米	2.5—3尺
四、五品	61—80厘米	2—2.5尺
六品至九品	60厘米以下	2尺以下

以上可以视作金代墓志规制的大体状况，个别墓志的使用也存在越制或者降级的现象。比如从九品文散官将仕郎的赵励墓志尺寸为67厘米，从七品下阶孝义县丞的崔宪墓志尺寸为84厘米。金太祖第八子窝鲁欢，贵为衮国王，其墓志尺寸仅为51厘米；从二品光禄大夫的吕士安墓志尺寸仅63

① 丁利娜：《金中都的考古学研究》，博士学位论文，中国人民大学，2015年，第171页。

② 〔日〕白石典之：《蒙古帝国史的考古学研究》，日本同成社，2002年，第190页。

厘米；曾官至从四品太子左卫率府副率的张岐墓志尺寸为56厘米。仔细分析，这些不合常规的墓志有其背后的历史原因。

越制的2方墓志，其中一方的主人是赵励。赵励自身官职不高，生前仅仅被封从九品将仕郎，并且是在辽国垂亡之际授予的虚衔文散官，这对终身热心功名仕途的赵励来说无疑是莫大的悲哀。为了躲避辽国乱地，赵励携家南归宋朝后，通过“换官”被授予与辽官相当的将仕郎，讽刺的是，正是在赴汴任职途上，赵励患疾薨逝，时年为北宋宣和五年（1123），即辽天祚帝保大三年、金太宗天会元年。根据志文记载，赵励的家世比较显赫，其高祖赵九思在辽朝曾被任命国师、侍中，高祖之父在唐代曾任卢龙节度副使，曾祖赵知新官至“御史中丞”，等等，均为高官。赵励薨逝后，其子亳秀被北宋特授将仕郎，后又举家北迁归燕，并在金国又一次换官，授“深州军事判官”。金国废伪齐政权后，亳秀得以到汴京找回其父赵励尸骨迁往燕京。皇统三年（1143）正月赵励妻吴氏去世，作为“元孝”“孝悌之至”的儿子亳秀将父母合葬于中都城宛平县。确切地说，赵励生活的年代主要在辽代，属于陷辽汉人，其墓葬壁画中十二生肖图案的辽代风格，也正说明了这一点。赵励的政治生涯正值辽、宋、金朝代更迭的动荡时期，是兵荒马乱年代的牺牲品，“时运不济，命运多舛”，生前官场功名终没能如愿以偿。但是赵家前辈身赫显贵，盛极一时，赵励子亳秀在同样经历了宋、金换代期间的颠沛流离之后，更加体会得到父亲的终身疲累，所以20年后为赵励刊石刻名时，不顾一切，敢于将能够体现身份等级的墓志故意做大一些，借此凭吊一生不得志的父亲。并且赵励的墓志刊刻于金熙宗皇统三年（1143），此时的墓志制度尚没有发展到定型阶段，使用墓志的尺寸大小尚没有绝对的限制，这可能是赵励墓志较大的一个重要原因。

另一方越制墓志的主人是崔宪，进士出身，曾任县丞，选授承事郎。据《金史·百官志》记载，承事郎为文散官，正八品下阶。但是崔宪的父亲崔高“官终中宪大夫”，为正五品文散官，崔宪孙崔侗善于书法，崔氏一门可谓“世业儒学”的书香世家。崔宪卒于大定二十九年（1189），墓志篆刻于章宗泰和三年（1203）。其官阶仅为从七品，但其墓志尺寸却介乎当时二、三品官，可能从一个侧面说明金代墓志的使用在金章宗泰和年间达到极致后出现了一定的僭越现象。

此外，28方墓志中还有3例“自损规制”的现象。其中一方墓志的主人是窝鲁欢。窝鲁欢在《金史》有传，即太祖第八子完颜宗隽，本名讹鲁观，自讳窝鲁欢。窝鲁欢虽贵为衮国王，但在熙宗即位初年因上层统治集团内部的斗争，被诬陷谋反而处死。到了金世宗大定二十一年（1181），窝鲁欢被平反，其女奉旨从“上京迁灵骨还中都仰山，赐钱重葬”。仰山即仰山栖隐寺，是窝鲁欢女儿出家修行的地方。窝鲁欢既得平反，归葬之时，便是使用了当时上层贵族流行的石椁墓的葬制。但女儿为其刊石勒名之时，出于父亲特殊死因的考虑，并没有使用与其身份地位相当的墓志尺寸，而是自损规制，使用了品官以下的墓志等级。所以，窝鲁欢墓志较小是由政治原因造成的。

另外两方墓志的主人分别是从二品光禄大夫吕士安和曾官至从四品太子左卫率府副率的张岐。吕士安生卒年均在辽代，其墓志刊刻于辽道宗大康八年（1082）。金章宗泰和元年（1201）后世子孙将其迁葬祖茔地时，又在志盖上补刻了志文。吕士安在辽代为官，成绩斐然，其墓志的使用体现了辽代的等级规制，与身份官品相当。由此可见，相较金代而言，辽代的墓志规制是较小的。张岐主要政治生涯在辽代，曾官至从四品“太子左卫率府副率”。辽朝灭亡后，时运多舛，自觉有怀才不遇之屈，于是“拂袖归乡”。之后在兄长的鼓励下又重返官场，从河北新城管理税收的小职做起，后为顺州曲监，管理酿造和税收。金太宗天会四年（1126）去世，金熙宗皇统六年（1146）与妻合葬于祖茔。张岐在辽时官位较高，但是金朝重返职场后，官阶较低，其子安葬父亲时顺从本朝制度使用了较低的墓志规制。吕士安和张岐两方墓志的覆斗形志盖周围线刻人身兽首十二生肖及云纹图案，带有明显的辽代风格，是二人生活年代的最好注脚，所以这两方墓志的尺寸不合金代常规，尺寸偏小，侧面反映了辽代的墓志规制。

综上，不合金代墓志规制的5方墓志，主要是在金初和金末。这是因为世宗之前，墓志的使用规制尚没有定型，墓志使用尺寸沿袭了辽代以来的风俗制度，墓志尺寸相对较小。而金代末期，章宗泰和年间以后，墓志的使用出现了鼎盛之后的滥觞阶段，有的墓志出现僭越现象，这可能与当时的墓志制度有所松动有关。

3. 女性使用墓志

收集到的28方墓志中，有5方墓志主人为女性。其中身份最为显赫的是世宗长女鲁国大长公主，其次是漆水郡夫人耶律氏，再次为鲁谷东平县君韩氏、崔尚书小娘子史氏以及延庆张山营的吕夫人。这5位女性，身份等级不同，使用的墓志尺寸也不同。除了贵为世宗长女的鲁国大长公主的墓志尺寸超过了驸马元忠外，其他女性的墓志尺寸都与其夫、其子的身份等级息息相关。金朝外命妇封号中规定，“郡王母妻封郡王夫人，国公母妻封国公夫人，郡公母妻封郡公夫人，郡侯母妻封郡君，承安二年更为郡侯夫人。四品文散少中大夫、武散怀远大将军以上母妻封县君，承安二年为郡君。五品文散朝列大夫、武散宣武将军以上母妻封乡君。承安二年为县君”①。上述的漆水郡夫人、东平县君以及吕夫人的封号等都能直接反映出其夫的官位品阶。其夫官品越高，其妻名分越贵，墓志尺寸越大，与男性品官使用墓志的规制基本相同。漆水郡夫人耶律氏墓志尺寸为100厘米，是二品官以上的待遇；东平县君韩氏的墓志61.5厘米，是五品官以上的待遇。吕夫人墓志仅存志盖，不见志文，墓志边长为55厘米，符合六品至九品官的规制，据此我们可以推测吕夫人丈夫的官阶大致在五品以下。有学者研究认为，金代使用墓志的女性多具备持家有方、相夫教子、才智超群的特征②，从墓志志文看，以上5方墓志的女性均符合这些标准。

4. 佛教徒使用墓志

28方墓志中，有2方墓志的主人为佛教徒。其一是崔尚书小娘子史氏，生前温柔贤德、和睦妯娌，死后“顺其方俗，依荼毗法火化，其舌不灰，释氏命曰：青莲□□……”，可见墓主史氏自身是信佛的。志文还记载，史氏长女引璋，“学浮图法，度为比丘尼”，可能正是受到母亲崇佛影响的结果。另一是“大金谷积山院故长老悟玄大师”，谷积山院位于房山区坨里镇上万村，始建于唐、五代，后历代修建，金代时是中都附近一处重要的佛教圣地。从女性佛教徒史氏到悟玄大师使用墓志的情况看，金代的僧侣获道者不分男女都是可以使用墓志的，不同于辽代只有佛教高僧

① 《金史》卷55《百官志一》，中华书局2005年版，第1230页。

② 宋冬霞：《浅议宋代墓志中的多元女性类型》，《青海社会科学》2007年第6期。

及五品以上僧官才可以使用墓志的情况[①]。同时，墓志的使用也讲究等级之分，史氏的墓志尺寸只有61厘米，而悟玄大师的墓志为78厘米，也是与墓主身份相对应的。

5. 志盖上的十二生肖图案

28方墓志中有5方覆斗形志盖四周线刻有人身兽首十二生肖以及云纹或牡丹纹图案等，主人分别为李抟、吴前鉴、张岐、延庆张山营吕夫人和吕士安。根据志文记载，这5人多生活在辽代，卒于辽代或金代早期。从二品光禄大夫吕士安卒于辽兴宗重熙十二年（1043），志石正文刻于辽道宗大康八年（1082），志盖刊刻于金章宗泰和元年（1201）。中宪大夫同知昌武军节度使李抟，生于金太祖天辅五年（1121），卒于金世宗大定十八年（1178）。吴前鉴生于辽道宗大安三年（1087），卒于金熙宗皇统六年（1146）。张岐生于辽道宗清宁四年（1058），薨于金太宗天会四年（1126）。可见，吕士安实际就是辽代汉人，张岐死于金太宗时期，其大半生都在辽代度过。延庆张山营吕夫人卒于辽末金初，其主要生活年代也在辽代。吴前鉴生于辽代，卒于金代早期。只有李抟生于金初，卒于金代中期。5方墓志盖上人身兽首十二生肖图案的特点也基本沿袭了唐、辽以来的风格，均按照“子鼠、丑牛、寅虎、卯兔、辰龙、巳蛇、午马、未羊、申猴、酉鸡、戌狗、亥猪”顺时针排列，十二生肖的位置相对较固定。其中李抟、张岐、吕夫人以及吕士安墓志盖上方中央为子鼠形象，吴前鉴墓志盖下方中央为子鼠形象。只是这5方墓志上的十二生肖均为兽首人身形象，而未见唐、辽时期手捧生肖以及头顶生肖的形象类型。

二 墓 碑

北京地区发现的金代墓碑（包括墓表）共计6通，主人分别为世宗父睿宗皇帝完颜宗尧、金代鲁国大长公主及其驸马乌古论元忠、门头沟金长公主、杨瀛以及吕徵。其中身份最为显赫的自然是睿宗完颜宗尧，其墓碑汉白玉石质，螭首龟趺，碑额四龙吐须，尾托火焰珠，碑高2.1米，宽0.86米，厚0.25米。碑阳镌刻双勾体“睿宗文武简肃皇帝之陵”，扁字填

① 王新英：《金代墓志等级制度研究》，《兰州学刊》2012年第1期。

朱砂，镀金粉，为碑中精品[①]。鲁国大长公主的墓碑，青石质，碑身长方形，额去角，周边抹角，长1.74米，宽0.96米，厚0.21米，碑阳正中阴刻“世宗皇帝长女皇姊鲁国大长公主墓”两行大字。梯形碑座，碑座顶部四边抹角，底部饰浅浮雕卷曲云纹[②]。乌古论元忠的墓碑仅存一角，碑座保存完整，座底长1.23、宽0.47米，座顶长1.01、宽0.35米，座高0.49米[③]。门头沟发现的金长公主墓碑为汉白玉质，圭首，碑身刻有“大金故诰命长公主之墓”，具体身份不明[④]。杨瀛墓碑，汉白玉质，螭首圭额。碑高2.23米，宽0.86米，厚0.17米。碑首题“大金故奉议大夫签上京东京等路按察司事兼劝农安抚事上骑都尉弘农县开国子食邑五百户赐紫金鱼袋杨公神道碑铭并序”，此碑立于卫绍王大安三年（1211），记述了杨氏家族由辽入金、三代均为朝廷重臣的业绩以及杨瀛的生平事迹[⑤]。另有吕徵墓表一通，汉白玉石质，由底座、表身、顶盖三部分共四块组成，底座为凸字形方座，底边长85厘米，高24厘米。表身为一整块柱形方石，边长56厘米，高109厘米。墓表通高265厘米。表文楷书，四面刻字，每面八行，满行2字，首题篆书“吕君墓表”四字，下刻“朝散大夫行太常丞兼户部员外郎蔡珪篆”“承务郎行大兴府宛平县主簿任询撰并书”两行字[⑥]。

从保存完整、形制明确的3通墓碑可以一窥当时社会等级观念的贯彻。睿宗完颜宗尧墓碑为螭首龟趺，高2.1米，折合宋尺6.8尺；鲁国大长公主墓碑为抹角长方形，高1.74米，折合宋尺5.6尺；上骑都尉杨瀛墓碑螭首圭额，碑高2.23米，折合宋尺7.2尺。这与宋代“五品以上立碑，螭首龟

① 齐心：《近年来金中都考古的重大发现与研究》，《北京文物与考古》第四辑，1994年。

② 北京市文物工作队：《北京金墓发掘简报》，《北京文物与考古》第一辑，1983年。

③ 同上。

④ 国家文物局：《中国文物地图集——北京分册（下）》，科学出版社2008年版，第255页。

⑤ 杨亦武：《北京房山区石楼村金代墓碑考》，《北京文物与考古》第三辑，1992年；北京市文物局编：《北京辽金史迹图志》（下），北京燕山出版社2003年版，第41页。

⑥ 齐心：《近年来金中都考古的重大发现与研究》，《北京文物与考古》第四辑，1994年。

趺，趺上高不得过九尺，七品以上立碣，圭首方趺，趺上高四尺”[①]的规定是相符的。螭首龟趺是最高等级的碑制，只用在睿宗皇帝墓碑中，而鲁国大长公主用的是抹角方形碑额，“大金故诰命长公主”墓碑为圭首，杨瀛墓碑为螭首圭额。三位身份显赫的墓主碑高均未超过九尺的限定，可见金代使用墓碑的规制基本沿袭了宋人的制度。

另外，还有1通吕徵墓表，发现于中都城南城墙外的凉水河畔。吕氏家族是燕京豪族，金世宗时期，吕徵曾捐钱为其家族成员买爵。吕徵一生未曾入仕，但曾从军戍镇阳，刘予主政开封时，被请为上宾。原王（金太宗之子宗本）留宋京都，吕氏也在其门下，金代著名书法家任询、丞相蔡松年之子蔡珪肯为吕徵撰写碑文，可能正是与他这段戎马生涯有关[②]。吕徵逝于大定七年（1167），使用墓表而不是墓碑或墓志，或许与他生前未曾入仕、没有官阶相关。纵观北京地区发现的金代墓志和墓碑的主人身份，除了个别为僧侣阶层，一般“非官即贵”。而墓表则是融合了墓碑与墓志的特征，既凸显了吕徵的社会地位，也间接说明当时墓志和墓碑使用的严格性。

三　石象生

墓前明确摆放有石象生群的墓葬主要有3处。

其一，房山杨瀛墓前的石象生。墓前原有石人、石马、石羊、石虎和神道碑[③]。根据神道碑碑文记载，杨瀛父祖三代仕金，为金朝的重臣，为金国立下了汗马功劳。祖父杨丘行、父杨伯雄以及伯父杨伯元、杨伯杰、杨伯仁、杨伯渊等都曾在完颜亮时期任官，并得到重用。杨丘行薨逝之时，正值完颜亮从上京奉迁祖陵到中都金陵。为了表示对杨氏两代的特殊恩宠，完颜亮特别在皇陵之侧指定杨氏家族茔地，位于房山区石楼村，

① （宋）司马光：《书仪》卷七《丧仪三》，文渊阁四库全书影印本，台北商务印书馆1986年版。

② 赵福生：《金代墓表》，《书法丛刊》1992年第4期。

③ 杨亦武：《北京房山区石楼村金代墓碑考》，《北京文物与考古》第三辑，1992年。

在金陵陵域的东南，就堪舆而言，占据了金陵的余势[①]。杨瀛弱冠以荫补官，稍长迁修武校尉，章宗明昌二年（1191）登进士第，此后屡任要官，官至奉议大夫、上京、东京等路按察司事。泰和六年（1206）杨瀛去世，葬于石楼村先茔之次。杨瀛墓前石象生的设置与其身份以及功勋卓著的家族地位是分不开的。

其二，平谷巨构墓前的石象生。巨构墓前曾发现有石人、石马、石羊等石雕像，分列墓前两侧[②]。《平谷县志》记载，巨构墓“在县南八里，有碑”[③]。巨构在《金史》有传，字子成，蓟州平谷人。幼笃学，年二十登进士第。金世宗时期补尚书省令史，授振武军节度副使。后迁知登闻检院，兼都水少监。大定二十五年（1185）除南京副留守。世宗曾对宰臣夸赞巨构曰：“巨构外淳质而内明悟，第乏刚鲠耳。佐贰之任贵能与长官辨正，恐此人不能尔。若任以长官，必有可称。”金章宗即位后，巨构擢横海军节度使。承安五年（1200）致仕，卒。史书对巨构的评价极尽褒奖之言，“以廉慎守法在考功籍，始终无过云”[④]。巨构薨逝后墓前排列的石象生正说明了其生前的卓越功绩。

其三，房山长沟坟庄一座砖室墓前曾出土石翁仲2件、石兽1件[⑤]。长沟坟庄距离金陵较近，推测这座砖室墓的主人可能生前也是官阶较高的品官或者有着显赫的家族背景。

另外，我们在金中都城外东北角发现1件石翁仲和1件石虎[⑤]。这里临近都城，应该是地位显赫的上层贵族之葬地所在。

《宋史·凶礼》规定：诸臣丧葬“坟所有石羊虎、望柱各二，三品以

---

① 杨亦武：《北京房山区石楼村金代墓碑考》，《北京文物与考古》第三辑，1992年。

② 杨学林：《平谷东高村巨家坟金代墓葬发掘简报》，《北京文物与考古》第四辑，1994年。

③ 《平谷县志》卷1《地理志·古迹》，中华印刷局印，民国十五年本，第24页。

④ 《金史》卷97《巨构列传》，中华书局2005年版，第2150页。

⑤ 国家文物局主编：《中国文物地图集——北京分册（下）》，科学出版社2008年版，第292页。

⑥ 邢鹏：《对北京地区发现的石翁仲的考证》，《中国文物报》2007年7月4日。

上加石人二人”[①]。《金石例》卷一《石人羊虎柱制度》记载：“金制：诸葬仪，一品官石人四事，石虎、石羊、石柱各二事。二品三品减石人二事，四品五品又减石柱二事。”可见墓前安放石象生在宋金时期是有严格规定的。根据考古发现的迹象，杨瀛墓前的石象生可能有8件，享受的是二、三品官的待遇。巨构墓前石象生6件，享受的是四、五品官的待遇，这与两人生前的官阶相符，印证了史料的记载。

综合分析以上北京地区发现的金代墓志、墓碑和石象生的特征，可见当时社会等级观念在丧葬制度上的深入贯彻。墓志的使用与墓主人生前的官阶、地位紧密相关，墓志的规制有较为严格的限定。并且金代墓志的使用规制有一个逐渐形成并定型的过程，在金世宗、章宗时期较为严格，而在金代早期尚受到辽代墓志规制的一些影响，有的墓志尺寸较常规稍小。而到了金章宗泰和年间以后，墓志的使用出现了僭越现象，这大概与金末制度松动有关。墓志的使用者除了男性品官外，还有女性和佛教徒，都体现出一定的规制特征。墓碑和石象生的使用则更是高等级身份的象征，发现的几例使用者的葬地要么近皇陵、要么近都城、要么位于显赫家族的地望之处，他们生前或者祖辈在大金国曾创下赫赫业绩，受到中都统治者的重视。墓志、墓碑和石象生的使用反映了金代中都地区社会等级观念的历史背景。

附表　墓志统计表

墓主人	官阶	族属	尺寸（厘米）	石质、形制	年代
鲁国大长公主	金世宗长女，乌古论元忠之妻	女真	115 × 115	汉白玉质、盝顶形盖	大安元年（1209）
乌古论元忠	从一品上，开府仪同三司、驸马都尉、任国简定公	女真	111 × 111	汉白玉质、盝顶形盖	泰和元年（1201）
萧公妻耶律氏	二品，漆水郡夫人	契丹	100 × 97	有盖	皇统元年（1141）

① 《宋史》卷124《凶礼三》，中华书局1977年版，第2910页。

续表

墓主人	官阶	族属	尺寸（厘米）	石质、形制	年代
乌古论窝论	正二品，金紫光禄大夫	女真	93×93	青石质、盝顶形盖	大定二十四年（1184）
张汝猷	正三品，宣徽院右宣徽使	汉	91×91	盖青石质、志石汉白玉质	泰和七年（1207）
崔宪	从七品下，孝义县丞	汉	84×84	汉白玉石质、覆斗形盖	泰和三年（1203）
蒲察胡沙	从二品，光禄大夫	女真	83×72	青石质、长方形盖	泰和二年（1202）
萧资茂	从五品，达撒山行军谋克孛谨	契丹	80×79	青石质	大定二十五年（1185）
韩	从五品下阶，宣武将军、知威州军州事	汉	79×76		大定二十三年（1183）
李抟	正五品，中宪大夫、昌武军节度使	汉	78×78	青石质。覆斗形盖，四周线刻人身兽首十二生肖图案及牡丹图案花纹	大定十九年（1179）
悟玄大师	大金谷积山院故长老		78×76		皇统八年（1148）
吴前鉴	从四品中阶，定远大将军、利涉军节度副使	汉	75×75	覆斗形盖，四周线刻人身兽首十二生肖像及卷云纹	大定七年（1167）
石景山赵励	“天水赵公”，陷辽汉族士人。从九品将仕郎，文散官	汉	67×67	青石质	皇统三年（1143）
张□震（萧之）	从五品，宣武将军骑都尉	汉	65×63	花岗岩质、覆斗形盖，志石粗糙覆斗形	贞元至正隆间（1153—1160）

续表

墓主人	官阶	族属	尺寸（厘米）	石质、形制	年代
吕嗣延（M35）	正五品，太常少卿殿中侍御史	汉	64.5×64.5	青石质、盝顶形盖	正文刻于金世宗大定十七年（1177）；志盖刻于金章宗泰和元年（1201）
吕士宗（M56）	正五品，开国子，食邑五百户	汉	63×63	青石质、盝顶形盖	正文刻于辽兴宗重熙七年（1038）；志盖刻于金章宗泰和元年（1201）
吕士安	从二品，崇禄大夫（光禄大夫）	汉	63×63	青石质、盝顶形盖，周围线刻兽首人身十二生肖及莲花纹	正文刻于辽道宗大康八年（1082）；志盖刻于金章宗泰和元年（1201）
石景山鲁谷东平县君韩氏	其夫吕忠敏为四品文官散阶	汉	61.5×52	青石质	金章宗泰和元年（1201）
崔尚书小娘子史氏			61×61	沉积岩石质	天会七年（1129）
石宗璧	正五品，宣威将军，其妻为女真贵族纥石烈氏，封武威县君	汉	61×60	大理石质、覆斗形盖	大定十七年（1177）
张岐	从四品，太子左卫率府副率（辽），顺州商曲监（金）	汉	56×56	青石质、覆斗形盖，周围线刻人身兽首十二生肖及云纹	皇统六年（1146）
延庆张山营吕夫人		汉	55×55	覆斗形盖，四边刻有人身兽首的十二属相及云纹图案	辽末金初
赵珪	从八品，敦武校尉、滦州马城县商酒都监	汉	55×55	墓碣	明昌三年（1192）

续表

墓主人	官阶	族属	尺寸（厘米）	石质、形制	年代
完颜窝鲁欢	金太祖第八子，兖国王	女真	51×41	青石质	大定二十一年（1181）
班演		汉	49×39	青石质	明昌五年（1194）
平谷巨君	从七品下，忠显校尉	汉	47×34		泰和三年（1203）
吕恭	从八品上，修武校尉	汉	45×45	盝顶形盖	大定元年至七年（1161—1167）
仲良	从八品，保义校尉商酒院使	汉	42×41	青石质	大定二十五年（1185）

昌黎碣石山金元时期的题记

孙伯君

碣石山位于昌黎县城北4千米处，属燕山余脉，横跨昌黎、抚宁和卢龙，南北长近24千米，东西宽约20千米，海拔695米，距大海15千米。此山是古辽西郡沿海的最高峰，可以登高望远，还是海上交通的“山照”（即航标），被誉为“神娲难炼，鬼斧莫凿”的仙山，历代皇帝和文人墨客途经此处往往喜欢登碣石山而观沧海，从而留下了不朽的诗句。其中比较著名的是曹操伐乌桓，回师途中所赋《碣石篇》，曰：“东临碣石，以观沧海。水何澹澹，山岛竦峙。树木丛生，百草丰茂。秋风萧瑟，洪波涌起。日月之行，若出其中。星汉灿烂，若出其里。幸甚至哉，歌以咏志。”还有李世民亲征高丽时写下的《春日望海》：“披襟眺沧海，凭轼玩春芳。积流横地轴，疏派引天潢。仙气凝三岭，和风扇八荒。拂潮云布色，穿浪日舒光。……之罘思汉帝，碣石想秦皇。霓裳非本意，端拱且图王。”

辽金时期，碣石山是通往内地的重要孔道，辽在得到燕云十六州之后，于天赞二年（923）设立营州，并把定州（河北定州一带）俘虏的汉人三千户迁居于此，设广宁县。金朝于皇统二年（1142）废营州，于大定二十九年（1189）改广宁县为昌黎。碣石山周围有很多辽金遗存，山的对面有座辽塔——源影塔，为八面十三层实心密檐砖塔，高36米，据传修建于辽统和年间（一说建于金代）；碣石山主峰仙台顶南麓宝峰台上有水岩寺，始建于唐朝，寺内正殿有两方尊胜陀罗尼经幢，为辽保宁元年（969）所立；仙台顶龙潭洞悬崖下的一块岩石上，还有辽大康五年（1079）五月十九日所刻《营州邻海军记》，存200余字；碣石山馒首山东壁还凿刻很多石佛，据说刻于辽保大元年（1121）左右。另据《昌黎县志》记载，金天会十五年（1136）“有僧建台，四面立石栏，绝壁万仞，上凌霄汉，登之远望，长城如带，渤海如沼，县城弹丸耳”[①]。

一　金明昌元年刘仲洙题记

碣石山的顶峰仙台顶和“小碣石”天桥柱有两处金代题记，是当时在昌黎县文教局任职的董宝瑞和齐家璐陪同后来出任秦皇岛市政协副主席的沈树武和秦皇岛市文联王岳辰于1981年5月考察时发现的。1983年9月，董宝瑞和齐家璐陪同王岳辰和作家孙志升再次游览碣石山，并在发现金代题刻处合影留念。此后，董宝瑞在其相关论著中刊布了刘仲洙题记的清晰照片，详细记述了金代题记的位置和内容，并猜测其中几行为异族文字，当为用女真文书写的相同内容。

据董宝瑞等记述，刘仲洙碣石山所刻题记共有两处，一处在碣石山主峰仙台顶后顶一块约二米高、一米厚的“镇山石”上，内容漫漶，可辨出“刘仲洙明昌元年八月廿三日”字样。一处在小碣石“天桥柱”底部，字迹较为清晰，内容是“明昌改元八月廿四日，燕山刘仲洙来观，从吏黄掴军儿侍行”。当是金代刘仲洙任中都、西京等路提刑副使时于明昌元年（1190）登临碣石山记游所刻。

事实上，根据董宝瑞等所摄图片，仙台顶刘仲洙题刻可辨出内容作“从行……刑吏□□军儿，西……刘仲洙……。明昌元年……三日”；而“天桥柱”底部刘仲洙题刻由两部分构成，一部分是刘仲洙于明昌元年（1190）与其侍从黄掴军儿游览碣石山所题刻，另一部分则是70年后（元中统元年）松川孛注禄端仁的汉文题刻，全部内容是“明昌改元八月廿四日，燕山刘仲洙来观，从吏黄掴军儿侍行。后七十年到此山，松川孛注禄端仁”。其中“后七十年到此山，松川孛注禄端仁”，由于文义与上文不

① 本文有关碣石山的记载和碣石山题刻图片均引自董宝瑞著《碣石纵横谈》，中国文联出版社2012年版。2013年7月25日，受阿城郭长海先生委托，回我的家乡昌黎寻访女真文题刻，得到昌黎县文化局副局长高光谱、文保所所长靳文珍和董宝瑞先生的大力帮助，在此深表感谢。

甚连贯，故被误认作女真文。

关于刘仲洙明昌元年（1190）登碣石山的这段经历，于史无证，但刘仲洙（1133—1208）其人，《金史》有较为详细的记载。刘仲洙字师鲁，大兴宛平人（今北京市人）。大定三年（1163）登进士第，历龙门主簿、香河酒税使，再调深泽令。因治水护塞和捕盗有功，寻以廉能升河北西路转运司支度判官，入为刑部主事，六迁右司员外郎，俄转吏部。二十九年（1189），出为祁州刺史，以六善为教民化之。章宗即位，除中都、西京等路提刑副使。明昌二年（1191），授并王傅兼同知大同府事，寻改平阳，移德州防御使。后升为定海军节度使。泰和八年（1208）卒，年七十五。刘仲洙言语拙讷，但颇有才行，曾被世宗誉为“语言拙讷而才智通达、存心向正者”。以下是《金史》卷九十七“刘仲洙列传”的记载：

> 刘仲洙，字师鲁，大兴宛平人。大定三年，登进士第。历龙门主簿、香河酒税使，再调深泽令。县近滹沱河，时秋成，水忽暴溢，仲洙极力护塞，竟无害。有盗夜发，居民震惊，仲洙率县卒生执其一，余众遂溃，旦日掩捕皆获。寻以廉能进官一阶，升河北西路转运司支度判官，入为刑部主事，六迁右司员外郎，俄转吏部。世宗谓宰臣曰：“人有言语敏辩而庸常不正者，有语言拙讷而才智通达、存心向正者，如刘仲洙颇以才行见称，然而口语甚讷也。”右丞张汝霖曰：“人之若是者多矣，愿陛下深察之。”二十九年，出为祁州刺史，以六善为教，民化之。
>
> 章宗即位，除中都、西京等路提刑副使。先是，田珏等以党罪废锢者三十余家，仲洙知其冤，上书力辨，帝从之，乃复珏官爵而党禁遂解。明昌二年，授并王傅兼同知大同府事，寻改平阳，移德州防御使。转运郭邦杰、节度李晏皆举仲洙以自代。升为定海军节度使。岁饥，仲洙表请开仓，未报，先为赈贷，有司劾之，罪以赎论。时仲洙兄仲渊以罪责石州，仲洙上书请以莱易石，朝廷义而不许。久之，以年老乞致仕，累表方听。泰和八年卒，年七十五。
>
> 仲洙性刚直，果于从政，尤长于治民，所在皆有功迹，盖一时之能吏云。

由碣石山题刻可知，明昌元年（1190），刘仲洙时任中都、西京等路提刑副使，路过其治下昌黎碣石山，兴之所至，与其随从黄掴军儿于八月二十三日登上主峰仙台顶，住了一夜，第二天又登临小碣石天桥柱，并留下两处题刻（图1、图2）。70年后，松川人孛注禄端仁，也游历碣石山，看到刘仲洙题刻，遂在旁边刻下字迹以志纪念（图2）。

值得注意的是，题记中的“黄掴”和“孛注禄”同为女真白号之姓，[①]“孛注禄”《金史》又记作“孛朮鲁”“不朮鲁”，如《金史》卷十《本纪》第十有“孛朮鲁定方”，《金史》“本纪第五”有“不朮鲁阿海”，《元史》有“孛朮鲁翀”，光绪《畿辅通志》卷153略108金石十六记载“不朮鲁，曲阳令，世宗大定二十三年撰《观稼亭记》”[②]。

图1 碣石山主峰仙台顶“镇山石”刘仲洙题刻

图2 碣石山小碣石“天桥柱”底部刘仲洙和孛注禄端仁题刻

① 《金史》卷55《百官志一》，中华书局1975年点校本，第1230页。

② 《续修四库全书》编委会编：《续修四库全书》第635册，上海古籍出版社2013年版，第506页。

二　金大定十五年右北平牧高侯题记

此处题记位于碣石山仙台顶龙潭洞下方的山心洞（图3），刻于大定乙未岁，即金大定十五年（1175），内容如下：

大定乙未岁，右北平牧高侯、武车王公仝游衜者山，明日登圣居岩，已而穷幽揽胜，歌詠槃礴，殆不减夏晋名流。宾从请磨崖以记，顾谓下客王密书之。旹（时）卯月初吉也。

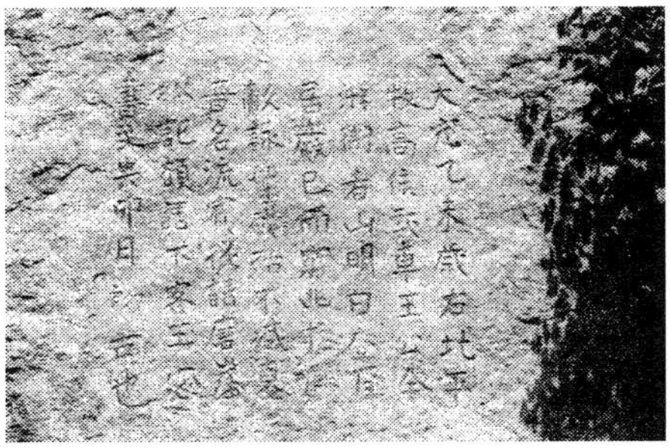

图3　碣石山仙台顶龙潭洞大定乙未岁右北平牧高侯等题刻

据题记所述，右北平牧高侯、武车王公曾于大定十五年（1175）卯月（二月）同游衜者山，第二天登上碣石山仙台顶龙潭洞圣居岩，其中提到的“衜者山”即“道者山”，在碣石山北面四千米凤凰山的西面，由于凤凰山和道者山两山相连，民间往往统称作凤凰山。

三　云峰寺八思巴—汉文合璧碑刻

据记载，道者山上还有一座云峰寺遗址，今已不复存在。康熙《昌黎县志》卷一“山川”之“道者山”条云：“上有古寺，元宋纲诗云：兹山介平营，时与太古存。碣石拱其侧，水岩何足论。东北医巫闾，罗列为弟昆。”据蔡美彪先生报道，1958年春，中国科学院哲学社会科学部参观团一行在潘梓年的率领下曾去河北昌黎县参观，途经道者山云峰寺址，蔡美彪先生发现了一块元代八思巴—汉文合璧圣旨碑（图4）。碑已残断，只存下段，碑阳为八思巴文，碑阴为汉文，碑阳八思巴文已被磨泐，改刻作汉字诗文。蔡美彪先生对残存的八思巴文加以摩录和翻译，并据碑阴汉字残文推测其所刻内容为保护寺庙免除差发赋税之圣旨，且据汉文残存有“大德”二字，判断立石时间当在元成宗大德年间（1297—1307）。[①]

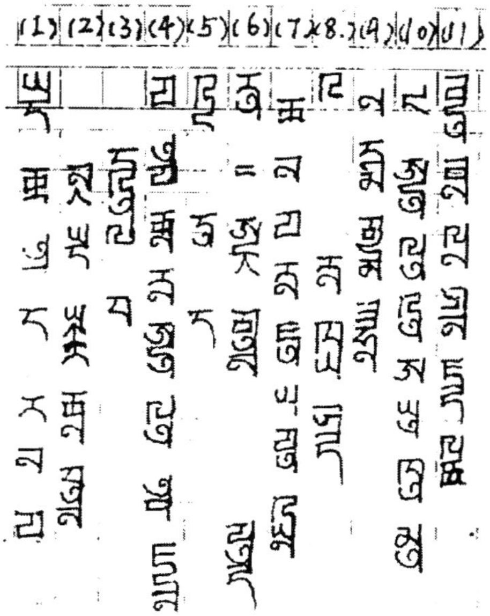

图4　云峰寺元代圣旨碑碑阳八思巴文（蔡美彪摩录）

① 蔡美彪：《八思巴字蒙文碑石译存》，《蒙古学信息》1996年第3期。

《翠微北征录》中的金史史料研究

李浩楠

在金史研究中，宋代文献的重要性是不言而喻的。在论著中引用相当数量宋代文献的金史学者比比皆是。但是，与此形成鲜明对照的是，金史学者对某一宋代文献中的金史史料以及其史料价值的探讨则相对不足，且目光多集中于南宋前期文献，如《三朝北盟会编》《松漠纪闻》《靖康稗史》等。对于南宋人华岳所著《翠微北征录》[①]中的金史史料研究，以笔者的孤陋寡闻，只有王曾瑜先生在《金朝军制》中有所征引，并据此探讨了金代的兵器制作。[②]金史学者对于《翠微北征录》的研究是比较薄弱的，故笔者不揣浅陋，对《翠微北征录》中的金史史料进行研讨，以求教于方家。

一　华岳其人与《翠微北征录》

华岳（？—1221），南宋人，《宋史》有传。[③]武学生出身，其为人做事，不附浮议，多才善能，忘遇好学。[④]华岳有志恢复，努力学习军事知识，据他自称："日诵兵家之书，日习兵家之事，日求兵家秘妙之术，日访兵家先达子孙、名将后嗣家传世袭之论。凡事之有系于兵者，无不遍

---

① （宋）华岳：《翠微北征录》，《宋集珍本丛刊》第78册，线装书局2004年版。

② 王曾瑜：《金朝军制》，河北大学出版社2004年版，第149页。

③ 《宋史》卷455《华岳传》，中华书局1977年版，第13375—13378页。

④ 兰书臣、吴子勇：《翠微北征录浅说》，解放军出版社1992年版，第3—7页。

考；地之有关于兵者，无不遍历。器用服食、行阵衣甲之制有资于兵者，无不旁搜远采，以尽其底蕴；山林遗逸、英雄豪杰之士有精于兵者，无不端拜师承，以益其寡陋。”[①]学习途径主要有：阅读兵书、实地考察、访问调研等。

华岳有十分强烈的爱国主义思想，在其诗作中有充分表现。[②]由于常年的考察调研，使他对南宋的军政腐败了解十分透彻，故在开禧元年（1205）南宋朝廷准备北伐时，上书表示反对，得罪韩侂胄，“送建宁府编管”。[③]在建宁期间，华岳完成了《翠微北征录》一书的创作。该书有元抄本，《贵池先哲遗书》本等。[④]《宋集珍本丛刊》据《贵池先哲遗书》本影印。

《翠微北征录》共12卷，由《平戎十策》《治安药石》两部分组成。所论多为具体问题，务实性强。王曾瑜先生认为该书“所论并非是纸上谈兵，而贴近当时的军事实践”。[⑤]兰书臣等先生认为，该书“注重实战，细致入微”。[⑥]对金史研究来说，此书利用值得注意者有：该书对相关地形、山水寨、军器等记载是基于华岳多年的调研成果，弥足珍贵；该书对“开禧北伐”时宋军与金军作战经验教训总结，由于作者时在建宁，并未亲履前线，更多是通过其他途径而得，在使用时需要其他宋、金史料相为佐证。

二 《翠微北征录》对金朝军事装备的记载

王曾瑜先生谓《翠微北征录》，“对兵器的介绍尤为详细”，[⑦]该书对金朝军事装备的记载也体现了这一特点。

---

① 《翠微北征录》卷1《平戎十策》，《宋集珍本丛刊》第78册，第261页。

② 王永环：《南宋爱国诗人华岳的诗风及其成因》，《安庆师范学院学报》（社会科学版）2009年第2期。

③ 《宋史》卷38《宁宗纪二》，第737页。

④ 马君骅：《南宋爱国志士华岳及其遗著——〈翠微南征录〉〈翠微北征录〉整理札记》，《古籍研究》1998年第1期。

⑤ 王曾瑜：《宋朝军制初探》（增订本），中华书局2011年版，第519页。

⑥ 《翠微北征录浅说》，第332页。

⑦ 王曾瑜：《宋朝军制初探》（增订本），第519页。

马甲：华岳指出宋军马甲披带重滞，而“贼军马甲，甲身只是平腹，下用虎斑布裙，遇箭皆被矫揉，所以披带轻捷，驰骤俏俊”。[①]指出金军马甲的特点：甲身下垂与马腹平行，马腹之下则无铁甲，直接用虎斑布裙。并根据实战特点，认为金军马甲重量轻，便于骑兵奔驰，其虎斑布裙可阻挡弓箭的威力，强于宋军马甲。

弩：华岳对比宋、金弩箭，“弩箭皆用竹竿，或遇无竹，亦可用柳。番贼皆用柳竿”。[②]即金军弩箭箭杆由柳木制作。弩机，金代遗址中多有出土。[③]然弩机、箭头因金属材质可见于考古挖掘，而弩箭箭杆则因木类材质很难长久保存。《翠微北征录》所记金军弩箭箭杆材质，可补史籍记载及考古之阙。

靴：华岳指出宋军军靴，“皆用牯牛皮制造。故皮性太硬，未著则不能穿足入脚；袜凹太深，既著则不能抬足起步。牵马下程则夹破脚砑，而久成疮痍；落马坠地则拄定膝胯，而不能起立。不惟肌肉不保，且反伤于磨擦。其视金贼所制之靴，万万不同”。[④]虽未直接描述金军军靴的材质、形状等，但无疑指出金军之靴没有宋军靴子的缺点，即：皮性软、袜凹浅、便于战斗、不易磨伤等。

军器制作：华岳介绍，“虏中军器，上皆有元监造官姓名、年月，遇有损害、有误使用，即将元监造官吏依法施行，断不轻恕”，强于宋方。[⑤]这条材料，王曾瑜先生有详细考证。[⑥]此不赘言。

作为一名具有实干思想的武学生，华岳当然注意到了金朝骑兵力量的强大，“前辈谓虏人骑兵非中国所能敌”。[⑦]但他显然没满足于此，而是注意寻找双方骑兵力量特别是战马的差距以及己方克制骑兵的不足之处。

---

① 《翠微北征录》卷7《马甲制》，《宋集珍本丛刊》第78册，第276页。

② 《翠微北征录》卷8《弩箭制》，《宋集珍本丛刊》第78册，第279页。

③ 张柏忠：《吐列毛杜古城调查试掘报告——兼论金代东北路界壕》，《文物》1982年第7期；庞志国、刘红宇等：《吉林省德惠县后城子金代古城发掘》，《考古》1993年第8期。

④ 《翠微北征录》卷8《靴制》，《宋集珍本丛刊》第78册，第279—280页。

⑤ 《翠微北征录》卷8《弓箭制》，《宋集珍本丛刊》第78册，第278页。

⑥ 王曾瑜：《金朝军制》，第149页。

⑦ 《翠微北征录》卷1《平戎十策 · 御骑》，《宋集珍本丛刊》第78册，第249页。

数量差距：华岳指出金朝畜牧繁盛，“吾国之数，十不足以及其四五”。[①]如以宕昌等地买马数与金朝比较，“吾国之马，十不足以及其二三”。[②]宕昌、横山等地买马数（即“秦马”）是华岳衡量宋、金战马比例的基础，嘉泰年间（1201—1204）岁额“秦司三场增为七千七百九十八匹”，如将川司买马计入，合计12994匹。[③]金世宗大定二十八年（1188），金朝群牧“马至四十七万”。[④]差距巨大，华岳低估了金军战马数量。但他指出金军即使在局部战场上仍有战马数量上的优势，“虏人一雕所指，动辄数万”，则是正确的。[⑤]

战马差距：华岳认为，“敌之马则雨雪连月，其去如跃；沙碛千里，其疾如飞，而非吾马之所能敌也”“敌之马则连牧数月而汲饮不拘，连饿数日而乘骑不乏，而非吾马之所能及也”。[⑥]即金军战马在速度、耐力等方面均强于宋方。王曾瑜先生认为，“此说可能有夸张之处，但也多少接近于事实”。[⑦]宋人赵汝鐩在开禧三年（1207），作《荆门行》，记载宋人所见金军骑兵：“老夫老岂识兵革，忽见远近皆狂胡。悬崖绝壁鱼贯进，飞马上下争驰驱。”[⑧]其速度快及奔驰于险要地形的特点，与华岳描述相去不远，其夸张程度并未过分。

克制骑兵装备的不足：华岳指出宋军很多“陷骑”兵器都属于花架子，在战场上并不适用，如“铁蒺藜之锥尖而且小，马足上覆，则深没入土，而不足以透其蹄甲之坚也”。其他如木蒺藜、连板茅针、鹅项茅针、

---

① 《翠微北征录》卷1《平戎十策·御骑》，《宋集珍本丛刊》第78册，第249页。

② 同上书，第249页。

③ （宋）李心传著，徐规点校：《建炎以来朝野杂记》甲集卷18《川秦买马》，中华书局2000年版，上册，第425页。

④ 《金史》卷44《兵志》，中华书局1975年版，第1005页。

⑤ 《翠微北征录》卷5《陷骑》，《宋集珍本丛刊》第78册，第270页。

⑥ 《翠微北征录》卷1《平戎十策·御骑》，《宋集珍本丛刊》第78册，第249页。

⑦ 王曾瑜：《宋朝军制初探》（增订本），第376页。

⑧ （宋）赵汝鐩：《野谷诗稿》卷2《荆门行》，《宋集珍本丛刊》第75册，第518页。《荆门行》下注：“开禧丁卯，被檄相视荆门关隘”，首句“去年曾问荆门途”，可知老人所见金军战马时间为开禧二年丙寅岁，同上，第517页。

铁皂角、铁菱角等，都有类似的问题。[①]亦可从细节得知金军骑兵、战马之强。

总的来看，华岳对金军兵器的观察、研究，其长处首先在于细节，无论是金军马甲的形制、弩箭箭杆的材质、金军军靴的优点等，都显示了华岳视角的独特、观察的细微等，因为如箭杆、军靴等，不入一般人的法眼；其次是一切以实战为旨归，行就是行，不行就是不行，对金军战马、马甲、军靴、军器制作的肯定正体现了这一精神。同时，这种肯定无疑突破了时人对金朝的偏见。

三　《翠微北征录》对开禧年间宋金战争的记载

华岳由于编管，并未亲自参加开禧年间的宋金战争，那么，他对这场战争有多少了解？对这场战争经验教训的总结可信吗？这些疑问都是我们必须回答的。

华岳对“开禧北伐”前期战斗有总结性文字：

> 且今日之事，中外之臣初皆以为进取矣。自郭倪不得涟、泗，李汝翼、田俊迈、郭倬不得符离，李爽不得二蔡，皇甫不得唐、邓，而后进取之说始不入于庙堂大臣之耳，次皆以为退守矣。自魏友谅不守神马坡，陈孝庆不守南巢，林管不守复沙，郭僎不守胥浦桥，夏兴祖、商荣不守喻口、淮口，而退守之说始不惬于庙堂大臣之心。[②]

一般来说，关于战争最基本的记载无非是参战将领与胜负关系。华岳之所以选择以上将领，是因其在开禧元年上书劝谏北伐时，指出宋军将领多不堪用，进行了指名道姓的批评，除林管外，上述将领皆在其列。[③]以证明自己的先见之明。华岳指出以上战役宋军皆战败或无法攻克。这场

---

① 《翠微北征录》卷1《平戎十策·陷骑》，《宋集珍本丛刊》第78册，第250页。

② 《翠微北征录》卷3《和议》，《宋集珍本丛刊》第78册，第263页。

③ （宋）华岳：《翠微南征录》卷1《上皇帝书》，《宋集珍本丛刊》第78册，第131页。

战争的参战地点、胜负关系，宋方有李心传《建炎以来朝野杂记》乙集卷一八《丙寅淮汉蜀口用兵事目》，金方有《金史》卷一二《章宗纪四》及相关列传，均为权威性史学著作，我们可以比较其中异同：

表1　《翠微北征录》所载战役与《建炎以来朝野杂记》《金史》比较表

将领	地点	建炎以来朝野杂记	金史
郭倪	涟水、泗州	无	无
李汝翼、田俊迈、郭倬	符离（即金宿州）	有	有
李爽	二蔡（下蔡即金寿州）	无	有
皇甫斌	唐州、邓州	有	有
魏友谅	神马坡	有	有*
陈孝庆	南巢（即巢县）	无	无
林管	复沙（即复州）	无	无
郭僎	胥浦桥	有	有**
夏兴祖、商荣	喻口、淮口	无	无

说明：*金将乌古孙兀屯击败宋军“遂取神马坡”，而不载宋将姓名，见《金史》卷121《乌古孙兀屯传》，第2645页。

**胥浦桥位于真州。金将仆散揆遇“宋真州兵数万保河桥”，后“斩首二万余级”，宋、金双方均载宋军于真州战败，而金方资料不载桥名与宋主将姓名，见《金史》卷93《仆散揆传》，第2070页。

《翠微北征录》共列举9场战役，可以得到宋、金双方权威史籍印证者有4场。其他：寿州之战，据开禧二年（金泰和六年，1206）五月九日李爽自申：无法攻克寿州，“遂收兵养锐，别图进取”。①与《翠微北征录》记载正合；林管，开禧二年“十二月庚戌，虏游骑至官陂，迫竟陵。辛亥，守臣林管亡”。②竟陵应为“景陵”，复州治所，亦可证林管不守复州。至于陈孝庆与商荣、夏兴祖，由于所守为县、镇级别的据点，不为

① （清）徐松辑：《宋会要辑稿》兵九之二十二，中华书局1957年版，第7册，第6916页。

② （宋）魏了翁：《重校鹤山先生大全文集》卷89《敷文阁直学士赠通议大夫吴公行状》，《宋集珍本丛刊》第77册，第559页。

权威史籍所重。然陈孝庆在开禧北伐初期攻克泗州、虹县。[①]后因凤凰山立功转"遥郡团练使"。[②]但开禧三年正月，宋廷"夺池州都统陈孝庆三官罢"，[③]有功则赏，有败则惩，陈孝庆夺官显系战败、失守，则《翠微北征录》所载其不守巢湖可能性是非常大的。唯有涟水、泗州所述有误，宋军初期即攻克泗州，开禧二年六月，丘崈言，"涟水、金城之兵八千，郭倪言皆是精兵"。[④]可知宋军曾攻克涟水。故华岳所列9场战役，6场可得到宋、金史籍验证，南巢之战可能性比较大，喻口、淮口之战无其他史料佐证，涟水、泗州之战记载有误。作为身在战场千里之外的华岳，其记载能达到以上程度实属不易。

《翠微北征录》对开禧时宋金战争的诸多细节、总结可得到其他宋、金史籍的印证，如：

宋将无能：华岳指出："前日胥浦桥、壮观亭之战，皆诸将之无定见也。故与贼众相望，则疑其有一百万、二百万"，以致奔溃。[⑤]华岳痛斥宋军主将缺乏勇气，甚至来不及做一做敌军如果真有百万之众后勤数字该有多少的算术。金方记载，泰和六年真州之战，纥石烈子仁，"分军涉浅，潜出敌后。敌见之大惊，不战而溃"。[⑥]可为佐证。然宋将将金军数字无限夸大，可见草木皆兵、风声鹤唳之丑态；"前日花靥镇、安丰军之战，皆诸将之有畏心也。故未与贼众相对，则曰寡不敌众，弱不敌强"，大败而归。[⑦]是役，程珌言：开禧二年十月，金军渡淮，"刘世显等熟卧不知，遽报寖急，仓皇授甲，晨未及食，饥而接战，一皷大溃"。[⑧]金方，仆散揆面对花靥之敌，潜渡八叠滩，"敌不虞我卒至，皆溃走"，遂

① 《建炎以来朝野杂记》乙集卷18《丙寅淮汉蜀口用兵事目》，下册，第827页。

② 《宋会要辑稿》兵二十之六，第8册，第7104页。

③ 《宋史》卷38《宁宗纪二》，第743页。

④ 《宋会要辑稿》兵九之二十五，第7册，第6918页。

⑤ 《翠微北征录》卷1《平戎十策》，《宋集珍本丛刊》第78册，第260页。

⑥ 《金史》卷93《仆散揆传》，第2070页。

⑦ 《翠微北征录》卷1《平戎十策》，《宋集珍本丛刊》第78册，第260页。

⑧ （宋）程珌：《程端明公洺水集》卷1《丙子轮对札子》，《宋集珍本丛刊》第71册，第18页。

下安丰军。[1]虽各有侧重，互有异同，然此役宋军未经恶战而为金军轻松击溃，则是不争的事实。

情报不明：华岳指出："衮河、邓城不知唐、邓之姓名，磨盘、羊寨不知海、泗之虚实。"[2]唐、邓方面，宋将皇甫斌主攻，在《宋会要辑稿》中，有他关于此战的两份原始上报，除战斗状况外，涉及金军情报者只有"唐州虏骑约五千人""不期番军续添生兵"等。[3]对比金方记载可知，金军唐、邓主将分别为乌古孙兀屯、完颜江山，此外尚有纳合军胜。[4]然三人姓名、官职均未出现在皇甫斌的奏报中，可知"不知唐、邓之姓名"所言不虚。海、泗方面，宋军攻克泗州，失利于海州之东海县。据亲历战场的岳珂记载，"取泗无攻具""泗本土堙，又无御者，幸而捷"。[5]东海之战，金方记载，泰和六年七月，"宋商荣复攻东海，县令完颜卞僧复败之"。[6]宋方记载，"东海之战，兵刃方接，回顾主帅，已卷旆而趋矣"。[7]可知华岳所述为宋军不知泗州城防及兵力为"虚"，动用了相当兵力，同时不知东海金军防御之"实"，故而大败；宋军情报准备之拙劣，还体现在敌我不分上，华岳言，"自田俊迈禽，而虏人出我颍河、安丰之兵，尽用吾军之旗帜，而吾军每败于辨认之不真"。[8]上引程珌札子，论及金军渡淮后，"至若烽亭，近在路隅，一闻边声，燧卒先

① 《金史》卷93《仆散揆传》，第2069页。

② 《翠微北征录》卷1《平戎十策》，《宋集珍本丛刊》第78册，第261页。

③ 《宋会要辑稿》兵九之二十三，第7册，第6917页。

④ 皇甫斌上奏所申战事为开禧二年五月二十二日——二十四日。金方资料，泰和六年五月辛卯（十一日），金朝"赐唐州刺史吾古孙兀屯、总押邓州军马事完颜江山爵各二级"，见《金史》卷12《章宗纪四》，第275页。五月甲辰（二十四日），"皇甫斌攻唐州，刺史吾古孙兀屯拒之，行省遣泌阳副巡检纳合军胜来援，遂击败之"，同上书，第276页。按，吾古孙兀屯又作乌古孙兀屯，《金史》有传，见《金史》卷121《乌古孙兀屯传》，第2645—2646页。

⑤ （宋）岳珂著，吴企明点校：《桯史》卷14《二将失律》，中华书局1981年版，第166页。

⑥ 《金史》卷12《章宗纪四》，第277页。

⑦ （宋）真德秀：《西山先生真文忠公文集》卷32《馆职策》，《宋集珍本丛刊》第76册，第295页。本文有"丙寅之战"云云，可知所述为开禧二年宋金东海之战，同上书，第296页。

⑧ 《翠微北征录》卷6《反泄》，《宋集珍本丛刊》第78册，第272页。

遁，所至烽烟不举，虏猝至前，率不能办”。[①]不论是金军用宋帜也好，还是宋军不举烽火也好，无疑说明大敌当前，宋将明知金军缴获宋军旗帜，明知金军可能渡淮，但是却压根没有考虑更换旗帜、敌我识别以及烽燧失灵后的预案等，其准备之粗疏，可见一斑。

气候不适：华岳指出：“夏风多南，冬风多北，不占风势，而淮北之师败于暴风霰雹之所震鼓者，屡矣。”[②]又云：“兵入宿州，天雨不止，正犯天多淫雨之戒；师宿蕲县，涣水暴兴，正应半渡可击之法。”[③]此论核心正是宋军不明淮北地理、气候，犯兵家之大忌。关于宿州、蕲县之战风雨气象，宋金史籍多有印证。宋方，《宋会要辑稿》载田俊迈、李汝翼、郭倬等攻宿之军，“以久雨、粮不继溃去者甚众”，又总结是役失利因素之一即是“又值连雨，器甲烂脱，弓矢皆尽，所至水潦横溢”等。[④]亲历开禧北伐的岳珂记载，李汝翼等军扎营于宿州南，“会夜暑雨大作，营乃故积水卑洼处，草以浸死，元非可顿兵也。平明，帐中水已数尺”[⑤]。魏了翁上奏，“至韩侂胄开边，始用殿帅郭倪、马师（按应为帅）李汝翼，发三衙禁旅与江淮之师，有事于宿、泗。十余年骄隋（按应为惰）之卒，乍罹暑潦，怨嗟载道”；[⑥]金方，泰和六年五月，“田俊迈陷蕲县”，金遣抹撚史扢搭援宿州，与郭倬、李汝翼相持，“会淫雨潦溢，敌露处劳倦。”[⑦]宿州之战，宋、金史籍皆印证了《翠微北征录》所载的连雨、暑雨天气，暴风、涣水暴涨无法找到对应记载，然既然为“连雨”，风雨交加和河水暴涨亦在情理之中。

综上所述，《翠微北征录》对开禧年间宋金战争的记载，无论是从整体上还是细节上，大多可得到宋、金史籍的印证，也就是说，华岳对此书

---

① 《程端明公洺水集》卷1《丙子轮对札子》，《宋集珍本丛刊》第71册，第18页。按，“办”应为“辨”之误。

② 《翠微北征录》卷6《就顺》，《宋集珍本丛刊》第78册，第274页。

③ 《翠微北征录》卷11《观衅》，《宋集珍本丛刊》第78册，第288页。

④ 《宋会要辑稿》兵九之二十一，第7册，第6916页。按，是役本书所载时间为开禧二年五月三日—五月二十三日。

⑤ 《桯史》卷14《二将失律》，第166页。

⑥ 《重校鹤山先生大全文集》卷19《被召除礼部尚书内引奏事第五札》，《宋集珍本丛刊》第76册，第774页。

⑦ 《金史》卷93《抹撚史扢搭传》，第2071页。

的编纂是认真的，他确实是努力地寻求破敌之道，总结经验教训。在这一前提之下，《翠微北征录》中关于此战的一些独有记载，就值得我们相当重视了。

华岳对于南宋淮南山水寨评价并不高，在《翠微北征录》留下了这样的记载：

> 验之于近，去冬今春之间，钟离、定远之民，不安之于高九郎、烽火、横涧、文贤之山，而濠梁之民皆罹于变迁之苦；安丰、寿春之民，不安之于燕九娘、龙神、二郎岗、芦塘之山，而芍陂之民皆沦于转徙之难，盱眙、高邮之民，不安之于毛工、胡鼻、莲花山，而淮东之民皆死于瓜州、杨林江船之不得渡；霍邱、正阳之民，不安之于铁脚、桐山、枫原、西安之山，而淮西之民皆病于英六、北峡关守把之不能出。当是之时，近畿一路，白骨如市，举目一观，横尸满野。父老幼稚为无辜之鬼者，不知其几千万人；牛羊粟谷为贼人之所有者，不知其几千万计。此其败亡之踵至，亦基于山寨、水寨之不守也。①

这是南宋史籍关于开禧间宋金战争宋方山水寨失守情况最全面、最系统的一份文献。由于山水寨的地方自卫武装集团性质，②故宋、金史籍对于山水寨的攻守记载显然不及府、州、县等，以此战为例，关于山水寨的失守仅零散地见于少量文献。③故此处记载史料价值极高，它揭露了：第一，开禧年间，南宋淮南山寨有高九郎山、烽火山等15寨失守，而按华岳统计，淮南山寨“自安六、信阳、舒城、东巢、庐江诸沿边而言，凡

---

① 《翠微北征录》卷1《平戎十策·守地》，《宋集珍本丛刊》第78册，第252页。“霍邱”应为“霍丘”。

② “山水寨本指自卫武力防卫的据点，在南宋有时兼指据守在山水寨的武装力量，甚或泛指被团结的民兵”，黄宽重：《两淮山水寨——地方自卫武力的发展》，见氏著《南宋地方武力——地方军与民间自卫武力的探讨》，国家图书馆出版社2009年版，第158页。

③ 开禧二年十二月，宋廷得到奏报：“近者濠州、安丰水寨丁壮老小数万奔溃”，《宋会要辑稿》兵二十之七，第8册，第7105页。

九十四处”。[①]失守山寨占山寨总数之比为15.9%，这个结果，可使山水寨防御效果较好的传统观点得到一定修正。[②]第二，山水寨特别是山寨的失守导致百姓死亡、流离以及众多物资落于金军之手。第三，华岳指出失守山寨的大致所在。

华岳亦指出了宋军在武器方面对应实战的不足，如马甲，“马面子旧制虽巧，近日符离、陈蔡之役，马多被伤中寿星、脑额而死”。[③]再如马鞍，“海糊之制，前后桥低贴马肉，其摘靳低压马脊。师出日久，马膘瘦减，受重则鞍颊打破马脊，脓血溃烂，不堪乘骑，以至死伤。前岁海泗、符离、唐邓之役，皆坐此患”。[④]将目光锁定在马面甲、马鞍等一般人认为的“不入流”兵器，显示了华岳独具慧眼之处。

四 《翠微北征录》对南北交流与国家认同的记载

华岳指出，宋朝取得军事胜利的前提是招揽人才，然“人才”使用的前提是为我所用，忠心于我，要保护己方军事秘密，不可泄之于敌。在这个前提下，华岳对一些“特殊”群体提出了自己的看法，指出他们有些可以搜集情报，但有些人与金朝境内人群关系密切，不可重用。华岳的本意是对人才鉴别，用其所长，保守军事秘密，然“无心插柳柳成荫”，不经意间透露了不少有关南北交流和国家认同的信息，值得我们认真对待。

华岳把沿淮之“凶恶”做了划分：

> 沿淮之凶恶，其别有四：一曰跳河，二曰两来，三曰兴贩禁物，四曰寇掠生事。所谓跳河者，间谍也。所谓两来者，奸细也。所

---

① 《翠微北征录》卷1《平戎十策·守地》，《宋集珍本丛刊》第78册，第253页。按，“安六”应为“六安”。

② 黄宽重、周燕来先生对开禧年间宋方山水寨的御敌作用给予较高评价，见《两淮山水寨——地方自卫武力的发展》，见氏著《南宋地方武力——地方军与民间自卫武力的探讨》，第163—164页；周燕来：《把浅——南宋两淮军事防御体系研究》，陕西人民出版社2012年版，第79—84页。

③ 《翠微北征录》卷7《马甲制》，《宋集珍本丛刊》第78册，第276页。

④ 《翠微北征录》卷8《鞍制》，《宋集珍本丛刊》第78册，第279页。

谓兴贩禁物者，铜钱、胶漆、军须也。所谓寇掠生事者，谓昏夜骚扰外界，偷盗牛马财宝也。以是四者，或妻孥于异境，或婚娅于绝域，或兄燕而弟秦，或男晋而女赵。此心所向，未尝一日不作过淮之念。今编配诸州刺而为敢死者有之，刺而为效用者有之，窜而归山林者亦有之。然则将帅之官胡为而不考究其自来邪？①

“两来”即奸细。“兴贩禁物”即从事走私贸易，有关宋金之间军需品、铜钱的走私贸易，全汉昇先生有详细的考证。②至于“跳河”与“寇掠生事”，有的宋代文献将之划为一类，如孝宗时，崔敦礼即言：“窃闻近日淮上挑河之人，多往北界盗马。”③华岳的眼光之高在于：他不仅指出了南宋沿淮一线存在“跳河”等特殊人群，还指出这些人群，有的兄弟姐妹分存于两朝境内，有的干脆在金朝境内结婚成家，这样的群体，即使忠心于本朝，也因亲情与金朝的亲人往来时，难免泄露军事秘密。我们可知，宋金南北对峙，不但难以断绝南北之间的经济交流，即使南北之间的人员流动、人员交往，甚至跨越边境的成亲，也是难以断绝的。

华岳指出某些专门从事走私贸易的群体可为我所用：

所谓夹山之张、合肥之魏、磨盘之王、正阳之边、涂山之石、花靥之解、安丰之倪、小王衡之张、芦塘之朱、桐木之周、九里关之胡、石门之王、桐柏之吴、界山之江，故家遗俗，世相传袭。其所谓子弟，非过淮盗马，则越汉运盐；其所谓牙爪，非私贩铜钱，则私通榷货。河南之地如其室家，商、虢之间即其堂奥。绍兴年间，如张、刘诸臣皆广行招致，以备缓急。④

---

① 《翠微北征录》卷1《平戎十策·利害》，《宋集珍本丛刊》第78册，第255页。

② 全汉昇：《宋金间的走私贸易》，《历史语言研究所集刊》第11册，中华书局1987年版，第434—436、439—440页。

③ （宋）崔敦礼：《宫教集》卷5《代陈丞相论淮岸挑河及彼界来归人札子》，《宋集珍本丛刊》第56册，第409页。按，“挑河”，《文渊阁四库全书》本作“跳河”。

④ 《翠微北征录》卷9《采探》，《宋集珍本丛刊》第78册，第281页。

华岳在这里总结了14个地方的14个专门从事宋金之间走私贸易的家族，学术界对宋金之间的走私贸易有详尽的研究。①但这些研究均未引用这段材料。华岳指出，这14个家族自宋金对峙以来，世代从事走私贸易及“跳河”等，从事人员多为这些家族的男性子弟及其依附人群，其对于金朝的河南（南京路）地区达到相当熟悉的程度。我们可知，宋金之间的走私贸易已经达到了实现专业化、家族化、集团化的程度。

华岳指出，归正人可分为三类，其中“因人鼓率”及“远来慕义”可为我所用，而“军前杀降”者则不可信任：

> 所谓军前杀降者，口欲食我之肉，身欲寝我之皮，势力未加，勉强从命。有司一时总名曰归正，而不知其此心所向，未尝一日不萌北归之念。今存行伍者有之，擢为将佐者有之，除以麾节者亦有之。②

学术界对汉族士人的金朝认同及“中国观”有充分的研究。③然其局限性也是显而易见的，就是受史料所限，多将目光集中于汉族士大夫这一群体。而不见其他群体的声音。华岳则将目光锁定在“军前杀降”这一群体上。完颜亮南征时，宋人记载俘虏金军之言：“离家日父兄告戒云：‘汝见南朝军马，切勿向前迎敌，但只投降。他日定放汝归，父兄再有相见之期。’”④这里哪有什么对金朝的认同，只有“保命要紧”与对“南朝”的期望。到了开禧（泰和）年间的宋金战争，一些南宋文献敏

① 全汉昇：《宋金间的走私贸易》，《历史语言研究所集刊》第11册，第425—447页；靳华：《试析宋往金界的走私》，《北方论丛》1993年第2期；王德朋：《论金与周边政权的商业贸易》，《中国社会科学院研究生院学报》2009年第1期。

② 《翠微北征录》卷1《平戎十策·利害》，《宋集珍本丛刊》第78册，第255页。

③ 如刘扬忠：《论金代文学中所表现的“中国”意识和华夏正统观念》，《吉林大学社会科学学报》2005年第5期；赵永春：《试论金人的“中国观”》，《中国边疆史地研究》2009年第4期；熊鸣琴：《金人“中国”观研究》，上海古籍出版社2014年版，第211—220页。

④ （宋）王明清：《挥麈录·第三录》卷3，上海书店出版社2009年版，第204—205页。

锐地指出，金军中的汉族士兵及百姓已不似绍兴、隆兴之时积极来归或消极抵抗，陈宓作《檄中原》诗，有“嗟尔中原旧豪杰，久效左衽心何为。譬如屈伏猛兽下，荷戈伺便当乘机。如何颜厚不媿耻，反助貙虎为熊罴”之句。[①]悲愤的背后，是对金朝汉族士兵为金朝效力而不反戈一击的不解，也点出了当时金军中的“中原豪杰”对南宋没有丝毫认同。曹彦约指出，“开禧冒昧用兵”时，“诸将素无纪律，纵杀戮以诧威武，肆剽掠以代赏犒。滥及降附，谬称巷战；诛及宝化，名曰搜山。两河之心，视官军有若寇盗”[②]。结合华岳关于“军前杀降”但欲北归的记载及部分金代文献。[③]我们可得出如下结论：金章宗泰和年间，金军中的汉族将士，对金朝的认同感相对其父、祖辈有了相当程度的增强。原本对南宋有着一定认同的淮北百姓，由于宋军的杀戮、剽掠政策，转而敌视南宋，增强对金朝的认同，这些百姓有的是迫于武力而投降，故其“但欲北归”亦在情理之中。

五 《翠微北征录》对金朝南部边防军事地理的记载

华岳指出宋朝军事情报工作准备严重不足，并提出要有针对性地对金朝境内实施面对面、点对点的侦察、探望，如下：

> 外沙、官庄、马逻三处，地高可以置铺，属喻口差官部辖，所以探东海、山东海道动静。
>
> 横沟、渡塘、磨盘三处，地高可以置铺，属楚州差官部辖，所以探涟水、淮阳、狗山动静。
>
> 小清口、柴阳、龟山三处，地高可以置铺，属淮阴差官部辖，所

① （宋）陈宓：《复斋先生龙图陈公文集》卷1《檄中原》，《宋集珍本丛刊》第73册，第376页。按，诗中有“数穷六十又且半”“王师六月降时雨”之句，当叙开禧二年（1206）宋金战争，时金朝立国90周年。

② （宋）曹彦约：《昌谷集》卷6《上庙堂书》，《文渊阁四库全书》本，台北商务印书馆1986年版，第1167册，第74页。

③ 金代文献有关“泰和南征”中金朝汉人积极从军、抗敌的记载，可参见《金史》卷121《魏全传》，第2640—2641页；卷124《毕资伦传》，第2706页。

以探撩林、利国、清河动静。

栅头、河口、明王山三处，地高可以置铺，属盱眙差官部辖，所以探泗州、灵璧、虹县动静。

淮陵、浮山、朱庄三处，地高可以置铺，属招信差官部辖，所以探五河口、故郡、凤凰山动静。（以上淮东）

黄溪、义馆、石阜三处，地高可以置铺，属濠梁差官部辖，所以探濠河、蕲县、鼓楼岗动静。

延陵、马蚌、沙涧三处，地高可以置铺，属涡口差官部辖，所以探宿州、清河、涡河水陆动静。

孝义、新城、厥涧三处，地高可以置铺，属合肥差官部辖，所以探颜庄、故镇河、下蔡动静。

茅涧、石涧、鲁村三处，地高可以置铺，属花靥镇差官部辖，所以探慈鸦、榷场、寿州动静。

紫金山、淝口、滭口三处，地高可以置铺，属安丰差官部辖，所以探颜湾、颍河西、正阳动静。（以上淮西）[①]

华岳认为，因为两淮一线地势平缓，海拔较低，所以需要在“地高”之处设置“铺”，随时探察对岸金朝动静。但是，华岳记载的对岸地名究竟有什么含义？以华岳实事求是的风格，这些地名一定有着军事上的含义，只是为了阅读朗朗上口，他选择了大概用3个宋地名对应3个金地名的排比写法。以上28个地名[②]可分以下数类：

第一，金朝重兵屯驻地。泗州、寿州，均在38个金朝“边境置兵之

① 《翠微北征录》卷9《聚探》，《宋集珍本丛刊》第78册，第282页。

② 华岳所列地名为29个，然金寿州，本治下蔡，实为一地，属重出。故地名实为28个。关于金寿州沿革，参见《金史》卷25《地理志中》，第591页。又有两清河，不知是否重出，抑或分指大小清河。

州”之列。驻兵少于3000人。[①]宿州，在宋朝攻克泗州、虹县、蕲县后，金朝曾派相当兵力驻守。[②]

第二，陆路交通线。泗州—虹县—灵璧县—宿州。按此路线向北可至南京（开封）。[③]

第三，水路交通线。两清河、五河口、潆河、涡河、故镇河、颍河西、颜湾。以上水道均为淮河支流，金军欲进犯淮南，必须使用船舰，其船舰便于从这些支流入淮，同时，这些河道部分承担着粮道的职能，嘉定七年（1214），真德秀上奏：“今淮东要害在清河之口，敌之粮道实出于兹”“淮西要害在涡、颍之口，敌之粮道，亦自此出。”[④]开禧时金军进犯淮南，为确保粮道安全，往往首取三口。[⑤]另正阳镇位于淠水与淮水交汇处对岸。[⑥]淮阳与淮阴相对。[⑦]涟水，位于黄河入海水道北岸。金军南

① 《金史》卷44《兵志》，第998页。泗州兵力，开禧时不详，据嘉定十年（1217）九月刘倬奏报：“今泗之东西两城，屯兵不满三千”，《宋会要辑稿》兵六之十，第7册，第6859页；寿州，“泰和六年，宋李爽围寿州，刺史徒单羲尽籍城中兵民及部曲厮役得三千余人”，兵力应少于3000人，《金史》卷121《魏全传》，第2640页。

② 泰和六年，仆散揆为阻宋军北上，“遣安国军节度副使纳兰邦烈与史扢搭以精骑三千戍宿州”，兵力应多于3000人，《金史》卷93《抹撚史扢搭传》，第2071页。

③ （宋）徐梦莘：《三朝北盟会编》卷244引张棣《金虏图经》，上海古籍出版社2008年版，下册，第1756页。按，此为张棣所记《地里驿程》。

④ 《西山先生真文忠公文集》卷3《直前奏事札子》，《宋集珍本丛刊》第75册，第680页。篇首有“甲戌七月二十五日”，可知时间为嘉定七年。

⑤ 泰和六年，仆散揆命金军潜渡八叠滩，后“进夺颍口，下安丰军”，《金史》卷93《仆散揆传》，第2069页。纥石烈鹤寿，“从大军出寿春，败宋人于涡口”，《金史》卷122《纥石烈鹤寿传》，第2668页；纥石烈执中，“率兵二万出清口”，《金史》卷132《纥石烈执中传》，第2834页。又，同年十月，“（仆散）揆以行省兵三万出颍、寿，河南路统军使纥石烈子仁以兵三万出涡口”“左监军纥石烈执中以山东兵二万出清口”，《金史》卷12《章宗纪四》，第278页。从其字面意思来看，其进兵似沿颍、涡、清河河道而下进夺颍口、涡口、清口而进入淮河。

⑥ 谭其骧主编：《中国历史地图集》第六册《宋、辽、金时期》，中华地图学社1975年版，图53—图54。

⑦ 金元光二年（1223），金军“报桃园、淮阳之捷”，《金史》卷16《宣宗纪下》，第368页。二者相距不远，桃园，《中国历史地图集》第六册《宋、辽、金时期》，图55—图56，将之标注于今江苏省泗阳县，故楚州对岸之淮阳应指此地，取山南水北为阳之意。

下、运粮，或沿这些支流而下，或借助水路运输，故对这些支流的侦察可起到事半功倍的作用。一些支流直至宋蒙（元）战争时，亦为蒙（元）军队沿用。①

第四，海路交通线。山东海道。东海县亦位于黄海沿岸。

第五，制高点。狗山、凤凰山②、鼓楼岗。

第六，其他地名，有蕲县（安徽蕲县），獠林、利国③、故郡、颜庄、慈鸦均不详所在。

第七，榷场，位于寿州。

以上可知金朝在南部沿淮一线的大致布防状况，即：州级别城市重点驻防，一些县级别城市并不在意，如战争初期，宋军曾攻占灵璧、虹县、涟水等。注意控制制高点及对陆路、水路、海路交通线的控制。有些地名难以考证。

总的来看，华岳对于宋金两朝的认识，大致处在“知己略知彼”的水平，但他以强烈的爱国精神、认真的调研考察，及对诸多细节的把握，使《翠微北征录》在金代军事装备、开禧北伐、南北交流及国家认同、南部边防军事地理等研究上，提供了相当分量价值的史料和独特的视角，值得为金史研究者重视。

---

① “臣窃见长淮诸隘，如安丰之上则颍河口，濠梁之上则涡河口，招泗之上则五河口、潼河口，淮安之上则大小清河口，皆是贼舟可以出淮之路。”（宋）李曾伯：《可斋杂稿》卷17《淮阃奉诏言边事奏》，《宋集珍本丛刊》第84册，第337页。

② 此凤凰山与招信县相对，应指灵璧县之凤凰山。《中国历史地图集》第六册《宋、辽、金时期》，图53—图54。开禧二年九月，宋廷赏耶律域功，因“昨于凤凰山掩截番军”，可知此山有金军驻防，《宋会要辑稿》兵二十之六，第8册，第7104页。

③ 徐州彭城县下有利国镇，见《金史》卷25《地理志中》，第615页。然其一不满足与淮阴相对，二则距离过远，当于对岸另寻其地。

20世纪美国学界女真研究概述

霍明琨　许桂红

美国的女真研究分期和中国时局变化是息息相关的。20世纪的中国国内女真研究的时期按时间顺序可以分为以下阶段：第一阶段，从20世纪初至20世纪40年代末，为女真研究的初创阶段。即在梁启超倡导"新史学"之后，女真研究尤其是金史的研究逐渐从传统史学向近代史学过渡。1931年"九·一八事变"之后，民族危机促使更多学者关注于东北边疆、民族、历史，女真研究逐渐兴盛起来。第二阶段，从1950年直至1966年，女真研究的发展阶段。此时期马克思主义与史学研究结合起来，扩展到如民族、文学、考古、医学等领域，有关女真的民族、历史、语言等方面的研究成果也逐渐增多，但还缺乏相关的学术专著。第三阶段，1966—1978年，女真研究的停滞时期。由于"文化大革命"的原因，史学各个领域的研究几乎停滞，论著少之又少。第四阶段，1978—2000年，女真研究的繁盛阶段。学者们把马克思主义史学和西方现代的史学方法与女真研究结合起来，出现了大量论著，呈现百花齐放的局面。

与中国学界女真研究的阶段相应，美国学界女真研究有以下阶段。

一　20世纪初至1949年（魏特夫计划时期）

早在19世纪70—80年代，美国的大学就开始设立有关东方和中国研究的机构。随着美国中国研究的发展，以中国为关注对象或涉及中国的研究机构越来越多，在太平洋战争之前，涉及中国研究的机构仅为90个，其中

39个是在1920—1940年这20年间建立的。[①]60年代之后，美国中国研究的机构发展更为迅速。

20世纪30年代，洛克菲勒基金资助推行了研究中国历史的计划，把中国正史中有关政治与社会经济的文字摘录集中，然后译成英文出版。40年代，美籍德裔学者魏特夫等人计划按照他所构筑的“征服王朝”理论编写中国社会史丛书，先编写《中国社会史·辽史》[②]和《中国社会史·金史》。[③]中国学者冯家昇在燕京大学学习期间，就已经开始了辽金史的研究，而且受到历史学家陈垣先生的启发，以及历史学家洪业、顾颉刚先生的指导。他的毕业论文题为：《辽史与金史新旧五代史互证举例》。1937年冯家昇受到美国华盛顿国会图书馆的邀请，赴美工作。后应魏特夫的邀请参加了研究中国历史的计划，并且魏特夫将冯家昇转到哥伦比亚大学翻译辽金史，后又回图书馆工作。1946年冯家昇与魏特夫合著的《中国社会史·辽史》于1949年在费城出版[④]，而且他们准备将编写的金史分为15个专题，分门别类地摘录《金史》等史料，译成英文，达80厚叠之多，为编写金史做了大量的准备工作。但冯家昇先生于1947年夏天返回中国，使翻译《金史》以及其他史籍的工作中断。魏特夫一时找不到协助他翻译《金史》资料和进行金史研究的学者，于1958年将其与冯家昇等人搜集和翻译的80厚叠金史资料移交给华盛顿大学的远东及俄国学院，有关修撰大部头《金史》的“魏特夫计划”停止。[⑤]然而早在20世纪30年代的时候，冯家昇在所著的《辽史源流考与辽史初校》[⑥]一书考察《辽史》形成过程时，就对金朝官府修史的基本情况作了梳理，为研究辽金修史制度奠定了

① 吴原元：《1949—1972：中美对峙时期的美国中国学》，博士学位论文，华东师范大学，2007年。

② 亦称《辽代社会史》。

③ 赵永春、赵燕：《20世纪40年代以来欧美学者金史研究概述》，《东北史地》2011年第1期。

④ K. A. Wittfogel and Feng Chia-sheng, *History of Chinese Society*, *Liao*, 907-1125, American Philosophical Society, Transactions. Distributed by the Macmillan Co., New York, 1949.

⑤ 赵永春、赵燕：《20世纪40年代以来欧美学者金史研究概述》，《东北史地》2011年第1期。

⑥ 该书由哈佛燕京学社1933年出版，成为旧史的样板。

基础。

《中国社会史·辽史》虽然写的是辽代，但也含有金的内容。该书分为两部分，第一部分为通论，由魏特夫执笔；第二部分为资料汇编，主要由冯家昇搜集并加注释。最后书以二人合写名义，于1949年用英文在费城出版。是一部名副其实的“巨著”，十六开本，共752页，附书目和索引。对辽金史研究而言，是重要的参考书。该书从历史上把中国社会分为典型的中国社会和征服王朝的社会两大类，运用美国人类学家提倡的涵化论（theory of acculturation）分析征服王朝的社会文化关系，然后又将辽作为征服王朝的典型，并且以此为基础，对其后的金、元、清诸朝进行了考察。

二　1950—1989年（傅海波计划时期）

20世纪50年代的美国笼罩在麦卡锡主义的阴影之下，研究中国的学术研究机构瘫痪，基金停止，一些学者遭到迫害，或到异国他乡，对中国的研究没有进展。麦卡锡主义结束后，50年代末，中国研究的学术氛围逐渐好转。大体在这个时期，美国出现一些断代的中国史学发展史研究著作，如元代史学研究、金代史学研究，这些研究成果早于中国大陆学者对这些朝代的研究。①而且还出现了区域性研究，在当时的中国国内还没有出现这些项目的研究。

中国国内的情况，“文化大革命”结束以后，1978年实行了改革开放。1979年年初中美建交，双方学术交流也正常起来，为美国中国学发展提供了有利条件。但是由于研究专业学派和政治等因素，美国中国学家内产生了较大的分歧。从70年代后，美国政府和基金会逐步将投资目标转向国内城市和少数民族问题上，对中国学的资金投入相应地普遍减少。80年代以来，中国发生了巨大的变化，给美国中国学家带来了迷茫与困惑，

① 朱政惠：《海外学者对中国史学的研究及其思考》，《史林》2006年第4期。

其学术研究逐渐落后于中国社会的发展。[①]在这样的背景下，“傅海波计划”产生了。

根据赵永春和赵燕在《20世纪40年代以来欧美学者金史研究概述》[②]一文的阐述，任教于美国华盛顿大学的傅海波教授对魏特夫的“征服王朝”理论很有兴趣，并以魏特夫留下的有所散佚的金史资料为基础，组织国际有关金史研究工作者，合力攻关，以完成魏特夫没有完成的金史研究计划。傅海波教授重新制订的编写金朝大部头断代史的学术研究计划，被称为“傅海波计划”。参加这项工作的还有陈学霖、卫德明、杨·方坦博及路·李盖提等人，傅海波为总编纂。这种协作攻关的做法极大地推动了金史研究的发展。“傅海波计划”因种种原因，没有按原计划撰写出大部头金史研究著作，而是把原来撰写大部头金史的研究计划转换成先发表论文的形式进行。而参与“傅海波计划”的相关学者论文发表主要集中在20世纪70—80年代。

在“傅海波计划”期间，傅海波出版了一系列有关金史研究的论著，这些论著在美国史学界产生了很大影响，但这些论著受“征服王朝论”的影响很大。

1971年，傅海波为了实现金史研究计划，邀请美籍华人陈学霖（Hok-lam Chan）负责撰写《中国社会史·金（1115—1234）》各章导论及附论的工作。陈学霖参加傅海波这一研究计划以后，专攻金史，相继发表了一系列有关金史研究的论文和著作。进入21世纪陈学霖仍有一些有关女真的论著发表。陈学霖是美国研究女真研究成就最为显著的学者之一。

参加“傅海波计划”的还有美国俄亥俄州克利夫兰市凯恩西部保留大学的莫·罗沙比（M.Rossabi）。罗沙比偏重于内陆亚洲史，在元史研究方面有很多著述，发表了《元明时代的女真人》[③]。1978年，他参与组织召开的“10—14 世纪东亚多国关系”学术讨论会，主编了会议的论文集《China among Equal——10至14世纪中国与其邻国》（1983），并撰写了

---

① 刘招成：《美国的四代中国学家及其研究》，《许昌学院学报》2003年第3期。

② 赵永春、赵燕：《20世纪40年代以来欧美学者金史研究概述》，《东北史地》2011年第1期。

③ 该书由赵清治译，2008年8月由重庆出版社出版。

"导论"。

另外没有参加"傅海波计划"的一些美国学者如陶晋生（详见下章）、刘子健、姚道中、包弼德、奚如谷等也发表了有关女真研究的论著。

这一时期从事有关女真及金史研究的学者及著述还有：詹姆斯·哈格特的《漫步于12世纪中国的道路上：范成大（1126—1193）旅行日录》[①]，刘子键的《女真与南宋的重估》[②]，塔马尔·梯也尔的《一项条约的缔结——宋金间的外交（1117—1123）》[③]，吉尔伯特·罗兹曼的《金代中国和幕府日本的城市网》[④]，M.C.罗杰斯的《金末有关王朝正统的争论》[⑤]、《高丽与金朝关系的调整（1116—1131）》[⑥]以及《朝鲜史研究之二：高丽的军事独裁及其与金朝的关系》[⑦]，姚道中的《中华帝国的认可：女真金朝（1115—1234）统治下的争论》[⑧]、《丘处机与成吉思汗》[⑨]，罗依国的《丘处机》[⑩]，鲁思·W.杜奈尔的《女真》[⑪]，

---

① 〔美〕詹姆斯·哈格特：《漫步于12世纪中国的道路上：范成大（1126—1193）旅行日录》，威斯巴登：弗兰茨·施泰纳出版社1989年版。

② 刘子键：《女真与南宋的重估》，《蒙古研究》［加］3卷期，1977年。

③ 〔美〕塔马尔·梯也尔：《一项条约的缔结——宋金间的外交（1117—1123）》，《慕尼黑东亚研究》7，1970年。

④ 〔美〕吉尔伯特·罗兹曼：《金代中国和幕府日本的城市网》，普林斯顿大学出版社1973年版。

⑤ 〔美〕M.C.罗杰斯：《金末有关王朝正统的争论》，《宋史研究通讯13》，1977年。

⑥ 〔美〕M.C.罗杰斯：《高丽与金朝关系的调整（1116—1131）》，《中亚杂志》6，1961年。

⑦ 〔美〕M.C.罗杰斯：《朝鲜史研究之二：高丽的军事独裁及其与金朝的关系》，通报47卷，1959年。

⑧ 〔美〕姚道中：《中华帝国的认可：女真金朝（1115—1234）统治下的争论》，《宋元研究通报》20号，1988年。

⑨ 〔美〕姚道中：《丘处机与成吉思汗》，《哈佛亚洲学报》46卷1号，1986年。

⑩ 〔美〕罗依国：《丘处机》，《远东史集刊》29，1984年。

⑪ 〔美〕鲁思·W.杜奈尔：《女真》，《亚洲历史百科全书》4册，1987年。

尼古拉·鲍培的《女真人与蒙古人》[①]，卜苏珊的《金统治下的儒士文化（1122—1234）》[②]，罗文的《完颜宗翰——作为汉学家的女真将军》[③]，朱塔·莱尔的《蒙古时代的医学四大家：金元时代的中医学进展》[④]，包弼德的《寻找共同的境遇——女真统治下的汉族文人》[⑤]，奚如谷的《金代文学研究》[⑥]，英格·乔的《凄凉境遇中的笑声：〈归潜志〉中的谐文趣事》[⑦]，史蒂芬的《元好问：学者型的诗人》[⑧]，魏世德的《元好问的文学批评》[⑨]，奥斯瓦尔德·希瑞的《宋辽金朝的中国雕塑》[⑩]，米歇尔·C.罗杰斯的《朝鲜史研究·高丽的军事独裁及其与金国的关系》[⑪]等论著，以及美籍日人清濑义三郎则府等人对女真文字进行研究，发表了《"华夷译语"中女真语言和手稿研究及译读问题》[⑫]等文章。

① 〔美〕尼古拉·鲍培：《女真人与蒙古人》，《蒙古研究·首届北美蒙古研究会论集》，华盛顿大学东亚研究中心，1979年。

② 〔美〕卜苏珊：《金统治下的儒士文化（1122—1234）》，《东方艺术》15卷，1969年。

③ 〔美〕罗文：《完颜宗翰——作为汉学家的女真将军》，《宋元研究》26号，1996年。

④ 〔美〕塔·莱尔：《蒙古时代的医学四大家：金元时代的中医学进展》，《慕尼黑东亚研究》1970年第7期。

⑤ 〔美〕包弼德：《寻找共同的境遇——女真统治下的汉族文人》，《哈佛亚洲学报》47卷2号，1987年。

⑥ 〔美〕奚如谷：《金代文学研究》，《密执安大学哲学博士论文集》，1972年。

⑦ 〔美〕英格·乔：《凄凉境遇中的笑声：〈归潜志〉中的谐文趣事》，《哈佛亚洲学报》50卷 1号，1990年。

⑧ 〔美〕史蒂芬：《元好问：学者型的诗人》，《亚利桑那大学硕士论文集》，1969年。

⑨ 〔美〕魏世德：《元好问的文学批评》，《牛津大学哲学博士论文集》2卷，1977年。

⑩ 〔美〕奥斯瓦尔德·希瑞：《宋辽金朝的中国雕塑》，《远东古代文物博物馆馆刊》14期，1942年。

⑪ 〔美〕米歇尔·C.罗杰斯：《朝鲜史研究·高丽的军事独裁及其与金国的关系》，《通报》47，1959年。

⑫ 〔日〕清濑义三郎则府：《"华夷译语"中女真语言和手稿研究及译读问题》，《印第安那大学哲学博士论文集》，1973年。

在此时期，美国学者为了推动中国史研究，于1970年创办了学术刊物《宋史研究通讯》（也称《宋辽金元研究通讯》），1978年又改称《宋元研究通报》（也称《宋辽金元研究通报》），用来专门刊登有关五代、宋、辽、金、元史研究的论文和学术动态等。这为美国学者研究女真提供了发展平台，促进美国女真研究的发展和进步。[①]

三 1990—2000年（黄金时代）

经过20世纪初至1949年（魏特夫计划时期）女真研究的初创阶段和1950—1989年（傅海波计划时期）时代的女真研究论著的积累，到20世纪90年代至世纪之交，美国学界的女真研究达到了黄金时代。在这一时期，有两项突出的成果即《剑桥中国辽西夏金元史》的问世和《女真统治下的中国：金代思想与文化史》的出版。

（一）《剑桥中国辽西夏金元史》

20世纪90年代之后，人们开始反思中国中心观“过度强调中国，忽视外力影响”的局限，体现在中国社会经济史研究中全球化视野的提倡[②]。其中以黄宗智的“规范认识危机论”为典型，在这样的背景下，《剑桥中国史》第六卷《剑桥中国辽西夏金元史》（907—1368）[③]于1994年问世了，这是有关女真研究的大部头论著。

1966年，美国历史学家费正清（John King Fairbank）[④]和英国历史学家崔瑞德担当总编辑，联合国际著名中国史专家（包括200多名在各自领域取得杰出成就的学者）[⑤]主持多卷本中国通史的研究和著述计划，主持

① 赵永春、赵燕：《20世纪40年代以来欧美学者金史研究概述》，《东北史地》2011年第1期。

② 王日根、肖丽红：《20世纪70年代以后的美国中国地方史研究》，《华中师范大学学报》（人文社会科学版），2010年第11期。

③ 本书是《剑桥中国史》的第六卷，英文原名是*Alien Regimes and Border States*，直译为《异族王朝和边疆国家》，于1994年由剑桥大学出版社出版。

④ 费正清（John King Fairbank，1907—1991年），美国著名汉学家、历史学家，哈佛大学终身教授，哈佛大学东亚研究中心的创始人。

⑤ 龚咏梅：《孔飞力中国学研究》，上海辞书出版社2008年版。

编写了《剑桥中国史》。《剑桥中国史》的出版工作由美国普林斯顿大学及其东亚系主持，他们提供人员设备并负责联络工作，资金来源主要是国家人文科学奖助会和美国蒋经国国际学术交流基金会的资助。[①]崔瑞德是第一卷至第十卷的主编和撰稿人之一，费正清是第十一卷到第十五卷的主编和撰稿人之一。[②]到1991年陆续出版了15卷，17本。各章的内容大多是原创资料。1994年傅海波教授与英国学者崔瑞德教授主编*Alien Regimes and Border States*一书，为《剑桥中国史》第六卷《剑桥中国辽西夏金元史》（907—1368），直译为《异族王朝和边疆国家》，于同年出版。

根据《剑桥中国辽西夏金元史》（907—1368）中译本前言的叙述，按照中国社会科学出版社翻译《剑桥中国史》的通例和本书涉及的内容，将第六卷中译本的书名译为《剑桥中国辽西夏金元史》。本卷是《剑桥中国史》中难度较大的一卷，因为它所叙述的辽、西夏、金、元四个王朝，都是中国历史上少数民族建立的王朝，在研究这些王朝的历史时，既要面临许多语言、文字问题，还要深入研究民族关系和国家关系的发展变化、多元文化的构成及其相互影响、社会风俗的变化等一系列问题。

根据《剑桥中国辽西夏金元史》（907—1368）中译本的前言所叙述，该书分为9章，辽、西夏、金朝的历史各设一章；其他6章专述元朝的历史，另有导言和书目介绍分置前后，全书原文共计864页。《剑桥中国辽西夏金元史》主要有以下特征：第一，本卷各章的作者反复强调和深入探讨的问题是多元文化的构成及其相互影响，这是10—14世纪中国历史的显著特征，揭示了契丹人、党项人、女真人和蒙古人的文化在各王朝历史中所起的作用，各种文化的走向，以及这些文化对中国社会乃至中国文化的影响。第二，作者对契丹、党项、女真和蒙古的来源和发展都有专门的叙述。在族源问题上学术界虽有不同的看法，但却能厘清主要线索，指出不同的学术观点。第三，注意人物特征和人物间的关系。对于重要人物，叙述其本人的出身和经历，注意他们的文化背景，还能认真分析促使其作出重大决策的各种因素。第四，本卷各章经常使用“精英”一词，用

① 龚咏梅：《孔飞力中国学研究》，上海辞书出版社2008年版。

② 刘正：《海外汉学研究——汉学在20世纪东西方各国研究和发展的历史》，武汉大学出版社2002年版。

来指帮助最高统治者建国或进行统治的群体。对精英的民族构成、文化背景、社会地位、政治倾向等的分析，在各章中都占有一定的比重。这样的叙述，不但使政治史的脉络清晰，而且容易解释各次政治斗争的前因后果。第五，本卷在辽、西夏、金三章对于这一时期的社会和经济问题加以讨论。

由于《剑桥中国辽西夏金元史》各章成稿的时间差距较大，只有少数作者吸收了20世纪90年代初的成果，大多数作者使用的是较早的研究成果。尽管《剑桥中国辽西夏金元史》存在一些不足，但总体反映了90年代以前西方学者研究水平的集大成之作，有助于国内学术界的研究工作。

（二）《女真统治下的中国：金代思想与文化史》

此外，在这一时期除了大部头的《剑桥中国辽西夏金元史》之外，1995年出版了《女真统治下的中国：金代思想与文化史》[①]一书。该书是以1983年美国亚利桑那州立大学召开“女真文化研讨会”为基础，会后1995年结集出版了《女真统治下的中国：金代思想与文化史》一书，此书在当时是一本能充分证明金代女真文化在北方文化模式中重要地位以及其本身意义的著作。在书中第一次系统阐明了以往常被忽略的金代、女真文化对传统文学、艺术、儒家思想、佛教与道教等领域发展的种种贡献，但该书在中国目前没有中文译本。

《女真统治下的中国：金代思想与文化史》一书于1995年由美国纽约大学出版社出版。亚利桑那州立大学教授田浩（Hoyt Cleveland Tillman）与加州大学教授奚如谷（Steven H. West）任主编。全书共分3部分，前有前言和简介，共含10篇论文。内容涉及政治与制度、宗教与思想和文学与艺术等。

第一部分即“政治与制度”部分，包括3篇文章。主编田浩的《金国历史与制度概况》[②]指出女真从部族制向国家制转变过程中，先是从辽朝

---

① Tillman, Hoyt Cleveland and West, Stephen H., eds. *China Under Jurchen Rule: Essays on Chin Intellectual and Cultural History*, Albany: State University of New York Press, 1995.

② 英文名*An Overview of Chin History and Institutions*，具体内容可以参阅附录1译文。

承袭了唐制，然后从北宋接受了宋制，但同时又保留了一些旧制。因此金制是一种多元制。本篇论文还包括了官制、军制、教育、科举、法律和宗教等方面，内容全面，而且也参考了当时的新成果，被柳立言①认为是了解金代的最佳入门工具。第二篇为刘子键（James T.C. Liu）的《女真与宋的对峙：一些被忽略的观点》②主要讨论了金宋竞争过程中被忽略的问题。例如文章提到了金人是第一个跨过长江的游牧民族，他们不能统一南方是因为人力不足、缺乏后勤的支持，而且看不到增加领土的好处。而且也注意到刘豫政权对稳定北方所带来的好处，利于金人顺利接管政权。文章还提到了北宋的灭亡是新儒学兴起的原因。指出金人始终不能统一南方的主要原因是不能善任汉人，尤其是投诚汉人这样的问题。不管这些问题和观点正确与否，都是值得我们思考的。第三篇是陶晋生（Tao Jing-shen）的《金代官学》③，陶晋生在本文中认为：金代庙学即是官学，他对庙学进行了探源和考证，并按统治者先后顺序以表格形式对金代这种官学形式进行了具体分析。文中还阐释、考证了金代官学的办学地点、生员数量、课程设置、学生管理以及学校经费等情况。指出“金代广泛的教育制度的贡献在于加强了汉文学和汉文化的价值”。根据当时许多汉人判断，金的文化成就最后达到了中国传统史上盛世王朝的水平。

第二部分为“宗教与思想”部分，包括3篇文章，首先为田浩的《金代儒家思想与宋代道学的影响》④修正了对金代儒学传统看法。田浩指出在1190年后，道学就由南宋传到北方，然后得以传播，而且一些金代名儒逐渐认识到道学有别于其他儒学。除此之外，田浩还树立了界定道学的准则。第二篇包弼德（Peter K. Bol）的《赵秉文》⑤，在文章中，不同于一般观点的是包弼德质疑赵秉文是否称得上是道学家，对赵秉文的文章和

---

① 就任于台湾“中央研究院”历史研究所。

② 英文名*The Jurchen-Sung Confrontation:Some Overlooked Points*，该文详细内容见附录2。

③ 英文名*Public Schools in the Chin Dynasty*。

④ 英文名*Confucianism under the Chin and the Impact of Sung Confucian Tao-hsueh*。

⑤ 英文名*Chao Ping-wen*（1159-1232）：*Foundations for Literati Learning*。

思想加以分析。姚道中（Yao Tao-chung）的《金代佛教与道教》[①]是第三篇，文中认为金代佛教与道教比儒教更为流行，金对宗教团体加以控制，而且是两者公平竞争。文章还指出了两教对文化的贡献很大，如现存三分之二的金代词都是全真道士所作。该文被认为是理解金代佛教和道家的重要工具。

第三部分“文学与艺术”中包括4篇文章，首先是布什（Susan Bush）的《五幅以动物为对象或主题的画——金国文化的关系》[②]。该文分析了五幅画，从艺术历史学家的角度分析了12世纪末金代文化的状态，进一步证明这一时期的金文化非常昌盛，而且分析了金的“专业画家”的社会地位。同时，也研究了元前期的书画，指出元前期书画是从金代画家处或者是金人保存的宋代画家的画处学来的，证明了金代画家对艺术的传承和发展的作用。第二篇为金启孮的《金代文学》[③]，主要研究了女真本土文学是口语发展为文字的过程。由于汉化的原因，使本土文学逐渐淡化，只是保留在底层社会中，世宗推行本土运动才得以复苏。第三篇是伊维德（Wilt Idema）的《诸宫调的讽刺与寓言》[④]，该文通过对几个金的“诸宫调”研究，提出了一些金人的生活价值观：① 在繁荣的科举制度下，对大量应试的儒生觉得既可怜又可笑的看法。② 虽然金的主要价值观也主要来自于儒家思想，但是对于男女关系却不像宋国那么严格，是非常自由和开放的。③ 金出现了前所未有的对“乡下人”的藐视和偏见[⑤]。文章还指出了诸宫调这样的说唱方式的娱乐，主要听众是士大夫在内的上层社会人士。这些反映出当时文坛的心态和价值观；最后一篇是奚如谷在《沧海与东注的大河——元好问的丧乱诗（1233—1235年）》[⑥]一

① 英文名*Buddhism and Taoism under the Chin*。

② 英文名*Five Paintings of Animal Subjects or Narrative Themes and Their Relevance to Chin Culture*。

③ 有中文译稿。

④ 英文名*Satire and Allegory in all Keys and Modes*。

⑤ 霍明琨、武志明：《20世纪欧美学界的女真研究——以〈女真统治下的中国：金代思想与文化史〉为例》，《东北史地》2011年第1期。

⑥ 英文名*Chilly seas and east-Flowing Rivers*：*Yuan hao-wen's Poems of Death and disorder*，1233—35.

文中分析元好问在金被元所灭前后时期的诗文，描述了他从被压抑到面对现实，最终把保护传统文化作为一种责任的过程。奚如谷将元好问的诗与当时的有关史料进行比较，更深入地分析了元好问如何将文人的想象力与自我意识加入到了他对逐渐消亡的传统文化的见解里面。①

《女真统治下的中国：金代思想与文化史》一书主要集中在金文化方面，而且从“蒙古学”的角度来进行辽史、金史等方面的研究。书中的各位著者本身即是蒙元史、宋代思想史、中国古代文学、艺术史、儒家思想与道教等方面最有权威的学者，能够揭示金朝与北宋、南宋、蒙元之间在文化模式上的相异与相通之处。瞩目点多是被此前学界经常忽略的地方，而国内女真研究常见的猛安谋克制度、女真族的风俗习惯在这本书中占据极少的篇幅。该书的文章明显带有“征服王朝论”的影响及色彩。但不管怎样，该书向我们展示了20世纪90年代美国女真的研究成果，代表着当时的研究水平，有些观点和看法也是值得我们思考的。

---

① 参见霍明琨、武志明《20世纪欧美学界的女真研究——以〈女真统治下的中国：金代思想与文化史〉为例》，《东北史地》2011年第1期。

金元之际女真、汉人族际通婚研究

闫兴潘

金元时期女真人的汉化是辽金史关注的一个重要问题，围绕这一问题学者们进行了许多方面的研究，[①]王善军先生对此有专文进行了详细的学术史回顾和总结。[②]相关研究中，陶晋生先生在《女真史论》一书中，系统而深入地讨论了女真族的崛起和汉化的发展过程。[③]刘浦江先生也曾从多个方面分析了金代女真人汉化的因素及其过程。[④]从相关研究成果和学术史的梳理中可以看到，学者们的成果，主要是围绕女真人通过不同途径吸收和借鉴汉文化、女真人与汉人的文化差异逐渐缩小，以及女真人的正统观方面展开研究，这些成果从不同的层次和角度探讨了女真人汉化的发展趋势。以上对女真人汉化的研究主要属于文化同化方面，即女真人接受汉族的语言、服饰、饮食等生活方式和文化观念等；而对于更为深层的结构同化，特别是在族群融合程度中最为标志性的族际通婚问题，[⑤]辽金史学者对这一方面虽有所关注，但多是探讨女真宗室贵族的族际通婚状况，

---

① 相关成果参见刘浦江编《二十世纪辽金史论著目录》，上海辞书出版社2003年版，第227—228页。

② 王善军：《20世纪以来辽金民族融合问题研究综述》，《西夏学》第6辑，上海古籍出版社2010年版，第242—253页。

③ 陶晋生：《女真史论》，台北食货出版社1981年版。

④ 刘浦江：《女真的汉化道路与大金帝国的覆亡》，《松漠之间——辽金契丹女真史研究》，中华书局2008年版，第235—273页。

⑤ 〔美〕马丁·N.麦格：《族群社会学》（第6版），祖力亚提·司马义译，华夏出版社2007年版，第95—96、99—100页。

在这种通婚情况中，政治婚姻的意味是非常明显的。[①]陶晋生先生首先注意到金元之际普通女真人在与汉人通婚方面的变化，并分析了产生这种状况的政治和文化因素，这是探讨女真人融入汉族过程的一个重要视角。[②]因为相比较女真皇室的政治婚姻而言，普通女真人的族际通婚，更能显示女真人融合于汉族的具体状况和程度。陶晋生先生讨论金元之际女真和汉人的通婚问题，主要是通过通婚个案统计分析的方法直观地展现金元之际普通女真人和汉人之间的频繁通婚状况。普通女真人和汉人之间的通婚是与两个群体之间日益密切的文化交流紧密相关的，他们族际通婚的日益频繁也存在一个逐步发展的过程。笔者以女真人和汉人具体家族婚姻状况的纵向变化为视角，通过对多个家族族际通婚状况的考察，更为具体地展示女真和汉人之间族际通婚的演变过程以及不同家族在这一问题上的态度异同。

一 金代的民族关系对女真人族际通婚的影响

女真人与非女真人的通婚，早在金朝初年就已经出现。不过如上所说，根据史料记载，此时多为女真皇室与汉族、渤海、契丹族等的通婚，一般女真人在此时的族际通婚状况，史料鲜有记载。金初至海陵王时期，女真人多次大规模地迁徙到汉地，其地域分布范围发生了很大变化。[③]“凡屯田之所，自燕之南、淮陇之北，俱有之。”这些女真人在汉地“与百姓杂处”，[④]“所居止处，皆不在州县，筑寨处村落间，千百户

① 关于金代女真皇室的族际通婚问题，目前相关的研究成果有刘浦江：《渤海世家与女真皇室的联姻——兼论金代渤海人的政治地位》，《辽金史论》，辽宁大学出版社1999年版，第87—108页；夏宇旭：《论金代女真人与契丹人的婚姻关系》，《北方文物》2008年第2期；刘达科：《民族体制融合对辽金文学的历史意义》，《江苏大学学报》（社会科学版），2008年第2期；等等。

② 陶晋生：《金元之际女真与汉人通婚之研究》，《边疆史研究集——宋金时期》，台湾商务印书馆1971年版，第77—84页。

③ 〔日〕三上次男：《金代女真研究》，金启孮译，黑龙江人民出版社1984年版，第155—165、177—183页。

④ （宋）李心传：《建炎以来系年要录》卷138，绍兴十年十二月，上海古籍出版社1992年版，第2册，第855页。

虽设官府，亦在其内”[①]。女真人的这种分布状况，大大增加了他们与广大汉人的接触机会。这也是学者们指出的导致女真人汉化的一个重要因素。[②]这一时期女真人与其他民族的通婚状况，限于史料仍然所知有限。不过从一些其他的证据中可以发现女真人的族际通婚的情况不甚乐观。世宗即位后，鉴于女真人传统风俗日益消退而汉化日甚一日的状况，发起了一场影响广泛的女真本土化运动。[③]其目的在于恢复女真人的传统风俗，巩固本族的统治地位。这其中重要的一项措施是重新分配给女真人土地，以缓解其日益贫困的经济状况。[④]因此金朝中期的统治者曾对汉人土地进行过多次、大规模的搜括、根括，这直接导致汉人与女真人矛盾加剧。[⑤]“齐民与屯田户往往不睦。”[⑥]如“山东、河南军民交恶，争田不绝”[⑦]。在大量括田救济猛安谋克户的同时，世宗还“不欲猛安谋克与民户杂处，欲使相聚居之”，并派遣大臣与山东路总管徒单克宁商议此事，其后“遂以猛安谋克自为保聚，其田土与民田犬牙相入者，互易之。”改变了女真人此前“各随所受地土，散处州县”的状况。[⑧]这一措施虽有减少女真人与汉人矛盾的企图，但同时无疑使女真人减少了与汉人接触的机会，而对换土地也同时增加了双方的矛盾。由于金代中期世宗和章宗多次根括汉人土地的措施，加上女真人依势骚扰汉民，使女真人和汉人之间的矛盾明显加剧，以致在有“小尧舜”之称的世宗时期，虽然经济繁荣，社

---

① （宋）徐梦莘：《三朝北盟会编》卷244，绍兴三十一年十一月二十八日，上海古籍出版社2008年版，第1754页。

② 刘浦江：《女真的汉化道路与大金帝国的覆亡》，《松漠之间——辽金契丹女真史研究》，中华书局2008年版，第240—241页。

③ 陶晋生：《金代中期的女真本土化运动》，《边疆史研究集——宋金时期》，台湾商务印书馆1971年版，第50—63页；〔日〕三上次男：《金代政治・社会の研究》，中央公论美术出版1973年版，第233—267页。

④ 〔日〕三上次男：《金代中期的猛安谋克户》，见刘俊文主编《日本学者研究中国史论著选译（五）》，中华书局1993年版，第523—565页。

⑤ 刘浦江：《金代土地问题的一个侧面——女真人与汉人的土地争端》，《辽金史论》，辽宁大学出版社1999年版，第215—241页。

⑥ 《金史》卷9《章宗纪一》，中华书局1975年点校本，第218页。

⑦ 《金史》卷86《李石传》，第1914页。

⑧ 《金史》卷70《思敬传》，第1626页。

会总体稳定，但却存在“大定中乱民独多”的奇怪现象，[①]这正是女真人与汉人矛盾激化的反映。

为了缓解女真人与汉人之间的矛盾，章宗时期就曾试图推行女真人和汉人相互通婚的政策。明昌四年二月尚书省言：“齐民与屯田户往往不睦，若令递相婚姻，实国家长久安宁之计。”[②]章宗同意了这一政策。泰和六年，章宗还特别下诏强调“屯田军户与所居民为婚姻者听”[③]。章宗一再下诏允许女真人与非女真人（主要是汉人）互为婚姻，正说明了双方之间矛盾的紧张和关系的恶化。至宣宗南迁，金朝的统治摇摇欲坠之时，这种矛盾终于爆发。元好问提及括田导致金末汉人对女真人的仇视时言道“贞祐之乱，盗贼满野。向之倚国威以为重者，人视之以为血雠骨怨，必报而后已。一顾盼之顷，皆狼狈于锋镝之下，虽赤子不能免”[④]。那些乘势而起的汉族地方武装“渠帅岸然以名号自居，雠拨地之酷，睚眦种人，期必杀而后已。若营垒、若散居、若侨寓，托宿群不逞，閧起而攻之。寻踪捕影，不遗余力，不三二日，屠戮净尽，无复噍类。至于发掘坟墓，荡弃骸骨，在所悉然”[⑤]。如贞祐初李友直逃到华州，集结一批汉人官员和州民，“号‘忠义扈驾都统府’，相挻为乱，杀其防御判官完颜八斤及城中女直人”[⑥]。在金朝统治江河日下时，汉人便趁乱对女真人刀剑相向，此前借助金朝权势袒护的女真人遭到了灭顶之灾。[⑦]金朝中后期女真人与汉人之间由于土地、政治等原因矛盾愈来愈严重，双方连基本的和睦相处都不得，更不要说相互之间频繁缔结婚姻、合两姓之好了。

从笔者搜集到的相关材料看，金中后期女真人与汉人的通婚例子非常少。陶晋生先生在其研究中列举了女真与汉人互为婚姻的两个列表，其中

---

① （清）赵翼著，王树民校证：《廿二史札记校证》卷28，中华书局1984年版，第625—626页。

② 《金史》卷9《章宗纪一》，第218页。

③ 《金史》卷12《章宗纪四》，第278页。

④ （金）元好问：《遗山集》卷16《平章政事寿国张文贞公神道碑》，四部丛刊本。

⑤ （金）元好问：《遗山集》卷28《临淄县令完颜公神道碑》，四部丛刊本。

⑥ 《金史》卷14《宣宗纪上》，第308页。

⑦ （清）赵翼著，王树民校证：《廿二史札记校证》卷28，中华书局1984年版，第644页。

大多数的族际通婚都是在元初及以后。[①]金朝中后期女真和汉族人相互通婚者寥寥可数。如金末的远支宗室完颜猪儿曾娶尹氏为妻。[②]蒲察元衡在金末也曾娶燕郡大族王氏为妻。[③]尼庞窟（即尼庞古）小汉也是在金后期娶蒙氏为妻。[④]奥屯高山在金末娶两位王氏为夫人。[⑤]出土文献中，也记载有金代前中期的汉族官员石宗璧娶女真人克石烈（按，即纥石烈）氏，这是关于普通女真人和汉人通婚的较早记载。[⑥]金朝中后期女真与汉人通婚的例子数量上非常有限，这说明女真人入居汉地百余年，虽然已经较多地接受了汉文化，但在女真人与汉人关系持续紧张的时期，双方即使有通婚的情况，也是比较少见的。

以上笔者的分析表明，女真人和汉人之间的族际通婚存在一个逐步发展的过程，虽然在金元之际女真人与汉人的相互通婚开始日益频繁，不过不同的女真家族对于与汉人通婚这一问题的态度，差异还是非常明显的，因此需要对他们的婚姻状况进行更为具体和深入的分析。在关注女真人汉化问题时，学者们经常将女真人改用汉姓和与汉人通婚作为其不断汉化、融入汉族的具体表现。[⑦]笔者发现，女真人是否改汉姓和他们与汉人通婚的频率之间存在着一定的关系，这既与女真人接受汉化的态度有关，也与当时现实的政治形势密不可分。另外，族际通婚所涉及的不仅仅是女真一

---

① 陶晋生：《金元之际女真与汉人通婚之研究》，《边疆史研究集——宋金时期》，台湾商务印书馆1971年版，第78—81页。

② 《金史》卷130《尹氏传》，第2803页。

③ （金）元好问：《遗山集》卷20《资善大夫集庆军节度使蒲察公神道碑铭并引》，四部丛刊本。

④ （元）李庭：《寓庵集》卷6《金故光禄大夫刑部尚书尼庞窟公墓志铭》，元人文集珍本丛刊本，第1册，新文丰出版股份有限公司1985年版，第37页。

⑤ （元）许有壬：《至正集》卷51《赠嘉议大夫济南路总管上轻车都尉博平君侯奥屯公神道碑（并序）》，元人文集珍本丛刊本，第7册，新文丰出版股份有限公司1985年版，第246页。

⑥ 北京市文物管理处：《北京市通县金代墓葬发掘简报》，《文物》1977年第11期。

⑦ 陈述：《金史拾补五种》，科学出版社1960年版，第156页；穆鸿利：《金源女真姓氏谱及改汉姓之分类与特点》，《满族研究》2005年第4期；任崇岳：《金代中原地区的民族融合》，《民族史研究》第7辑，民族出版社2007年版，第102—107页。

族，作为女真人主要族际通婚对象的汉人对与女真人通婚持怎样的态度，也是问题重要的一个方面。以下笔者将从这几个方面探讨金元之际女真人的族际通婚状况。

二　金元之际女真家族与汉人的通婚

金朝后期由于女真人政权的江河日下，许多女真人开始违反朝廷的诏令，纷纷改姓汉姓。但其中仍有许多女真人，直至金朝灭亡还仍旧使用女真姓氏。这些仍然使用本姓的女真人，如在金代政治地位显赫的徒单克宁家族，直至金末克宁之孙仍然保持着在女真族内通婚的习俗。[1]西北路的术虎筠寿家族也是至少前后四代都未娶非女真人，[2]这种情况在金末的女真族家族中确实非常少见。而其他未改用汉姓的女真人在金末——大多数在入蒙元之后——都不同程度地有与汉人通婚的情况。如下图所列金朝官宦世家夹谷土剌家族的婚姻状况：

夹谷仆干 ——	夹谷阿海 ——	夹谷土剌 ——	夹谷斜烈（入蒙后）
完颜氏	阿勒根氏	奥敦氏 蒲速烈氏	殷氏

夹谷土剌与其父、祖三代仕于金朝，从未与汉人通婚，土剌之子斜烈在贞祐南迁时年幼被留在平州，金蒙战争使“朔南分裂，父子相失者余二十年”[3]。斜烈入蒙元之后，娶殷氏为妻，才开始转而与汉人通婚。女真人夹谷土剌家族这种通婚状况的改变并非个案，如金朝中后期的名臣仆

---

①　（元）李道谦辑：《甘水仙源录》卷6《重玄广德弘道真人孟公碑铭（李鼎）》，《中华道藏》第47册，华夏出版社2004年版，第165页。

②　（金）元好问：《遗山集》卷27《龙虎卫上将军术虎公神道碑》，四部丛刊本。

③　（金）元好问：《遗山集》卷20《资善大夫武宁军节度使夹谷公神道碑铭》，四部丛刊本。

散端，其子定国军节度使纳坦出娶完颜氏，[1]又娶泥庞古氏，纳坦出之子浩娶温迪罕氏，仆散浩的四个女儿，在金末元初时有一位嫁给宣差明安靖福定。[2]布色（即仆散）长德的高、曾、祖三代中都曾于女真皇室互为婚姻，世宗之祖母、睿宗之母即出自其家，长德之父守道也娶完颜氏为妻，至金末长德时，才娶汉人张氏为妻，入元之后，长德之子翰文也娶汉人畅氏为妻。[3]这些女真家族的婚姻对象，在整个金代都以女真人为主，直至脱离金朝控制或入蒙元之后，才开始偶尔与汉人通婚，可见这些家族的婚姻对象在由女真人向汉人的转变过程中经历了一个较长的时期。

女真人奥屯世英在金末蒙古军队围攻庆阳时投降蒙军，他曾先后四娶，夫人分别为“竹鲁顽氏，先公卒；张氏，出家为女冠，后公卒；完颜氏，亦先公卒；再娶完颜氏。”[4]世英的长子名贞，娶刘氏，继娶故氏，其长女嫁与故中书右丞杨某之子野孙带。[5]

奥屯世英 —— | —— （子）奥屯贞
刘氏
故氏
竹鲁顽氏
张氏
完颜氏 | —— （女）奥屯贞（嫁与扬氏）
完颜氏

金末的奥屯世英虽然也曾与汉人通婚，但其四位妻子中仅一位汉人，与女真人通婚仍占据主要的部分，而至世英的子女一代，与汉人通婚的频率则明显增加，显示出奥屯世英家族在易代之际对与汉人通婚态度上的积极转变。另如金末元初的兀林答阿鲁兀剌娶汉人鲁氏，其子喜□□娶汉人

① 《金史》卷101《仆散端传》，第2233页。

② （元）李庭：《寓庵集》卷6《大朝宣差京兆路总管仆散故夫人温迪罕氏墓志铭》，元人文集珍本丛刊本，第1册，新文丰出版股份有限公司1985年版，第40—41页。

③ （元）姚燧著，查洪德编辑点校：《姚燧集》卷17《南京兵马使赠正议大夫上轻车都尉陈留郡侯布色君神道碑》，人民文学出版社2011年版，第275—276页。

④ （元）李庭：《寓庵集》卷7《大元故宣差万户奥屯公神道碑铭》，元人文集珍本丛刊本，第1册，新文丰出版股份有限公司1985年版，第45页。

⑤ （元）元明善：《大元故昭武大将军嘉定路总管奥屯公神道碑铭（有序）》，《永乐大典》卷3587“屯”，第29册，世界书局1977年版，第24页。

侯氏和王氏，两代都与汉人通婚，而至其孙徽时，却又娶完颜氏为妻。[①]元初的唐括干曾两娶，夫人分别为女真人完颜氏和汉人康氏。[②]这两个家族在与女真人通婚的同时，也与汉人保持婚姻关系。而有些未改汉姓的女真家族在与汉人的通婚中则持着更为积极的态度。金末元初的石琖德玉之母为汉人杜氏，德玉之妻也为汉人刘氏，他的两个女儿分别嫁给了汉人官员康天英和姜彧。完颜氏有号石头把都儿者，在元太祖时期归附蒙古，三娶汉人范氏、李氏、冀氏，其子帓兀娶杨氏。[③]元代中后期的夹谷明安答，其父在元初娶汉人胡氏和郑氏，明安答娶汉人史氏和元氏，他的三个女儿分别嫁给李焕、赵嗣宗和官员王某之子。[④]孛术鲁翀的曾祖阿纳尼在金末娶契丹人石抹氏，祖父德在元初为官，娶汉人成氏，父居谦娶汉人王氏，他本人娶汉人李氏，[⑤]金末的完颜怀德，其父就已经娶郭氏为妻，他本人娶金初大臣郭药师之女，而其孙女也嫁给汉人信某。[⑥]这些家族不仅较早地开始了与汉人的族际通婚，且对此还抱着比较积极的态度，特别是入蒙元之后，这些女真家族的通婚对象主要就是汉人。

从以上举出的女真家族数代的通婚状况可以看出，在金元之际，虽然女真人的汉化已经非常显著，他们与汉人之间的族际通婚现象也越来越频繁，但不同的女真家族在面对婚姻这一关系到切身利害的问题时，其态度的差异还是非常明显的。有些女真家族此前一直保持着仅与女真族通婚的习惯，在入元之后才初步开始与汉人通婚，可见这些家族对于婚姻对象的转变是比较缓慢的。而更多的女真家族对于与汉族通婚的态度是更为积极的，特别是在入元之后，这些家族主要的通婚对象就是汉族。当然，即

---

① （清）段松苓辑：《益都金石记》卷4《元兀林答碑》，《石刻史料新编》第1辑，第20册，新文丰出版股份有限公司1977年版，第14879—14880页。

② （元）尚野：《唐括公墓志铭》，明嘉靖三十一年《鲁山县志》卷9，转引自《全元文》第13册，江苏古籍出版社1999年版，第12—14页。

③ （元）张士观：《完颜氏先茔碑》，1921年《续修巨野县志》卷7下，转引自《全元文》第22册，江苏古籍出版社2001年版，第397—399页。

④ （元）黄溍：《金华黄先生文集》卷35《上都新军管军千户夹谷公墓志铭》，四部丛刊本。

⑤ 元）苏天爵：《滋溪文稿》卷8《元故中奉大夫江浙行中书省参知政事追封南阳郡公谥文靖孛术鲁公神道碑铭并序》，中华书局1997年版，第121—127页。

⑥ （金）元好问：《遗山集》卷28《临淄县令完颜公神道碑》，四部丛刊本。

使女真人与汉人之间的族际通婚已经越来越频繁，也有特例存在，如金末的尼庞古丑的本人娶完颜氏，丑的的三个女儿在金末元初也全部嫁与女真人，[①]而并未与汉人通婚。

金朝中后期随着女真人的汉化加剧，一般女真人改用汉姓的情况已经比较明显。对这种汉化趋势持反对态度的世宗和章宗屡次下令禁止女真人改用汉姓的行为。大定十三年五月，“禁女直人毋得译为汉姓”[②]。二十七年十二月又下令“禁女直人不得改称汉姓，学南人衣装，犯者抵罪”[③]。试图以惩罚的手段阻止女真人改用汉姓的行为。章宗时期，又在明昌二年和泰和七年两次重申禁止女真人改用汉姓的命令，[④]统治者的一再禁止正从反面说明一般女真人越来越多改用汉姓的趋势。宣宗南迁之后，女真人的统治江河日下，一些脱离金朝控制或者投靠蒙元的女真人已经公开使用汉姓。这一情况的大量出现，除了此前女真人长期汉化这一重要的因素之外，还有一个直接与当时社会状况相关的因素，就是上面已经提到的在战乱之中避免积怨成恨、揭竿而起的汉人的杀戮。如原姓完颜的王德新，其曾祖宽在宣宗播迁汴京、战乱蜂起之时“避地于南，因易姓王”[⑤]。另一位完颜氏名思孝，幼年遭逢金季战乱，“脱身兵间，东至大名，居开之濮阳，仍易姓王氏”[⑥]。这两位女真人改用汉姓，并非自愿，而是一种被迫的无奈之举，实属在战乱之中保全性命的行为。在金末元初动荡的社会环境下，女真人改易汉姓和与汉族通婚的关系更值得注意。

刘国杰为女真人，原姓乌古论氏，金末归顺蒙元之后，才“更姓刘氏”。在此之前，刘国杰的曾祖延心、祖镐、父德宁三代一直只与本族人通婚。而刘国杰归顺蒙元且改姓之后，一改此前家族的通婚习惯，曾先后

① （元）李庭：《寓庵集》卷6《大元宣差陕西京兆府总管大夫人尼庞窟氏墓志铭》，元人文集珍本丛刊本，第1册，新文丰出版股份有限公司1985年版，第38页。

② 《金史》卷7《世宗纪中》，第159页。

③ 《金史》卷8《世宗纪下》，第199页。

④ 《金史》卷9《章宗纪一》；卷12《章宗四》，第219、282页。

⑤ （元）张养浩：《张文忠公文集》卷20《有莘王氏先德碑铭有序》，中华再造善本丛书，北京图书馆出版社2006年版。

⑥ （元）黄溍：《金华黄先生文集》卷35《赠奉议大夫大名路滑州知州骁骑尉追封白马县子王府君墓志铭》，四部丛刊本。

娶曹氏、李氏、姜氏和王氏四位汉族夫人。[1]

```
乌古论延心 — 乌古论镐 — 乌古论德宁 — 刘国杰 —— | — 脱欢（子）
    |            |            |          |       | — 脱出（子）
  蒲察氏       徒丹氏       奥里氏    曹氏、李氏  | — 明安伦（嫁郑氏）
                                      姜氏、王氏  | — 完者台（嫁贺氏）
```

刘国杰姓氏和通婚对象的这种突然改变，应该不能简单地归因于女真人的汉化，而应是和金元交替之际女真人的不幸遭遇有关。因为改易姓氏和娶汉族女子为妻，无疑是很好地掩盖自己民族身份、避免汉人仇视和杀戮的策略。而刘国杰和其子女入元之后的变化也很值得关注。刘国杰投靠蒙元之后，由于作战勇猛，被世祖赐予"霸都"之号，他的两个儿子名字分别为脱欢和脱出，女儿明安伦嫁给官员郑涛，完者台嫁给中书左丞相太平（原名贺惟一，后获赐蒙古氏，名太平[2]），孙名忽都不花，曾孙名伯颜帖木儿、安童。[3]此时刘国杰的家庭明显又开始吸收蒙古人的文化。元初刘国杰的改姓、婚姻以及家庭成员名字的变化，显示出一些女真人家族于朝代交替之后在政治、文化上灵活的适应性。

女真人刘国杰家族改姓和婚姻对象变化之间的关系并非是特例。更多的例子显示，金末元初那些改姓汉姓的女真人，更倾向于与汉族人通婚。如李世和原姓蒲察氏，后改姓李，世和在元初娶杨氏、马氏、次张氏；四个女儿中："长适沧州达鲁花赤刘八里待，次适宁津田氏，次适太皇寺河渡寺赵君之子继祖。"[4]孙泽原姓乌克逊（按，即乌古孙）氏，其祖璧在金末为官，蒙古灭金之后，"徙居大名，始从汉俗以孙为氏"，璧

---

① （元）许有壬：《至正集》卷48《刘平章神道碑》，元人文集珍本丛刊本，第7册，新文丰出版股份有限公司1985年版，第232、234页。

② （明）宋濂等：《元史》卷140《太平传》，中华书局1976年版，第3367页。

③ （元）黄溍：《金华黄先生文集》卷25《湖广等处行中书省平章故（政？）事赠推恩效力定远功臣光禄大夫大司徒柱国追封文国公谥武宣刘公神道碑》，四部丛刊本。

④ （元）张英：《李世和神道碑》，光绪二十六年《宁津县志》卷12，转引自《全元文》第13册，江苏古籍出版社1999年版，第270—273页。

娶刘氏，泽之父仲娶赵氏，孙泽本人娶霍氏、杜氏。①赵玉祖上也是改汉姓的女真人，其祖林金末投降蒙元，娶李氏、尚氏，父文显，娶郭氏，赵玉娶石氏、田氏、路氏。其长女“适中议大夫贵直屯田鹰房打捕总管阿缫纳”，这位阿缫纳不知是否是汉人。②上面提到的女真人王德新，其曾祖就曾因金末避乱而改姓，祖铎娶董氏、吕氏，父士美娶张氏。③高觿先世亦为女真人，其祖彝在蒙金战争中归附元太祖，娶王氏，其父守忠娶张氏、赵氏，高觿娶杨氏、葛氏。④而上面提到的另一位女真人完颜思孝因避乱改姓王氏，娶刘氏、张氏，其女嫁会稽县主簿郭郁，“女（按其文意，应为孙女）五人，适湖南宣慰司经历秦从政、绍兴路司吏马良、中兴蒙古字学正李三德，余未行”⑤。李豫原姓蒲察氏，金亡之后改姓李，李豫娶张氏，生四子：“仲成配宋氏，二子，长曰进，娶靳氏、张氏、孙氏，次曰□，娶徐氏；仲福配格氏，一子曰仪，娶张氏。仲禄配杨氏，一子曰琪，娶侯氏；长曰仲璋，……配潘氏、杨氏、周氏，三子，荣娶王氏，信娶□氏，英娶王氏、伯颜荅氏。”⑥这些女真家族在金末元初改汉姓之后，其娶妻或嫁女的主要对象即是汉族人。以上这些例子只是选取女真家族中婚姻资料比较丰富的家庭做一证明，那些对女真人改姓且与汉人通婚的情况比较简单的记载，也有很多。如高嗣荣（原姓女奚烈）入元之后，娶汉人任氏为妻。⑦而像原姓完颜氏的王庭玉，其父安“岁戊寅臣附，寻始译姓改名。”庭玉娶魏氏，“女二人，长适江东道肃政廉访司经历奥屯履、次适管军总把庆都邸某。孙女二，长在室，次适江南浙西道签

① （元）陆文圭：《墙东类稿》卷12《中大夫江东肃政廉访使孙公墓志铭》，元人文集珍本丛刊本，第4册，新文丰出版股份有限公司1985年版，第589—591页。

② （元）同恕：《榘庵集》卷6《少中大夫嘉定路总管赵公神道碑铭》，影印文渊阁四库全书本，第1206册，台湾商务印书馆，1983—1988年，第708—709页。

③ （元）张养浩：《张文忠公文集》卷20《有莘王氏先德碑铭有序》，中华再造善本丛书，北京图书馆出版社2006年版。

④ （元）虞集：《道园学古录》卷17《高鲁公神道碑》，四部丛刊本。

⑤ （元）黄溍：《金华黄先生文集》卷35《赠奉议大夫大名路滑州知州骁骑尉追封白马县子王府君墓志铭》，四部丛刊本。

⑥ （清）胡聘之辑：《山右石刻丛编》卷35《脱脱禾孙李公孝思之碑》，石刻史料新编第1辑，第20册，新文丰出版股份有限公司1977年版，第15759—15760页。

⑦ （元）胡祗遹：《紫山大全集》卷18《隐士高君墓志铭》，影印文渊阁四库全书本，第1196册，台湾商务印书馆1983—1988年版，第311—312页。

肃政廉访司事焦昉孙谦。”[①]庭玉将其一位女儿嫁给女真人奥屯履，在其家庭的婚姻关系中反而显得有些不同寻常。

女真在金末元初改姓现象的大量出现，主要的原因是女真人在金初移居汉地之后不断汉化的发展趋势。特别是金末女真统治者在战乱之中对猛安谋克户的控制力下降，许多女真人脱离金朝的控制或者投靠蒙元，改姓再没有法令的约束。而此时许多女真人改用汉姓，还有一个更直接的原因，那就是金朝中期以来汉人与女真人之间长期积累的矛盾在此时爆发，许多汉族地方武装“雠拨地之酷，睚眦种人，期必杀而后已”[②]。一些女真人不得不改用汉姓，以求活命。而从以上金末元初改姓女真人的通婚状况来看，却可以发现更为有趣的现象，这些在金末或元初改姓的女真人，基本上已经不再与本族人通婚，他们家族的通婚对象主要都是汉族人。而上述刘国杰在金末元初的情况，更说明了改姓和通婚两种方式都是他掩盖民族身份、避免汉人武装杀戮的一种手段。因此在分析金元之际女真人改用汉姓和与汉人通婚的情况时，除了这种现象所展示的女真人融入汉族的发展趋势外，还应该注意这两种汉化的表现也是女真人在当时特殊的政治、社会背景下求取生存的手段之一。这一时期改用汉姓的女真人相较于仍使用本姓的女真人，总体来说对与汉人的族际通婚是明显持着更为积极的态度的。

由于金朝统治者的女真本位主义政策，女真人在金代享有许多优待和特权地位，[③]入元之后，朝代更迭，这些优待和特权都已经不复存在，女真人和汉人之间矛盾的主要因素已经消失。由于在文化习俗上汉地的女真人和汉族人之间已经比较接近，且在元代，女真和北方的汉族人都属于四等人制中的“汉人”等级，与汉人的政治地位相同，[④]这些因素无疑都有利于女真人和汉人之间族际通婚的发展。

---

① （元）任士林：《松乡集》卷3《临淮府君王公墓志铭》，影印文渊阁四库全书本，第1196册，台湾商务印书馆1983—1988年版，第532—533页。

② （金）元好问：《遗山集》卷28《临淄县令完颜公神道碑》，四部丛刊本。

③ 刘浦江：《金朝的民族政策与民族歧视》，《辽金史论》，辽宁大学出版社1999年版，第58—86页。

④ （元）陶宗仪：《南村辍耕录》卷1，中华书局1959年版，第13—14页。

三 金元之际汉人与女真人的通婚

以上的考察可见，金末元初之时，女真家族与汉人通婚越来越频繁，许多女真家族对与汉人通婚持着积极的态度，但也有些女真家族在婚姻对象的转变方面是比较缓慢的。这说明对于不同的女真家族而言，对这种族际通婚的态度还是存在明显差异的。两个族群之间的族际通婚涉及的不仅仅是女真人本身，作为其主要通婚对象的汉人，对与女真人的通婚持着怎样的态度，是这一问题同样重要的另一方面。

上面曾经提到，金朝中后期，由于世宗和章宗为解决女真人贫困化的问题，曾多次大规模根括土地，造成金朝中后期汉人和女真人矛盾的激化。在金末战乱之际，那些曾经受金朝权势庇护的女真人“向之倚国威以为重者，人视之以为血雠骨怨，必报而后已。一顾盼之顷，皆狼狈于锋镝之下，虽赤子不能免”[①]。女真人和汉人的关系如此恶劣，即使是金朝统治者一再推行让女真人和汉人通婚的政策，收效也相当小。上面举出的女真人娶汉人或嫁给汉人的例子，大多数都是在入蒙元之后，那么汉人家族对与女真人的通婚又是怎样的状况呢？以下是一些汉人家族与女真人的通婚情况简表（表1）：

表1 汉人家族与女真人通婚简表

金末赵忠悯（谥号）娶蒲察氏，其侄赵良玉娶唐括氏[②]
元初游显娶张氏、赵氏、完颜氏；女五人，四嫁汉人，一嫁蒙古人；孙女二人，“长适提点奉宸库夹谷思政”[③]
元代崔侃娶五位夫人，杨氏、高氏、魏氏、术甲氏、夹谷氏[④]

---

① （金）元好问：《遗山集》卷16《平章政事寿国张文贞公神道碑》，四部丛刊本。

② （元）王恂：《镇国上将军同知忻州事赵氏昆仲志孝碑铭》，光绪二年《赞皇县志》卷25，转引自《全元文》第9册，江苏古籍出版社1999年版，第194—196页。

③ （元）姚燧著，查洪德编辑点校：《姚燧集》卷22《荣禄大夫江淮等处行中书省平章政事游公神道碑》，人民文学出版社2011年版，第337—342页。

④ （元）虞集：《道园类稿》卷43《怀孟路总管崔公神道碑》，元人文集珍本丛刊本，第6册，新文丰出版股份有限公司1985年版，第299—300页。

续表

金末元初王璘娶亦剌氏，子德璋娶乌古论氏，孙塄娶李氏、斡里根氏，曾孙承良，娶李氏、魏氏①
元代杨焕之母为徒单氏，杨焕娶郭氏、完颜氏②
元初王复娶夹谷氏、秦氏、杜氏；女三人，一嫁徒单衍亡，二嫁赵常、三嫁陈氏③
金末王扩父祖三代未与女真人通婚，王扩有五女，三嫁汉人，一在室，一嫁“同知镇戎军州事蒲鲜石鲁剌”④
元初史振之娶完颜氏、曹氏、王氏，其子娶王氏，女儿分别嫁给刘氏和丁氏⑤
元初张山娶完颜氏，二女四孙女皆嫁给汉人⑥
高昉之曾祖植、祖世荣在金为官，分别娶大氏和王氏，其父昂仕于元初，娶郭氏、孙氏，高昉娶蒲察氏、麻氏、白氏⑦
汉人毕叔贤金末元初娶纳合氏为妻，一女嫁给汉人张守谦⑧
王汝明金末投靠蒙古，其父母皆为汉人，他本人娶克石烈（即纥石烈）氏，生八子六女，六女中五人皆嫁汉族，一人不详⑨
元朝官员谭某，有女九人，其中有一女嫁给“泮州总管子鄂屯某”；孙女七人，有一人嫁太傅濮国公耶律秃花之孙⑩

---

① （元）黄溍：《金华黄先生文集》卷29《宛平王氏先茔碑》，四部丛刊本。

② （元）许有壬：《至正集》卷62《故正议大夫兵部尚书致仕杨公墓志铭》，元人文集珍本丛刊本，第7册，新文丰出版股份有限公司1985年版，第286页。

③ （元）王恽：《秋涧集》卷49《故正议大夫前御史中丞王公墓志铭并序》，四部丛刊本。

④ （金）元好问：《遗山集》卷18《嘉议大夫陕西东路转运使刚敏王公神道碑铭》，四部丛刊本。

⑤ （元）吴澄：《吴文正集》卷73《史振之墓志铭》，影印文渊阁四库全书本，第1197册，台湾商务印书馆1983—1988年版，第709—710页。

⑥ （元）陆文珪：《墙东类稿》卷13《慈悟居士墓志铭》，元人文集珍本丛刊本，第4册，新文丰出版股份有限公司1985年版，第601页。

⑦ （元）苏天爵：《滋溪文稿》卷11《元故赠推诚效节秉义佐理功臣光禄大夫河南行省平章政事追封魏国公谥文贞高公神道碑铭有序》，中华书局1997年版，第167页。

⑧ （金）元好问：《遗山集》卷30《濮州刺史毕侯神道碑铭》，四部丛刊本。

⑨ （元）魏初：《青崖集》卷5《故总管王公神道碑铭》，影印文渊阁四库全书本，第1198册，台湾商务印书馆1983—1988年版，第766—768页。

⑩ （元）姚燧著，查洪德编辑点校：《姚燧集》卷24《谭公神道碑》，人民文学出版社2011年版，第369—372页。

续表

张玮金末投降元太祖，娶夫人温腾（按即温敦）氏、王氏、门氏、赵氏[①]
淮东淮西都转运副使潘琚先娶李氏，后娶蒲察氏[②]
元朝官员仇锷先娶郝氏，后娶粘合氏[③]

从上表所列的情况看，虽然不同的汉人家族与女真人通婚的频率不一样，但总体而言并没有明显的特征或趋势可言。而且从相关材料看，这些生活在汉人家族中的女真人的地位和待遇也并无特别之处。如上表中的怀孟路总管崔侃娶五位夫人，两位女真人术甲氏、夹谷氏，三位汉人杨氏、高氏、魏氏，崔侃去世后，他的五位夫人皆祔葬。[④]王璘在金末归顺元太祖，娶亦剌氏，子德璋娶吾古伦（按即乌古论）氏，孙塄娶李氏、斡里根氏，曾孙承良，娶李氏、魏氏，“四世皆祔葬宛平先墓之次”。[⑤]元兵部尚书杨焕之母徒单氏，“封宏农郡夫人”，杨焕“配郭氏，先公卒，继完颜氏，皆封宏农郡夫人”[⑥]。仕于元初的王复曾三娶，先夹谷氏，次秦氏，后杜氏。前两位夫人夹谷氏、秦氏都先于他去世，王复去世时，这两位夫人都与他一起合葬。[⑦]元朝大臣陈颢祖上四代都只和汉人通婚，至他本人则娶完颜氏为妻，完颜氏还因陈颢升任集贤大学士而受封为赵国夫

---

① （元）萧：《勤斋集》卷3《威宁张氏新阡表》，影印文渊阁四库全书本，第1206册，台湾商务印书馆1983—1988年版，第413—416页。

② （元）刘敏中：《中庵先生刘文简公文集》卷7《奉训大夫淮东淮西都转运副使潘公神道碑铭》，北京图书馆古籍珍本丛刊，第92册，书目文献出版社1991年版，第327—328页。

③ （元）苏天爵编：《国朝文类》卷66《福建廉访副使仇公神道碑（赵孟頫）》，四部丛刊本。

④ （元）虞集：《道园类稿》卷43《怀孟路总管崔公神道碑》，元人文集珍本丛刊本，第6册，新文丰出版股份有限公司1985年版，第299—300页。

⑤ （元）黄溍：《金华黄先生文集》卷29《宛平王氏先茔碑》，四部丛刊本。

⑥ （元）许有壬：《至正集》卷62《故正议大夫兵部尚书致仕杨公墓志铭》，元人文集珍本丛刊本，第7册，新文丰出版股份有限公司1985年版，第286页。

⑦ （元）王恽：《秋涧集》卷49《故正议大夫前御史中丞王公墓志铭并序》，四部丛刊本。

人。[1]元初的张山娶完颜氏，追封宜人。[2]官员杜溥延祐三年获赠祖上，杜溥的曾、祖、父三代都娶汉人为妻，杜溥这一代中，也仅有杜溥娶女真人夹谷氏，“封京兆郡夫人”。[3]元朝官员仇锷先娶郝氏，后娶粘合氏，两位夫人皆早逝，仇锷去世时，“其葬以二夫人祔”。[4]这些汉人家族与女真人的通婚，在其家族内部的整个婚姻情况中并不显得特殊，且女真人在这些汉人家族中也并未受到特别的待遇，可见汉人家族在与女真人通婚时，并未对后者的民族身份给予特别的关注。

从以上对汉人家族与女真人通婚情况的分析中可以看出，汉人家族与女真人通婚的情况虽有频率高低的差别，但每个家族具体的情况千差万别，且这种族际通婚在汉人家族的整个婚姻状况中毕竟是少数情况，像史天泽家族那样在金元之际频繁与女真人通婚的例子，实在是比较少见。[5]从相关记载看，女真人嫁给汉族人为妻，在家族中并没有受到特别的待遇。汉人家族在选择通婚对象时，对方女真人的民族身份并不是其考虑的主要因素。如刘敏中先娶魏氏，但魏氏“久未有子”，其父母又为其娶完颜氏，生二女三男。[6]刘敏中父母为子娶完颜氏，是为了家族后嗣有继，显然他们并不在意完颜氏的民族身份。而嫁给汉人的女真女子，其行为也不出儒家伦理道德的规范。除了以上例子所列的墓志铭和神道碑中对女真族女性的赞美之词外，如元朝枢密院断事官宁居赟娶独吉氏，居赟去世时，独吉氏才33岁，膝下子女数人皆幼，她守节不嫁，独自抚育子女，

---

① （元）程钜夫：《雪楼集》卷7《陈氏先德之碑》，影印文渊阁四库全书本，第1202册，台湾商务印书馆1983—1988年版，第80—81页。

② （元）陆文珪：《墙东类稿》卷13《慈悟居士墓志铭》，元人文集珍本丛刊本，第4册，新文丰出版股份有限公司1985年版，第601页。

③ （元）张士观：《赠嘉议大夫追封京兆郡侯杜公神道碑铭》，1934年《冠县志》卷9，转引自《全元文》第22册，江苏古籍出版社2001年版，第395页。

④ （元）苏天爵编：《国朝文类》卷66《福建廉访副使仇公神道碑（赵孟頫）》，四部丛刊本。

⑤ 陶晋生：《金元之际女真与汉人通婚之研究》，《边疆史研究集——宋金时期》，台湾商务印书馆1971年版，第82—83页。

⑥ （元）刘敏中：《中庵先生刘文简公文集》卷11《下殇二子圹铭》，北京图书馆古籍珍本丛刊，第92册，书目文献出版社1991年版，第359页。

还获得朝廷的旌表，[①]其个人独自承担家庭责任的坚韧精神是很值得钦佩的。总体来看，金元之际，特别是入元之后，汉人家族与女真人的通婚情况也明显增多，这说明了双方关系的显著改善。汉人家族在与女真人相互通婚之时，民族身份并不是他们特别关注的，通婚对象的政治和社会地位才是这些汉族家庭关注的重点，上面举出的汉人家族与女真人通婚的例子中，双方大多数都是官宦之家。而且如上面所说，入元之后，女真人在政治和社会地位上与北方的汉人并没有差别，此前由金朝统治者的政策导致的民族矛盾也逐渐消失，再加上女真人长期的汉化，这些因素都会促进汉人和女真人的通婚和女真人融入汉族的过程。

有学者认为，元代将女真、契丹、渤海等民族统称为汉人，归入“汉人”等级之中，标志着女真人已经完全融入汉族人之中。[②]蒙古统治者的这种划分固然是基于汉地的女真人和一般汉族人之间文化习俗上的相近。不过应该看到，“汉人”等级是元代基于民族歧视制度而形成的一个政治概念，而非族群概念。元人陶宗仪记载元代的“汉人”等级中含有八个不同的族群，[③]即是对这一概念性质的证明。这说明虽然当时女真人的汉化已经有相当的程度，但两个族群之间还存在比较明显的区别，金元之际女真人和汉族人的族际通婚虽然日益频繁，双方的交流和融合更趋深入，但双方还未发展到在民族身份认同上相互融合的程度。如上述在金末元初改用汉姓的女真家庭，汉族士人在为他们撰写墓志铭或先茔碑时，还要特别指出他们的族属，来表明他们虽已改汉姓，但非汉族人。女真人吴景初，本姓古里氏（按，即古里甲氏），入元之后“古里氏例称吴已数世矣”，他请元代大儒刘因为其子取名，当他告诉刘因自己姓氏的变化时，刘因“闻之大以为不可”，并认为“夫姓氏乃先世有所受而传之子孙，其脉络截然有不敢毫发乱”，并说吴景初改姓乃“自绝本根，附于他裔”，而吴景初“儿子之名何所不可，而反以为问”，是本末倒置，所以刘因要“今先为正其姓，然后名其子承，字之延伯。盖示其不忘所天，而且有所贻

---

① （元）柳贯：《柳待制文集》卷13《宁节妇传》，四部丛刊本。

② 任崇岳：《金代中原地区的民族融合》，《民族史研究》第7辑，民族出版社2007年版，第112页。

③ （元）陶宗仪：《南村辍耕录》卷1，中华书局1959年版，第13—14页。

也”[①]。刘因的这番道理自然是从儒家伦理出发的一种论调，不必深论。吴景初的先人改用汉姓，无论是出于何种原因，可以看出他的家庭是希望通过此举掩盖自身的女真族身份、而以汉族人身份示人的。而作为汉族人的刘因则对此并不认同，而认为他们这样做只是“附于他裔”，并不是真正的汉族人。另外，吴景初家入元之后，改用汉姓已经数代，但他仍清晰记得自己的族属，这说明族群身份仍牢牢扎根在他们的记忆之中。同时，尽管入元之后女真人的汉化更深，但其原有的一些特殊风俗仍旧存在。如女真人高嗣荣在其父去世时，“以刀刺额血面，吊者哀叹”“识者重之，不敢以流俗待”。[②]其周围的人都将高嗣荣的行为视作孝行，但其实这只是中国北方民族中存在的一种“剺面”葬俗，人类学上称之为“割体葬仪”。[③]可见元代的女真人虽然汉化很深，但仍保留着一些自身原有的习俗，而当时的汉人对女真人的一些旧有习俗还是比较陌生的。这说明入元之后，尽管女真人和汉人的族际通婚更为频繁，双方在文化、习俗等方面的差别越来越小，但这并不能说明女真人已经完全融入汉人之中。

四　结　论

金朝前期女真人的统治确立之后，女真人与汉人之间的矛盾原本有逐渐减弱的趋势。但金代中期，统治者多次大规模括地以解决女真人贫困化问题，导致双方的矛盾和冲突再次尖锐起来。[④]章宗企图采取推动女真人和汉人通婚的政策来缓解这一矛盾。而金末地方汉族武装对女真人的仇恨态度，说明双方的矛盾其实一直在积累，并未得到有效的缓解。史料中记载的金朝中后期女真与汉人通婚事例如此之少，也是双方关系不睦的一种表现。

---

① （元）刘因：《静修先生文集》卷19《古里氏名字序》，四部丛刊本。

② （元）胡祗遹：《紫山大全集》卷18《隐士高君墓志铭》，影印文渊阁四库全书本，第1196册，台湾商务印书馆1983—1988年版，第311—312页。

③ 刘浦江：《契丹人殉制研究——兼论辽金元“烧饭”之俗》，《文史》2012年第2辑，第186—192页。

④ 刘浦江：《金代土地问题的一个侧面——女真人与汉人的土地争端》，《辽金史论》，辽宁大学出版社1999年版，第235页。

金元之际，特别是入元之后，女真人与汉人通婚的情况明显增多。虽然有女真人家庭终金之世直至元初一直保持着族内通婚的习俗，但这只是极个别的事例。女真人家族与汉人的通婚更为普遍，但情况是各有不同的。那些入元之后仍然使用旧姓的女真人，虽然有些人对与汉人的通婚态度比较积极，但也有一些家庭只是初步地开始与汉人通婚。而女真人改用汉姓和与汉人通婚两者之间的关系更值得关注。金元之际改用汉姓的女真人，在与汉人通婚这一事情之上持着更为积极的态度，而且他们在入元之后，主要以与汉人通婚为主，很少再和本族人联姻。其中除了女真人长期汉化的发展趋势这一重要背景之外，在当时的政治环境下，改姓和与汉族通婚也还是一部分女真人掩盖自身民族身份以求生存的手段之一，而并不一定是他们的自愿之举。族际通婚既是女真人汉化更加深入的反映，也是其现实利益选择的手段。因此在以这两方面讨论女真人的汉化问题时，也要注意当时具体的政治、社会环境对女真人改姓、族际通婚的现实影响。总体而言，入元之后，阻止女真人汉化的一些制度性因素随着朝代更迭而消失，女真人此前所享有的特权地位和优待也彻底消失，而且元代的女真人又与北方的汉族人同处“汉人”等级，政治地位相同，这些因素都是有利于双方的深入交往和族际通婚的。由于资料的限制，本文考察的主要对象是金元之际女真人中政治地位较高的官员群体，而对普通的女真民众关注不多，不过从上文的论述中，仍是可以清晰地观察到这一时期女真人族际通婚的发展趋势的。

作为人数众多的汉族人，入元之后随着与女真人矛盾的缓和，对于与女真人通婚也持着更为开放的态度。此时汉人家族与女真人之间的通婚是比较广泛的。汉人家族在与女真人通婚时，更为看重的是对方家庭的社会和政治地位，至于民族身份，则不是汉人所特别关注的，这说明汉人已经普遍接受并认可了与女真人的通婚。

金元之际女真人与汉人之间的通婚已经比较普遍，双方对这种族际通婚基本上也持着认可的态度。这说明女真人在接受汉文化的基础上，其汉化又发展到了更深的一层。但是双方这种通婚的普遍性只是女真人融入汉族人的一个阶段，元代女真人和北方的汉人同属四等人制中的“汉人”等级，并不意味着女真人完全融入汉族之中。

2015康平首届中国辽金契丹女真史研讨会论文目录

辽史部分

辽朝的建国和国号……………………………………………………………刘凤翥

辽代皇位继承研究……………………………………………………………葛华廷

辽朝的后族五萧………………………………………………………………王玉亭

淳钦皇后兄弟姊妹考…………………………………………史风春　王晓宁

西辽政治制度述论……………………………………………………………王晓静

辽代碑刻中“文成皇帝”与宋人所记辽“文成皇帝”辨析…………肖爱民

阜新地区辽代后族的政治影响……………………………李丽新　刘　梓

东丹遗民流向考………………………………………………………………都兴智

辽代的五京和四时捺钵………………………………………………………傅惟光

关于春水秋山玉的若干问题…………………………………………………刘丽萍

辽代宜州建置及其重要地位…………………………………………………任仲书

辽宁康平姜家沟出土石刻造像研究…………………………………………成叙永

辽代萧继远家族墓地研究……………………………………………………李宇峰

岔海挠边春捺钵………………………………………………………………刘文革

辽金时期辽东地区渤海遗民群体之间通婚初探……………………………李智裕

铁岭境内辽代州城设立的环境依据研究……………………………………张　剑

吉林农安辽代遗物中的渤海文化因素………………………………………杨海鹏

辽代壁画墓汉人出行图浅议…………………………………………………张翠敏

内蒙古地区辽代城址研究综述………………………………魏　孔　赵晓峰

康平马莲屯两座墓葬的年代与族属考………………………………………周向永

古代道路计步测里与辽代里长新考………………………李俊义　胡廷荣

《安广县乡土志》中洮儿河南注查干湖的记载及发现的价值……… 李旭光
关于鸡冠壶的再认识…………………………………………………… 李艳阳
契丹“蹀躞带”的研究与探讨………………………………………… 王允军
辽代经师论著的西夏译本……………………………………………… 王　龙
辽代印经院与辽藏的雕印……………………………………………… 杜成辉

金史部分

关于建立金朝的女真完颜部探源……………………………………… 韩世明
金朝建国时间考辨……………………………………………………… 辛时代
金代法制变革与民族文化认同………………………………………… 李玉君
金世宗燕人“诡随”论探析…………………………………………… 符海朝
金代的宗教政策与政治文化认同……………………………………… 王　耘
金代水灾的时空分布及其特征………………………………………… 武玉环
金代的盐业问题研究…………………………………………………… 于小红
王寂与东北……………………………………………………………… 吴凤霞
论石珪…………………………………………………………………… 曹文翰
金元之际女真、汉人族际通婚研究…………………………………… 闫兴潘
《高丽史》所见周边女真诸部朝贡情况研究………………………… 张儒婷
试探十三至十四世纪朝鲜半岛女真人的分布………………………… 周　爽
金代女真族妇女裙撑初探……………………………………………… 李彦宏
《翠微北征录》中的金史史料研究…………………………………… 李浩楠
《事林广记·江北郡县》与金朝行政区划研究……………………… 周立志
北京地区金代墓志、墓碑和石象生浅析……………………………… 丁利娜
克东古城遗址始建年代考疑…………………………………………… 孙文政
康平博物馆馆藏金代石经幢浅析……………………………………… 胡荣繁
后金及清代辽阳城修筑情况考………………………………………… 王成科
阜新县白音他拉村发现金代窖藏铜钱………………………………… 童丽红
阜新县文物管理所收藏二方金代官印………………………………… 童丽红
20世纪美国学界女真研究概述……………………………… 霍明琨　许桂红

民族语言文字部分

关于契丹制字的一则补注……………………………………………………………聂鸿音
内亚职官名号的嬗变及其历史透视……………………………………………………唐　均
辽代经师论著的西夏译本……………………………………………………………王　龙
英国国家图书馆藏《孝经》西夏译本考………………………………………………孙颖新
萧查剌相公契丹文遗言………………………………………………………………吴英喆
关于若干契丹字的读音………………………………………………………………吉如何
昌黎碣石山金代题记…………………………………………………………………孙伯君
女真文脱胎于契丹字和汉字而自成一格………………………………………………金　适

后　记

2015年8月16日至8月18日，由中国民族史学会辽金暨契丹女真史分会、中国民族古文字研究会、辽宁省辽金契丹女真史研究会主办、沈阳市康平县历史暨辽金文化研究会承办的“2015康平·首届中国辽金契丹女真史学术研讨会”，在辽宁省康平县举行。本次研讨会共提交学术论文50余篇，各位专家学者对辽金两朝的政治、经济、军事、历史文化、考古文物和语言文字等方面的课题进行了广泛交流和深入探讨，取得了丰硕的研究成果。

《辽金史论集》（第十五辑）是在2015康平首届中国辽金契丹女真史学术研讨会提交的会议论文中精选出来的文章，文集的出版得到了辽宁省辽金契丹女真史研究会的主办单位辽宁省博物馆的大力支持，中国辽金契丹女真史学会秘书长韩世明教授提供了全部稿件，提供了初选意见，并对论文编辑修改提出了宝贵意见和建议。在文集出版之际，向所有为文集的出版给予关心、支持和帮助的同仁一并致谢！

书中讹误之处，敬请读者指正。

编　者

2016年11月